월급쟁이
재테크
상식사전

월급쟁이 재테크 상식사전
Common Sense Dictionary for Salaried

초판	1쇄 발행	2008년 10월 13일
1차 개정판	1쇄 발행	2011년 3월 28일
2차 개정판	1쇄 발행	2014년 8월 1일
3차 개정판	1쇄 발행	2016년 6월 30일
4차 개정판	1쇄 발행	2019년 6월 7일
5차 개정판	1쇄 발행	2022년 2월 10일
6차 개정판	1쇄 발행	2025년 2월 26일
6차 개정판	4쇄 발행	2025년 9월 10일

지은이 우용표
발행인 이종원
발행처 (주)도서출판 길벗
출판사 등록일 1990년 12월 24일
주소 서울시 마포구 월드컵로 10길 56(서교동)
대표전화 02)332-0931 | **팩스** 02)322-0586
홈페이지 www.gilbut.co.kr | **이메일** gilbut@gilbut.co.kr

기획 및 책임편집 유나경(ynk@gilbut.co.kr) | **디자인** 박상희
제작 이준호, 손일순, 이진혁 | **마케팅** 정경원, 김진영, 박민주, 류효정
유통혁신 한준희 | **영업관리** 김명자, 심선숙, 정경화 | **독자지원** 윤정아

교정교열 최창욱 | **전산편집** 이세영 | **CTP 출력 및 인쇄** 정민 | **제본** 정민

▶ 이 책은 저작권법의 보호를 받는 저작물로 이 책에 실린 모든 내용, 디자인, 이미지, 편집 구성은 허락 없이 복제하거나 다른 매체에 옮겨 실을 수 없습니다.
▶ 인공지능(AI) 기술 또는 시스템을 훈련하기 위해 이 책의 전체 내용은 물론 일부 문장도 사용하는 것을 금지합니다.
▶ 잘못 만든 책은 구입한 서점에서 바꿔 드립니다.

ⓒ 우용표, 2025

ISBN 979-11-407-1209-0 (13320)
(길벗도서번호 070533)

정가 19,800원

독자의 1초까지 아껴주는 길벗출판사

(주)도서출판 길벗 IT단행본&교재, 성인어학, 교과서, 수험서, 경제경영, 교양, 자녀교육, 취미실용 · www.gilbut.co.kr
길벗스쿨 국어학습, 수학학습, 주니어어학, 어린이단행본, 학습단행본 · www.gilbutschool.co.kr

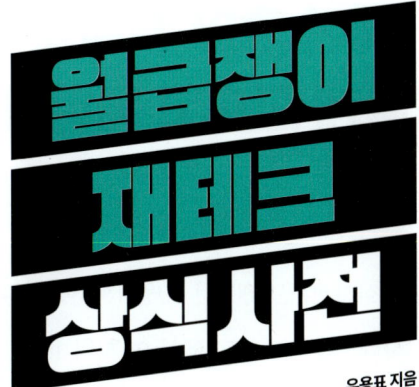

우용표 지음

프롤로그

내 소중한 월급을
어떻게 모으고 불릴까?

《월급쟁이 재테크 상식사전》은 2008년 10월 13일에 세상에 처음 나왔다. 반짝 인기를 얻고 사라지는 책들 사이에서 이 책이 15년 넘게 독자들에게 선택 받은 이유는 재테크 환경의 변화에 따라 내용을 끊임없이 수정하고 발전시켜왔기 때문이라 생각한다. 코인, NFT 등 새로운 재테크 방법에 대해서도, 매년 달라지는 연말정산 개정세법과 부동산 중개수수료도 반영하고 있다. 우리의 소중한 돈을 모으고 불리기 위해 꼭 필요한 정보를 전하기 위함이다.

내가 필요해서 쓴 책

처음 재테크 공부를 시작할 때 나는 혼란스러웠다. 부동산 전문가들은 "주식 하다 망한 사람은 많아도 부동산 하다 망한 사람은 없다"고 하고, 금융 전문가들은 "부동산은 이제 끝이며 무조건 주식이 오른다"고 했다. 각 분야의 전문가들은 각자의 영역이 최고라고 말한다. 그들의 이야기를 듣다가 답답해서 이 책을 쓰게 되었다. 무조건 좋다고 따라 할 것이 아니라 장점과 단점을 함께 알고, 제대로 공부하고 싶다는 마음에서 이 책이 시작되었다.

월급 받는 모든 사람을 위한 책

'월급쟁이'란 1년 또는 1개월 단위로 고정된 보수를 받는 근로자를 말하고, 고급 관리직부터 말단 사무직까지 모두 포함된다. 나 역시 월급쟁이 시절을 보낸 사람으로서 월급이 얼마나 힘들게 버는 소중한 돈인지를 잘 알고 있다. 월급만 믿고 살자니 미래가 불안하고, 어떻게 하면 소중한 월급을 잘 관리할 수 있을지 고민하는 모두를 위해 이 책을 준비했다.

유튜브보다 쉬운 재테크 책

유튜브가 대세라고 해서 컴퓨터 학원에 가서 영상 편집을 배운 적이 있다. "이렇게 하면 쉽죠?" 하면서 마우스를 빠르게 움직이는 강사님을 멍하니 바라만 보다가, 집에 가서 유튜브 영상을 찾아보며 혼자 공부했다. 그리고 이 책의 개정판을 집필하는 동안 내내 다짐했다.
'내 책을 읽다가 어려워서 유튜브 영상을 찾아보는 사람이 없도록 하자.'
돈 공부가 처음인 독자들도 최대한 쉽고 재미있게 이해할 수 있도록 원고를 쓰고 고쳤다. 그럼에도 설명이 부족하거나, 이해하기 어려운 부분이 있다면 언제든 메일로 문의하길 바란다. 늦더라도 반드시 답장하겠다.
다음 페이지에는 초보 투자자를 위한 '재테크 목적별 포트폴리오'를 실었다. 책을 읽기 전에 자신의 재테크 목적이 무엇인지 생각해보자. 목적별 추천 마당을 표시해두었으니 필요한 내용을 먼저 읽어도 좋다. 자, 이제 본격적으로 시작해보자!

재테크 목적별 포트폴리오

1 3년 안에 결혼 자금을 모으고 싶어요.

모 결혼정보회사에서 결혼 1~5년 차 남녀 1,000명을 대상으로 조사한 '2024 결혼 비용 리포트'를 보면 결혼 비용으로 남성은 3억 2,736만 원, 여성은 2억 8,643만 원을 지출한다고 한다. 이는 주택 자금을 포함한 금액으로, 주택 자금을 제외하면 결혼식부터 신혼여행에 필요한 비용은 6,300만 원 정도다. 항목을 살펴보면 혼수 2,615만 원, 예식장 990만 원, 신혼여행 744만 원, 예단 566만 원, 예물 530만 원, 스튜디오·드레스·메이크업 479만 원, 이바지 170만 원, 답례품 117만 원, 상견례 87만 원이라고 한다. 그럼, 3년 안에 결혼 자금 6,300만 원을 모으는 계획을 세워보자.

추천 포트폴리오

- **적금** 한 달에 50만 원씩 / 연이자율 4% / 3년 → 1,893만 9,060원
- **펀드** 한 달에 50만 원씩 / 연수익률 10% / 3년 → 2,092만 88원
- **ETF** 한 달에 50만 원씩 / 연수익률 15% / 3년 → 2,252만 7,844원

▶ 총 합계   **6,239만 원**

약 6,300만 원의 결혼 자금을 마련하기 위해서는 한 달 150만 원의 예산으로 적금, 펀드, ETF에 각각 50만 원씩 나누어 투자하기를 권한다. 목표수익률을 적금 연 4%, 펀드 연 10%, ETF 연 15%로 가정하면 주택 자금을 제외한 나머지 금액을 준비할 수 있다.

추천 마당

- **둘째마당** | 은행   · **넷째마당** | 펀드   · **다섯째마당** | ETF

2 | 10년 안에 내 집 마련을 위한 종잣돈을 만들고 싶어요.

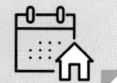

내 집 마련, 듣기만 해도 가슴이 벅차오르는 말이다. 부동산등기사항전부증명서(등기부등본)에 내 이름이 크게 적히는 것은 물론이고, 살면서 집주인 눈치를 볼 일도 없어지기 때문이다. 가슴 뛰는 그날을 위해 준비해보자. 2024년 서울 아파트 평균 가격이 12억 원이라고 한다. 10년 안에 모으기에는 상당히 어려운 금액이기도 하다. 집값의 절반은 대출로 해결한다고 가정하고 종잣돈 6억 원을 모아보자.

추천 포트폴리오

적금	한 달에 100만 원씩 / 연이자율 4% / 10년 → 1억 4,719만 4,873원
펀드	한 달에 50만 원씩 / 연수익률 15% / 10년 → 1억 3,172만 372원
ETF	한 달에 100만 원씩 / 연수익률 20% / 10년 → 3억 4,525만 472원

▶ 총 합계   **6억 2,417만 원**

10년 안에 내 집 마련의 목표를 이루기 위해서는 한 달 250만 원의 예산으로 적금과 ETF에 각각 100만 원씩, 펀드에 50만 원씩 적립식 투자를 권한다. 목표수익률을 적금 연 4%, 펀드 연 15%, ETF 연 20%로 가정하면 집값의 절반 정도를 마련할 수 있고, 대출을 활용하면 내 집 마련이 가능하다.

결혼 자금 마련을 위한 3년간의 투자에서는 목표수익률이 펀드 10%, ETF 15%였으나, 내 집 마련을 위한 10년 플랜에서는 '시간의 힘'을 기대하면서 각각 5%p씩 목표수익률을 상향 조정했다.

추천 마당

- 넷째마당 | 펀드
- 다섯째마당 | ETF
- 여섯째마당 | 부동산

3. 20년 동안 천천히 노후를 준비할래요.

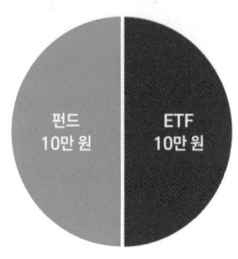

세계 최고의 투자가인 워런 버핏은 투자자들에게 보낸 메일에서 "물이 빠지면 누가 발가벗고 수영을 하고 있었는지 알 수 있다"라는 말을 남겼다. 은퇴 후 생활에 적용해보자면, 매달 들어오는 월급이 없어졌을 때 누가 대비를 잘했는지 알 수 있지 않을까? 다행히도 노후는 아주 먼 훗날의 일이다. 조금씩 미리 준비하면 근로소득이 끊겨도 큰 걱정이 없을 것이다.

기본적인 노후 자금은 국가의 국민연금, 회사의 퇴직연금을 통해 조금씩 준비되고 있다. 여기에 개인이 보험사의 연금상품이나 연금저축상품을 추가로 활용하면 많은 도움을 받을 수 있다.

국민연금연구원에서 2022년에 발표한 자료에 따르면 은퇴 후 생활비는 부부 기준 월 300만 원 수준이라고 한다. 전국투자자교육협의회(투자자협회)에서는 국민연금 개시 시점인 65세에 은퇴해서 95세까지 30년간 소득 없이 생활하기 위해 은퇴 시점인 65세에 보유해야 할 자산이 7억 1,000만 원이라 발표했다. 20년 동안 노후 자금 7억 1,000만 원을 모으는 방법을 살펴보자.

추천 포트폴리오

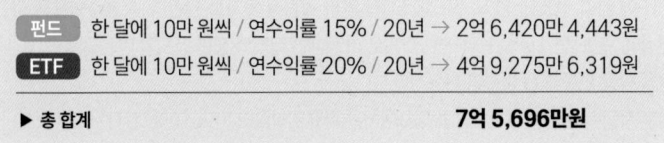

펀드	한 달에 10만 원씩 / 연수익률 15% / 20년 → 2억 6,420만 4,443원
ETF	한 달에 10만 원씩 / 연수익률 20% / 20년 → 4억 9,275만 6,319원
▶ 총 합계	7억 5,696만원

20년이라는 시간이 주는 효과가 엄청나다. 1억 원이 안 되는 원금을 투입해서 총 7억 5,000만 원의 노후 자금을 만들 수 있다니 말이다. 20년 동안 천천히, 꾸준히 투자한다면 우리의 은퇴 생활은 보다 즐거워질 것이다.

추천 마당

- 넷째마당 | 펀드
- 다섯째마당 | ETF

차례

프롤로그: 내 소중한 월급을 어떻게 모으고 불릴까?	004
재테크 목적별 포트폴리오	006

첫째마당 · 월급쟁이 재테크 워밍업

001	재테크, 제대로 준비하면 두렵지 않다	018
재테크 비밀과외	월급쟁이가 재테크에 유리한 3가지 이유	021
002	사회초년생 재테크를 위한 최소한의 금융 상식	022
재테크 비밀과외	월급과 연봉이 생각보다 적은 이유	027
003	월급날, 돈의 흐름을 세팅하자	029
재테크 비밀과외	고정비 & 변동비 체크리스트	033
004	'하이 리스크, 하이 리턴'의 비밀	036
005	부의 추월차선으로 가는 종잣돈 모으기	039
006	사회초년생을 위한 신용관리 팁	043

둘째마당 · 재테크의 시작은 은행

007	똑똑하게 은행 활용하는 법	050
(토|막|상|식)	적금의 이자 계산법	053
재테크 비밀과외	이자율, 수익률, 금리의 기본 개념	055
008	마이너스 통장, 만들어도 될까?	058
재테크 비밀과외	이자의 종류: 고정형, 변동형, 혼합형, 주기형	062
009	예금, 적금, 청약 통장을 어떻게 활용할까?	064

(토막상식)	예금자보호법이란?	068
(토막상식)	파킹 통장 활용법	070
재테크 비밀과외	주택청약저축의 모든 것	071
(토막상식)	무주택 세대주가 되려면?	072
재테크 비밀과외	소득공제, 소득공제율, 비과세 혜택 정리	075
010	초보 투자자를 위한 최고의 상품, ISA	078
재테크 비밀과외	ISA 세금 혜택 총정리	082
011	퇴직금을 현명하게 굴리는 IRP	084
(토막상식)	금리형 저축보험이 뭐예요?	088
012	알아서 노후를 준비해주는 TDF	090
(토막상식)	TDF 선택하기	094
재테크 비밀과외	퇴직연금 고르기: DB, DC, IRP	095
013	주거래 은행에 대한 환상을 깨자	099

셋째마당 처음부터 시작하는 주식 투자

014	주식 투자하기 전 알아둘 것들	104
015	개인 투자자 vs. 기관 투자자 vs. 외국인 투자자	108
016	가치주와 성장주의 기본 개념	111
017	가치주 실전 투자	115
018	성장주 실전 투자	121
019	매달 돈 버는 배당주 투자	125
재테크 비밀과외	관심 기업의 배당수익률 확인법	129
020	신생 주식에 투자하는 공모주	132
021	미국 주식 투자의 장점 4가지	136

| 022 | 공매도란 무엇일까? | 140 |
| 재테크 비밀과외 | 초보가 반드시 피해야 하는 주식 4가지 | 144 |

 넷째마당 직장인 맞춤 투자처, 펀드

023	전문가가 다 알아서 해주는 펀드 투자	148
024	펀드의 종류와 특징	152
025	펀드의 이름으로 특징을 알 수 있다	157
(토｜막｜상｜식)	인기 있는 펀드는 시리즈가 된다	162
026	펀드에도 클래스가 있다!	163
(토｜막｜상｜식)	우리투자증권의 클래스 S	166
재테크 비밀과외	펀드 수수료 총비용을 알아보자	167
027	직장인에게 적립식펀드가 잘 맞는 이유	170
028	좋은 펀드를 고르는 3가지 기준	174
(토｜막｜상｜식)	펀드 업계의 쿠팡, 우리종합금융	176
재테크 비밀과외	나에게 딱 맞는 펀드를 찾아보자	177
029	숨겨진 비용, 환매수수료	179
(토｜막｜상｜식)	손실 난 펀드를 위한 환매수수료 통산제	182
030	인덱스펀드 예습하기	183

 다섯째마당 쉽고 확실한 ETF 투자

| 031 | ETF 기본 개념 알아보기 | 190 |

재테크 비밀과외	ETF와 인덱스펀드 비교		195
032	ETF, 이름만 보면 다 알 수 있다		198
033	한국 투자 ETF 실전 전략		204
토막상식	전문가가 알아서 굴려주는 액티브 ETF		208
토막상식	하락장에 대비하는 커버드콜		209
034	미국 투자 ETF 실전 전략		210
토막상식	나스닥 & 나스닥100		211
토막상식	다우존스가 인정한 배당주, SCHD		213
토막상식	월스트리트에서 사용하는 종목 코드, 티커		214
재테크 비밀과외	다우존스, S&P500, 나스닥100에는 어떤 기업이 있을까?		215
035	미국 투자 ETF, 국내산 vs. 미국산		217
재테크 비밀과외	일반 계좌, ISA, IRP, 연금저축펀드 비교하기		221
036	ETN은 ETF의 증권사 버전		224
037	ELS, 주가지수로 하는 도박		227
토막상식	2024년 홍콩ELS 사태 알아보기		230
토막상식	DLS는 안심해도 된다?		231
재테크 비밀과외	세 글자 상품 정리: ETF, ELS, DLS, ELD, ELF		232

 여섯째 마당 | 내 집 마련을 위한 **부동산 투자**

038	앞으로 집값은 오를까, 내릴까?		236
039	집값을 결정하는 공식과 변수		239
040	전월세 계약 시 기본 체크리스트		243
041	부동산 등기부등본 보는 법		247
토막상식	지목의 종류		251

토막상식		가등기란?	252
토막상식		근저당권 설정과 임차권등기명령	254
재테크 비밀과외		월세 계약서 작성 시 주의 사항	255
042		소중한 전세금을 지키는 3가지 방법	258
재테크 비밀과외		셀프로 내용증명 보내기: 방법, 양식	262
043		임대차 3법을 알아보자	266
044		청약가점제, 내 점수는?	269
토막상식		점수 부스터: 배우자 청약 통장 가입 기간 50% 합산 가능	274
045		대출 규제: LTV, DTI, DSR, 스트레스DSR	275
046		부동산 경매 핵심 요약	280
047		실전 경매 4단계	283
048		재건축, 재개발, 상가 투자란?	289

일곱째 마당 — 보험, 똑똑하게 활용하기

049		보험은 재테크의 안전벨트	296
토막상식		마지막 환불 기회: 청약철회제도	298
재테크 비밀과외		어려운 보험 용어 총정리	299
050		보험 상품 구분하는 법	302
토막상식		저렴한 납입료가 매력적인 저해지보험과 무해지보험	305
재테크 비밀과외		11가지 주요 보험 상품	306
토막상식		보험 특약의 종류	308
051		연금보험과 연금저축상품 비교	309
052		생명보험: 종신보험과 정기보험 비교	314
053		실손보험은 기본템이다!	317

054	장단점이 뚜렷한 변액보험	320
재테크 비밀과외	변액보험의 장점과 단점	323
055	보험 가입 전 체크리스트	325
(토|막|상|식)	비대면 보험 가입 시 주의 사항	327
056	보험설계사에게 재테크 상담을 받을 수 있다고?	328
(토|막|상|식)	보험에서 가장 중요한 고지의무	330
재테크 비밀과외	특수한 상황을 위한 보험들	331
057	보험도 리모델링이 필요해!	333

13월의 월급, 연말정산 제대로 하기

058	연말정산의 기본 개념	338
(토|막|상|식)	누진세와 누진공제란?	346
(토|막|상|식)	소득세 원천징수세액 선택 제도	348
059	소득공제와 세액공제, 무엇이 다를까?	349
재테크 비밀과외	알아두면 좋은 세액공제 항목들	353
060	신용카드 소득공제 마스터하기	355
(토|막|상|식)	기후동행카드, The 경기패스, 티머니 소득공제	361
재테크 비밀과외	카드를 써도 사용금액으로 인정되지 않는 경우	362
061	연말정산을 위한 신용카드 사용 꿀팁	364
재테크 비밀과외	연말정산에 필요한 별도 서류	368
062	N잡러와 프리랜서의 연말정산	370
재테크 비밀과외	겸업 금지와 경업 금지 바로 알기	374

아홉째 마당 — 모든 것이 재테크가 되는 세상

063	금에 투자하는 6가지 방법	378
064	달러에 투자하는 6가지 방법	383
065	코인, 암호화폐에 투자해도 될까?	387
(토|막|상|식)	새로운 투자처에 투자할 때 주의 사항	389
066	나는 동전, 아트, 운동화에 투자한다!	390
(토|막|상|식)	취미 재테크 주의 사항	394

에필로그: 꽃이 진 다음에야 봄이었음을   395
재무설계 사례   398
찾아보기   418

첫째 마당

월급쟁이 재테크 워밍업

Common Sense Dictionary for Salaried

001 재테크, 제대로 준비하면 두렵지 않다

> **세 줄 요약**
> 1. 재테크 지옥에 오신 걸 환영합니다!
> 2. 경제적 자유는 없다. 그러나···.
> 3. 재테크를 통해 우리가 원하는 삶을 개척할 수 있다.

"Welcome to Hell(지옥에 오신 걸 환영합니다)."

신입사원 시절 외국인 고객에게 들었던 말이다. 꿈과 희망에 가득차 사회생활을 시작한 나에게 왜 그런 말을 하는지 그때는 몰랐는데 이제는 알 것 같다.

이 말을 독자들에게 그대로 전하고 싶다. 재테크를 시작하려는 당신에게 밝고 희망찬 이야기만을 전할 수 없어서 미안할 따름이다. 앞으로 우리는 재테크 지옥에서 살아남아야 한다. 성실히 일해서 번 월급만으로도 잘 살 수 있으면 좋겠는데, 집값도 물가도 끝없이 오른다. 월급으로 모든 걱정과 근심을 해결할 수 있는 세상이 아니다. 심지어 도처에 사기꾼이 득실거리면서 우리의 돈을 노리기까지 한다. 정신 똑바로 차리지 않으면 힘들게 모은 돈이 연기처럼 사라진다. '전세 사기'로 큰 피해를 입을 수도 있다. 실패하고 툭툭 털고 일어날 수 있는 환경도 아니다. 한 번의 실수가 돌이킬 수 없는 상황을 만들기도 한다.

이 책이 당신을 재벌로 만들어주지는 못하지만, 당신이 힘들게 번 월급을 잘 모으고 불리는 방법은 알려줄 수 있다. 적어도 주위 사람들에게 "저… 미안한데 돈 좀 빌릴 수 있을까?"라는 아쉬운 소리는 하지 않도록 도와주겠다.

경제적 자유는 없다

경제적 자유, 모두가 바라는 꿈이다. 단순히 부자를 넘어 일하지 않아도 넉넉한 수입을 얻을 수 있는 상태를 가리키는 말이기 때문이다. 먹고사는 문제가 해결된 상태에서 놀고 싶으면 놀고, 쉬고 싶으면 쉬는 생활을 싫어할 사람은 없다. 그래서 유튜브, 인스타그램 속 수많은 콘텐츠는 '당신도 금방 부자 될 수 있습니다', '빚만 있던 제가 총 자산 13억을 만들었습니다', '이렇게만 하면 돈 걱정 안 해도 됩니다' 등 솔깃한 제목으로 우리를 유혹한다.

결론부터 말하자면 단번에 부자가 되는 방법은 없다. 당신을 부자로 만들어주겠다는 사람이 있다면 그 사람은 아주 높은 확률로 사기꾼이다. 유명인을 사칭해서 투자금을 갈취하는 식의 사기 수법도 많다. 금방 큰돈을 벌어보겠다는 조급한 마음에 사기를 당하는 경우가 많다.

동화책 《파랑새》를 보면, 멀리서 찾아 헤맨 파랑새가 알고 보니 우리 집 뒷마당에 살고 있었다는 내용이 나온다. 재테크에서 우리의 파랑새는 매달 통장에 꽂히는 월급이다. 그 돈으로 투자를 시작하고, 투자 수익을 다시 재투자하면서 목돈을 만드는 기회를 잡아야 한다.

회사는 직원을 부자로 만들어주는 것이 목표가 아니다. 회사는 직원에게 최소한의 월급을 주고 최대한의 성과를 얻고자 고민한다. 결국 '월급만으로는 부자가 될 수 없다'는 말이 나오는 것이다. 마음 아프지만 맞는 말이다. 우리가 선택할 수 있는 길은 많지 않다. 신세 한탄만 하면서 아무것도 안 하거나, 적극적으로 재테크를 해서 원하는 삶을 개척하는 것 둘 중 하나다. 당신은 어느 쪽을 선택할 것인가?

재테크 비밀과외

월급쟁이가 재테크에 유리한 3가지 이유

쥐꼬리만 하더라도 꾸준히 통장에 찍히는 월급은 재테크에서 어떤 자영업이나 유튜브 채널보다 좋은 수입의 원천이 된다. 월급쟁이가 재테크에 유리한 이유는 다음과 같다.

① 계획적인 투자가 가능하다

우리의 올해 연봉은 정해져 있다. 다시 말하면 올해 얼마를 벌지 견적이 이미 나와 있다는 뜻이다. 본인 의지에 따라 월급을 남김없이 다 써버릴 수도 있고, 저축이나 투자를 할 수도 있다. 자영업자를 보자. 이번 달에 돈을 잘 벌었다고 해서 다음 달에도 잘 번다는 보장이 없다. 100만 유튜버도 말 한마디 잘못해서 '나락 가는' 경우가 있다. 반면 우리는 이번 달 급여일에 통장에 얼마가 입금될지 알고 있다. 재테크는 계획을 세우고 실행하는 것이 중요한데, 정해진 수입이 따박따박 들어오므로 계획적인 투자를 할 수 있다는 점에서 월급쟁이는 유리하다.

② 월급은 꾸준히 오른다

회사 근속연수가 길어질수록 승진과 진급을 거듭하며 월급이 많아진다. 첫 월급은 적더라도 몇 년 뒤 월급은 분명히 더 많다. 반면 자영업자의 수입은 종잡을 수 없다. 자영업자는 영업 기간이 오래되었다고 해서 반드시 매출이 점점 늘어나지 않는다. 그러나 월급쟁이인 우리의 월급은 올해보다 내년에 더 많을 것이다. 월급이 오르면 더 많은 투자를 할 수 있다. 10만 원씩 넣던 펀드를 20만 원씩 넣을 수도 있고, 50만 원씩 대출이자만 냈다가도 원금까지 조금씩 갚을 수도 있다.

③ 돈을 벌기 위해 돈을 쓸 필요가 없다

회사에서는 일하는 데 필요한 장비와 물품을 모두 지원해준다. 출퇴근에 필요한 교통비 정도만 부담하면 나머지는 회사에서 다 해결해준다. 반면 자영업자는 자기 돈으로 가게를 구하고 물품도 사고 월세도 내야 한다. 직원을 두면 인건비도 나간다. 장사가 잘돼서 돈을 많이 벌면 다행이지만 손해만 보는 경우에도 자영업자가 그 모든 비용을 부담해야 한다. 월급쟁이는 이러한 부담이 거의 없다. 돈을 벌기 위한 리스크가 거의 없다는 뜻이다.

002 사회초년생 재테크를 위한 최소한의 금융 상식

> **세 줄 요약**
> 1. 금리가 내리면 주식, 부동산은 오를 가능성이 있다.
> 2. 환율이 오르면 화폐 가치는 하락한다.
> 3. 인플레이션은 물가 상승, 같은 월급으로 할 수 있는 것이 줄어든다.

스포츠의 규칙을 알면 경기를 더 재미있게 즐길 수 있는 것처럼, 재테크 역시 금융 상식이 있어야 더 좋은 결과를 낼 수 있다. 본격적으로 재테크 공부를 시작하기 전에 알아두어야 할 최소한의 금융 상식을 채워보자.

금리는 경제의 핵심이다

Q1. 한국은행의 기준금리가 높아지면 은행에 돈을 맡기는 사람이 유리할까, 은행에서 돈을 빌리는 사람이 유리할까?
A1. 기준금리가 오르면 예금이자도 상승하므로 은행에 돈을 맡기는 사람이 더 유리하다.

Q2. 금리가 오르면 주식, 부동산 시장은 상승할까, 하락할까?
A2. 금리 상승은 대출 부담으로 이어져 주식, 부동산 시장이 하락하게 된다.

금리라는 말을 많이 접해보았을 것이다. 단순하게 뜻만 놓고 보면 '이자율'을 가리킨다. 금리를 경제의 핵심이라 부르는 이유는 금리의 움직임에 따라 경제 상황이 좌우되기 때문이다.

금리가 낮다는 것은 이자율이 낮다는 뜻이고, 은행에서 돈을 빌릴 때 부담이 적다는 뜻이기도 하다. 돈을 쉽게 빌릴 수 있으면 주식과 부동산에 투자할 수 있다. 즉 금리가 낮아지면 은행에서 빌린 돈이 주식, 부동산으로 흘러들어가 시장이 상승하게 된다.

반대로 금리가 높으면 어떨까? 은행에서 돈을 빌리기도 어려워지고 돈을 빌려도 비싼 이자를 내야 하기 때문에 섣불리 주식이나 부동산에 손을 대지 않게 된다. 투자보다는 은행에 예금하고 이자를 받는 게 유리해진다.

주식, 펀드, ETF 위주로 투자한다면 금리가 낮을수록 도움이 된다. 뉴스에서 '한국은행 기준금리 인하'라는 뉴스를 본다면 '주식, 부동산 시장이 오르는 신호'라고 이해하면 크게 틀리지 않을 것이다.

환율로 국가의 경제력을 측정할 수 있다

Q1. 1달러가 1,300원에서 1,400원으로 오르면, 달러가 강해지는 걸까 약해지는 걸까?
A1. 1달러를 갖기 위해 한국 돈을 더 내야 한다면 강달러 상황이다.

Q2. 강달러가 지속되면 원화 예금, 달러 예금 중 무엇을 선택하는 것이 유리할까?
A2. 강달러로 환율이 오르면 달러 예금이 '환차익'을 얻을 수 있어 더 유리하다.

환율은 각 나라의 경제력을 측정하는 지수다. 강달러는, 달러를 발행하는 미국의 경제력이 높아진다는 뜻이다. 환율은 처음 접할 때에는 직관적으로 이해하기 어렵다. 1달러당 1,300원에서 1,400원으로 오르는 것을 '원/달러 환율 상승'이라 표현하지만, 실제 뜻은 '원화 가치 하락'이다.

차근차근 풀어보면 이렇다. '원/달러 환율' 또는 '달러당 환율'은 1달러를 갖기 위해 '원'이 얼마나 필요한지를 나타낸다. 1달러에 1,300원이라는 것은 1달러를 갖기 위해 1,300원이 필요하다는 뜻이다. 1달러에 1,300원에서 1,400원으로 오른다면 달러를 갖기 위해 더 많은 한국 돈이 필요해지는 것이다. 바꿔 말하면 1달러당 100원만큼 원화의 가치가 하락했다는 뜻이기도 하다. 그림으로 표현하면 이렇다.

1달러 = 1,300원 ➡ 1달러 = 1,400원

환율 상승
- 원화 표시는 상승이지만 실제 화폐 가치는 하락
- 달러로 바꾸기 위해 필요한 한국 돈이 더 많아지므로 원화의 가치가 하락하는 것

1달러 = 1,500원 ➡ 1달러 = 1,200원

환율 하락
- 원화 표시는 하락이지만 실제 화폐 가치는 상승
- 달러로 바꾸기 위해 필요한 한국 돈이 더 적어지므로 원화의 가치가 상승하는 것

은행에 가면 한국 돈을 넣는 만큼 달러로 바꿔서 통장에 넣어주는 '달러 예금'이 있다. 앞으로 계속 강달러가 된다면 원화 예금을 달러로 바꾸는 것이 더 나은 선택이다.

인플레이션은 무엇이고 어떤 결과를 가져올까?

> **Q1.** 인플레이션이 지속되면 은행 예금이 유리할까, 주식이나 부동산 자산이 유리할까?
> **A1.** 물가 상승은 화폐 가치의 하락을 뜻하므로 자산으로 보관하는 것이 더 유리하다.
>
> **Q2.** 물가상승률이 어느 정도가 되어야 한국과 미국은 기준금리를 낮출까?
> **A2.** 한국과 미국은 물가상승률 2%를 목표로 기준금리를 결정한다.

인플레이션, 즉 물가 상승은 화폐의 가치가 하락하는 경제 현상을 가리킨다. 냉면 값을 생각해보자. 1그릇에 8,000원이던 냉면이 12,000원으로 올라도 냉면 1그릇 자체의 가치는 변하지 않는다. 단지 재료값과 인건비 상승으로 가격만 오른 것이다. 인플레이션은 이와 같이 물건에 표시되는 가격만 올라가는 현상을 가리킨다.

물건값이 올라간다는 것은 월급의 상대적인 가치가 내려간다는 것이다. 올해 받을 급여는 정해져 있는데 물건값이 계속 오른다면, 그만큼 월급으로 할 수 있는 선택의 폭이 줄어들게 된다. 인플레이션이 국가 경제에 있어 상당한 위험요인으로 인식되는 이유다.

일반적인 상황에서는 기준금리가 상승하면 주식, 부동산에 몰린 자금들이 은행으로 다시 흘러들어가고 시중에 돈이 줄어들기 때문에 물가가 내려간다. 이때 주식, 부동산은 가격이 하락한다.

앞으로 기준금리가 오를지 내릴지를 예측하기 위해서는 '소비자물가지수'의 움직임을 보면 된다. 2%를 기준으로 해서 그보다 높게 물가 상승이 이어진다면 '기준금리가 낮아지기는 힘들겠구나'라고 짐작할 수 있다.

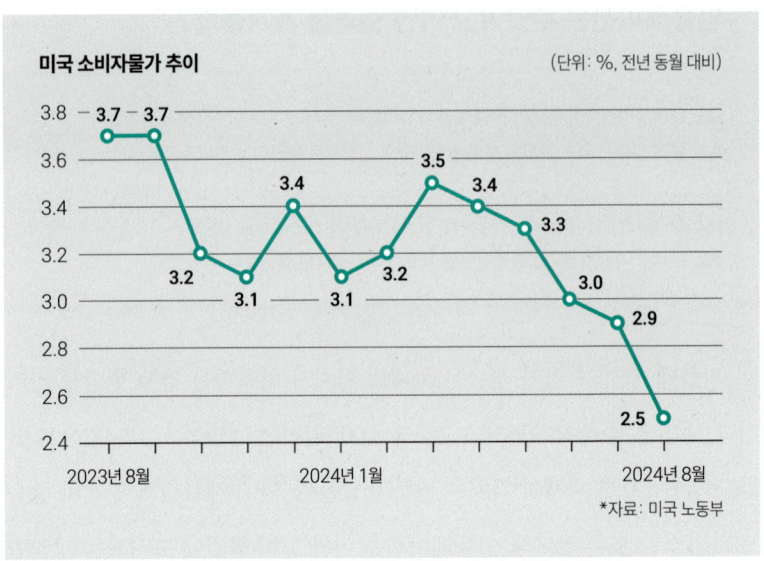

인플레이션과 함께 알아두면 도움이 될 단어로 디플레이션이 있다. 디플레이션은 인플레이션의 반대 개념으로 물가 하락을 뜻한다. 또한 신문 기사에 자주 등장하는 용어로 스태그플레이션이 있는데, 경기 침체와 물가 상승이 동시에 일어나는 경제 위기 상황을 뜻한다.

지금까지 재테크에 필요한 최소한의 금융 상식을 배워보았다. 상식이 쌓일수록 재테크 공부가 재밌어질 것이다. 그리고 동시에 재테크를 공부할수록 투자 방법뿐만 아니라 기본적인 경제 흐름을 읽고, 세상을 이해하는 지식도 쌓일 것이다.

재테크 비밀과외

월급과 연봉이 생각보다 적은 이유

우리가 받는 월급은 생각보다 항상 적다. 회사에서는 분명히 한 달에 300만 원씩 지급하는데 실제 통장에 들어오는 돈은 270만 원 남짓이다. 원천징수로 일정 금액이 빠져나가기 때문이다. 원천징수는 월급 등 소득을 지급하는 쪽에서 미리 세금을 거두어들이고 돈을 지급하는 것을 가리킨다. 대표적인 원천징수 항목 2개를 알아보기로 하자. 첫 번째는 '4대 보험'이고 두 번째는 '소득세'다.

첫 번째 원천징수: 4대 보험

4대 보험을 다 합하면 대략 월급의 9%가 된다. 즉 연봉이 3,000만 원이라면 연 270만 원 정도는 우리의 노후 생활과 의료비를 위해 나라에서 알아서 가져간다. 4대 보험에는 국민연금, 건강보험, 고용보험, 장기요양보험이 있다.

① 국민연금: 월급의 4.5%(2026년부터는 4.75%)

4대 보험 중 국민연금이 가장 큰 비중을 차지한다. 2025년 기준 월급에서 9%를 공제한다. 우리가 반절인 4.5%를 내고, 나머지 반은 사업주가 낸다.
나쁜 소식은, 국민연금 개혁을 통해 앞으로 우리가 부담하는 금액이 늘어날 수 있다는 것이다. 국민연금 납입금은 앞으로 8년 동안 매년 0.5%p씩 올라 9%에서 13%로 오를 예정이다. 시기는 미정이지만 우리가 내는 국민연금이 급여의 4.5%에서 6.5%로 늘어날 것으로 예상된다.

② 건강보험: 월급의 3.545%(2026년부터는 3.595%)

월급에서 7.09%를 내야 하지만 회사에서 반을 내준다. 즉 우리는 월급의 3.545%만 내면 된다. 건강보험 역시 앞으로 조금씩 더 오를 예정이다.

③ 고용보험: 월급의 0.8%

급작스럽게 직장을 그만둘 때 우리를 도와줄 친구다. 부과되는 총 금액은 월급의 1.6%다. 내가 0.8%를, 회사에서 0.8%를 부담한다.

④ 장기요양보험: 월급의 약 0.4%

장기요양보험료는 계산법이 약간 복잡하다. 우리가 납부하는 건강보험료의 12.27%로 계산된다. 건강보험료가 월급의 3.545%이니, 결과적으로 장기요양보험료는 월급의 약 0.4%다.

두 번째 원천징수: 소득세

나라에서는 급여와 가족 수에 따라 소득세로 떼어갈 금액을 미리 정해놓는다. 급여가 300만 원인 경우 공제 대상 가족이 1인(본인)이라면 약 7만 5,000원, 급여가 350만 원을 넘으면 한 달에 약 13만 원의 소득세가 발생한다.

부양가족이 없는 경우, 월 급여에 따라 얼마의 소득세가 나오는지 표로 정리해보았다. 자세한 내용이 궁금하다면 국세청 홈페이지에서 '근로소득 간이세액표'를 검색해서 확인할 수 있다.

근로소득 간이세액표

월 급여액	소득세
100만 원	–
150만 원	8,920원
200만 원	1만 9,520원
250만 원	3만 5,600원
300만 원	7만 4,350원
350만 원	12만 7,220원
400만 원	19만 5,960원
450만 원	26만 2,840원
500만 원	33만 5,470원

*2024년 기준

결론적으로, 우리가 회사와 계약한 연봉 중에서 4대 보험과 소득세로 적게는 10%, 많게는 20%까지 원천징수를 통해 회사에서 국가로 곧바로 보내진다고 보면 된다.

003 월급날, 돈의 흐름을 세팅하자

> **세 줄 요약**
> 1. 월급에서 남는 돈으로 투자하는 것은 힘들다.
> 2. 투자하고 남는 돈으로 생활하는 것은 가능하다.
> 3. 결론: 투자 먼저, 소비는 나중에.

왜 월급은 월급날에 통장을 스치듯 지나갈까? 분명히 통장에 잔액이 남아 있어야 하는데 왜 보이지 않을까? 투자를 해보고 싶은데 투자할 돈을 어떻게 마련하면 좋을까? 지금은 생활비로도 빠듯한데 노후 대비가 가능할까? 당신의 고민을 조금 줄여줄 간단한 방법 하나를 전하고자 한다.

통장을 스치는 돈의 흐름

일반적으로 봐서, 우리가 월급을 받으면 나라에서 4대 보험과 소득세를 원천징수로 가져가는 것은 물론이고, 통신사와 신용카드 회사에서도 돈을 퍼간다. 이곳저곳에서 월급을 퍼가고 나면 초라해진 잔고가 남는다. 잠시 눈을 감고 머릿속으로 월급을 누가 퍼가는지 생각해보자.

1 | 4대 보험

국민연금, 건강보험 등 이른바 4대 보험이 나간다. 이미 알고 있듯 앞으로 나라에서는 지금보다 더 많이 가져갈 준비를 하고 있다(27쪽 참고).

2 | 소득세

매월 받는 급여에 대해 나라에서 미리 정해진 금액을 가져간다(28쪽 참고).

3 | 고정비

고정비란 매월 일정하게 지출되는 비용을 가리킨다. 대표적으로 주거비, 보험료, 통신비, 구독 서비스 이용비가 있다. 월세 내고, 보험료도 내고 통신사에서 알아서 가져가고 하는 돈이다.

4 | 변동비

고정비에 더해 변동비도 나간다. 식비, 의류비, 미용비, 문화비 등이 있다. 대부분 카드로 결제하므로 카드사가 알아서 통장에서 돈을 가져간다. 변동비는 보통 우리의 기분과 상황에 따라 지출 규모가 달라진다.

돈의 흐름

월급 − 4대 보험 − 소득세 − 고정비 − 변동비 = 월급 잔액

돈의 흐름을 조금만 바꿔보면?

4대 보험, 소득세, 고정비와 변동비로 만신창이가 된 후에 남은 것이 정말 소중한 나의 통장 잔액이다. 하지만 문제는 이걸로 끝나는 게 아니다. 과연 지금의 통장 잔액이 정말 내 것일까? 할부나 추가 지출 계획이 따로 있다면 내 통장의 잔액은 진짜 내 돈이 아니다. 내 통장에 찍힌 숫자가 모두 내 것이 아니라는 뜻이기도 하다. 혹시 상황이 이렇다면 돈의 흐름을 바꿔볼 때다. 변경 전과 후 바로 비교해보자.

돈의 흐름을 바꿔라
- 변경 전: 급여 → 지출 → 저축, 투자
- 변경 후: 급여 → 저축, 투자 → 지출

요령은 매우 간단하다. 변경 전 상황을 보면, 수많은 알람이 울리고 난 다음 남는 금액으로 저축과 투자를 할 것이다. '투자할 돈이 없어요' 하는 경우라면 높은 확률로 이와 같은 현금 흐름을 보일 것이다. 흐름을 약간만 바꿔보자.

방법은 간단하다. 매월 얼마를 저축·투자할지 목표를 세우고 급여가 들어올 때 우선적으로 실행한다. 투자하고 남는 돈으로 생활하면 된다. 간단하지만 어려운 방법이다. 만일 이 방법을 사용한다면 '저축해야 하는데', '주식이나 펀드 해야 하는데' 하고 걱정하면서도 쇼핑을 하는 우리의 모습을 바꿀 수 있다.

원래 시험 준비 기간에 드라마가 재미있고, 다이어트 중일 때 아이스크림을 참기 힘들다. 이때의 즐거움은 말로 표현할 수 없을 정도인데, 이를 '길티 플레져(guilty pleasure)'라 부른다. 우리의 소비 생활도 길티 플레져와 비숫하다. 지금 아껴야 하고, 투자해야 하는 것은 알겠는데, 현재의 즐거움이 너무나 짜릿하기 때문에 투자는 뒤로 미루게 된다. 그걸 이겨내는 시스템을 스스로 만들어야 한다.

죄책감이 사라지고 의지는 살아난다

돈의 흐름이 바뀌면 죄책감을 가진 채 소비하지 않아도 된다. 정해놓은 범위 안에서 자유롭게 예산을 정하기 때문이다. 매월 얼마씩 저축이나 투자를 하겠다고 계획을 세워서 일정하게 지출하면 나머지는 전부 내 몫이다. 예를 들어 내 급여가 300만 원이고, 100만 원을 투자하겠다고 계획을 세워 실천하면 나머지 200만 원은 내가 자유롭게 사용해도 된다. 쇼핑할 때 죄책감을 가질 필요가 없다. 급여일이 25일이라면 저축·투자 날짜는 급여일로 하고, 신용카드 등 자동결제 대금은 30일로 세팅하면 된다. 급여일이 10일이라도 마찬가지다. 투자 실행을 월급날로 하고, 나머지 생활비와 카드값 등의 자동이체는 이후 날짜로 하면 된다.

사람은 환경의 동물이고, 자리가 사람을 만든다고 하지 않던가. 돈의 흐름을 일단 이렇게 세팅하면 그에 적응해서 소비를 관리하게 된다. 처음에는 변동비를 줄이고, 다음에는 고정비를 줄이기 위한 방법을 찾게 된다. 그 과정에서 우리의 투자 근력은 자라날 것이다.

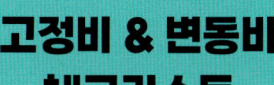

고정비 & 변동비 체크리스트

우리의 지출은 크게 고정비와 변동비로 나누어볼 수 있다. 고정비는 통신비, 보험료처럼 매월 지출이 고정되어 있는 금액이다. 변동비는 출근 전 커피 한 잔이나, 옷 구입처럼 고정되어 있지 않고 기분에 따라 또는 필요에 의해 발생하는 지출이다.

각자의 생활 패턴에 따라 고정비와 변동비는 다를 수 있다. 교통비를 예로 들어보면 출퇴근할 때 발생하는 버스, 지하철 비용이 일정한 경우 고정비로 분류할 수 있다. 만약 고정적으로 출퇴근하는 것이 아니라면 교통비를 변동비로 분류할 수도 있다.

이때 고정비와 변동비는 현재 필요한 것에 대한 소비이고, 저축·투자는 미래를 위해 대비하는 소비라는 것을 알아두자.

① 고정비에 해당하는 것

주거비, 보험료, 교육비, 교통비, 통신비 등으로 구분된다. 주거비를 구성하는 월세, 관리비, 대출이자 등은 고정비다. 매월 일정하게 지출하는 보험료, 자녀 교육비, 출퇴근 교통비와 통신비도 고정비로 분류하면 좋다. 현실적으로 고정비를 줄이는 것은 상당히 어렵다. 주택 관련 대출의 원금을 일부 목돈으로 미리 상환하여 대출 상환 부담을 줄이거나, 보험료 리모델링을 통해 중복 가입된 보험을 해지해서 지출을 줄여볼 수도 있지만 쉬운 일은 아니다.

② 변동비에 해당하는 것

식비, 의복·미용, 교통비, 문화비, 경조사비, 의료비, 육아비, 세금 및 기타 비용이 있다. 변동비는 매월 금액이 달라지기 때문에 지출 규모를 줄일 때 절약 효과가 크다.

변동비에서 중요한 내용이 하나 있다. 변동비는 말 그대로 계속 변동비여야 한다는 것이다. 예를 들어 매월 일정한 규모로 택시비가 발생하거나, 의류비나 미용비가 매월 발생하며 고정비가 되지 않았는지 점검해야 한다. 고정비가 되면 줄이기가 힘들어지기 때문이다.

③ 고정비 & 변동비 체크리스트 예시

공무원 A씨의 사례를 소개한다. 월급 실수령액이 250~300만 원이고 미혼이며, 원룸에 거주 중인 상황이다.

공무원 A씨의 고정비 내역 (단위: 원)

주거비	임대료(월세)	700,000
	대출 상환	150,000
	관리비	100,000
	공과금(수도·전기·가스)	150,000
	렌탈(정수기 등)	
보험료	생명보험	150,000
	손해보험	25,000
	자동차보험	
	연금상품	
	국민연금 및 건강보험(프리랜서인 경우)	
교육비	학원·과외	
	학습지	
	유치원·어린이집	
교통비	출퇴근 대중교통	85,000
통신비	휴대폰·인터넷 요금	65,000
기타	부모님 용돈	
	구독(정기구독)	30,000
	종교단체 헌금·기부단체 후원	
	각종 친목 회비	
합계		1,455,000

공무원 A씨의 변동비 내역 (단위: 원)

항목	세부	금액
식비	식비(외식비)	200,000
	식비(배달음식)	350,000
의복·미용	의류비	150,000
	세탁비	
	미용비	30,000
교통비	주유비·통행료	
	택시비	
문화비	취미 및 운동	100,000
	친목활동	
	휴가비	
	도서 구입·공연 관람	
경조사비	경조사	90,000
의료비	병원비	
	약값	
육아비	분유·기저귀	
	기타 육아용품	
세금	소득세(프리랜서인 경우)	
기타	부동산 수수료·이사비용	
	가정용품 및 집기 구입	
합계		920,000

A씨는 고정비와 변동비를 합쳐 240만 원쯤 지출한다. A씨의 지출 내역을 참고하여 각자 자신의 지출 내역을 적어보자. 그리고 어느 항목에서 얼마의 지출을 아껴 투자에 사용할 수 있을지 가늠해보자.

004 '하이 리스크, 하이 리턴'의 비밀

> **세 줄 요약**
> 1. 안전한 투자는 수익이 낮다.
> 2. 부자는 위험부터 생각한다.
> 3. 너무 좋으면 너무 나쁘다.

많은 사람이 안전하면서 수익률이 높은 투자 상품을 애타게 찾는다. 누군들 그러한 상품을 마다하겠는가? 나도 찾고 싶다! 안전성과 수익률에 대해 좀더 알아보자.

리스크와 리턴에 대해 알아야 할 것

위험이 크면, 수익도 크다(high risk, high return).

일상에서 한 번쯤 들어봤을 말이다. 이 말에 쓰인 위험과 수익에 대해 하나씩 살펴보자.

우선 리스크를 보면 이렇다. 투자와 재테크에서 리스크라는 말은 손실 가능성을 가리킨다. 즉 리스크가 크다는 것은 손실 가능성이 높다는 것이고 반대로 리스크가 낮다는 것은 손실을 걱정하지 않아도 될 만큼 손실 가능성이 낮다는 뜻으로 이해하면 된다.

이번에는 수익을 살펴보자. 예금의 수익은 어떨까? 주식시장처럼 상한가, 하한가를 고민할 것 없다. 예금과 적금에 가입할 때 연 3~4% 내외로 정해진다. '수익'이라는 말을 붙여도 되나 싶을 정도로 소소하다. 은행의 예금과 적금에 대해서는 '수익'이라는 말 대신 '이자'라는 말을 더 많이 쓴다.

이제 리스크와 수익을 합쳐서 생각해보자. 이제 '리스크가 크면 수익도 크다'라는 말이 이해될 것이다. 주식, 펀드, ETF처럼 투자 결과에 따라 천국과 지옥을 오가는 상품은 '리스크가 높은' 상품이라 할 수 있고 높은 수익을 기대할 수 있다. 반면 예금, 적금처럼 결과가 미리 정해져 있는 상품은 '리스크가 낮은' 상품이다. 수익이라기보다는 이자를 얻는 상품으로 분류된다.

리턴보다 리스크를 먼저 생각하라

여기까지 설명하면 '그래, 높은 수익을 얻으려면 무조건 높은 위험을 감수해야 하는구나'라고 생각할 텐데, 미리 알아두어야 할 주의 사항이 있다.

수익성과 위험성이 비례하는 것은 맞지만 사람들은 리턴을 먼저 생각하고, 리스크는 애써 외면한다는 것이다. 재테크를 잘하기 위해서는 리스크를 먼저 생각해야 한다. 조금 냉정하게 말하면, 가난한 사람은 달콤한 수익을 먼저 생각하고 부자는 위험을 먼저 생각한다. 무엇을 먼저 생각하느냐의 차이가 결과를 다르게 만든다. 가난한 사람은 위험해도 큰 수익을 얻을 수 있는 상품을 찾고, 부자는 기대 수익이 적더라도 안전한 상품을 원한다.

안전하면서 수익이 많이 나는 상품은 없다. 재테크 전문가 중에는 경매로 몇십억을 벌었다거나, 기가 막힌 단타 기술로 몇백억 부자가 되었다며 사람들의 욕망을 자극하는 사람들이 있다. 주식시장이 좋아서 투자자들의 수익률이 높게 나오는 시기에는 더욱 심하다.

너무 좋은 것은 너무 나쁜 것이다

가끔 고수익이면서 원금도 보장된다는 광고를 본다. 물고기를 키우는 양식장에 투자하면, 천연자원에 투자하면, 인삼밭에 투자하면 원금도 보장되면서 연 30%의 고수익도 얻을 수 있다는 내용이다.

이런 경우도 있다. 유튜브에 어떤 경제학 박사가 나와 "월 100%의 안정적 수익을 낼 수 있다"라고 한 업체를 소개하기에, 믿고 큰돈을 투자했는데 알고 보니 사기였다. 경제학 박사도 가짜, 영상에서 보여준 사업자등록증도 모두 가짜였다.

이제 '무조건 안전합니다', '높은 수익을 보장합니다'라는 광고를 보면 어떻게 생각해야 할까? '이렇게 좋은 게 있었네! 당장 해볼까?' 하는 생각이 들면 안 된다. '이건 조건이 너무 좋아서 수상하군. 분명 사기일 거야'라고 생각해야 맞다. 원금이 보장되는데 수익도 높은 상품은 없다. 따뜻한 아이스 아메리카노가 세상에 없는 것만큼 당연하다. 기억하자. 너무 좋으면 나쁜 경우가 많다.

005 부의 추월차선으로 가는 종잣돈 모으기

> **세 줄 요약**
> 1. 종잣돈은 건드리는 거 아니다.
> 2. 1차 목표는 연소득의 2배! 2차 목표는 연소득의 10배!
> 3. 종잣돈 모으기는 재테크 연습의 필수 과정이다.

대부분의 재테크 관련 서적에서 공통적으로 강조하는 것이 바로 '종잣돈'이다. 종잣돈이 있어야 결혼도 하고 노후도 대비할 수 있다고 한다. 종잣돈이 있어야 좋은 투자처가 있을 때 기회를 잡을 수 있다고도 한다. 맞는 말이다. 그런데 갑자기 궁금해진다. 과연 종잣돈이란 무엇이고, 얼마를 모아야 종잣돈이라고 할 수 있을까?

종잣돈(seed money)의 의미는 말 그대로 '씨앗이 되는 돈'이다. 그만큼 씨앗이 가진 특성과 종잣돈이 가진 특성은 유사하다. 힘든 삶 가운데에서도 우리 조상님들이 절대 건드리지 않았던 것이 바로 그해에 심어야 하는 작물의 종자였다. 지금 당장 배고프다고 해서 종자를 함부로 건드리면 안 된다는 것을 알고 있었기 때문이다. 종잣돈도 마찬가지다. 앞으로 필요할 때를 위해 꼭 남겨두어야 하는 자금이다.

얼마를 모으면 종잣돈이 될까?

과연 얼마를 모아야 종잣돈이라 할 수 있을까? 콕 집어서 답하기는 어렵다. 각자 수입과 지출의 크기가 다르기 때문이다. 1억 원이라는 돈은 유명 연예인이 광고 한 편 찍고 받을 수 있는 금액이기도 하지만, 평범한 직장인에게는 3~4년, 때때로 10년 이상 열심히 모아야 만질 수 있는 금액이기도 하다. 그러다 보니 종잣돈에 대한 명확한 기준은 없다. 누군가 '종잣돈이란 얼마다'라고 기준을 정해준다면 그 금액을 모으고 안심하면 될 텐데 말이다. 반면 정해진 기준 금액이 딱히 없다는 것은 스스로 정할 수 있다는 말이기도 하다.

처음 질문으로 돌아오자. 얼마를 모아야 종잣돈이라 할 수 있을까? 1단계 기본 코스와 2단계 심화 코스를 확인해보자.

1 | 기본 코스: 연소득의 2배

연봉 2,500만 원인 직장인이라면 5,000만 원을, 연봉 5,000만 원인 직장인이라면 1억 원을 목표로 해보자. 월급을 받으면 대출이자에 카드값, 통신비까지 한 달이 지나지 않아 마이너스가 되는 경우가 많다. 이러한 마이너스 생활에서 과감히 벗어나 연봉의 2배를 모아보는 것이다.

종잣돈을 모으는 과정은 처음에는 괴롭겠지만 습관이 되면 어렵지 않다. 운동과 비슷하다. 처음 운동을 시작할 때는 자세가 서툴러서 하고 나면 온몸이 다 아프지만, 어느 정도 적응을 하면 운동 효과를 보면서 건강해진다. 종잣돈 모으기의 괴로움은 통장 잔액으로 달래보자.

2 | 심화 코스: 연소득의 10배

2단계는 연봉 또는 연소득의 10배를 모으는 것이다. 연봉 3,000만 원인 직장인이라면 3억 원을, 연소득 1억 원인 자영업자라면 10억 원을 종잣돈으로 모아보는 목표를 가져보면 어떨까? 목표가 너무 거창해 보이고, 불가능해 보일 수 있다. 매월 적자를 면하는 것만으로도 안심해야 하는 상황인데 연봉의 10배를 모으라니!

왜 10배일까? 직장을 그만두고 사업을 작게 시작한다고 해보자. 가게를 차린다고 하면 보증금에 권리금까지 적게는 5,000만 원에서 많으면 2억 원 정도 필요하다. 여기에 더해 사업이 잘 안 될 경우를 대비해서 필요한 생활비는 따로 3억 원 정도 모아두어야 한다. 이렇게만 해도 벌써 4~5억 원인데, 물가상승률을 고려하면 더 필요할 수도 있다.

연소득의 10배라고 하면 어마어마한 금액 같지만 실제로 이후를 준비하기에는 부족할 수도 있는 금액이다. 2단계에 도전하면 말 그대로 '종잣돈 모으기의 습관화'가 이루어진 생활을 할 수밖에 없다. 결코 쉽지 않다. 아마도 평생 과제가 될지도 모르는 일이다.

종잣돈 목표는 의지의 습관화

'5,000만 원' 또는 '1억 원'처럼 금액을 정하는 것은 목표를 달성하기 위해 계획을 세우고 실행하겠다는 의지다. 다른 것들을 일정 부분 포기하는 것은 물론이다. 계획을 세우고 실행하는 것을 반복하다 보면 습관이 된다. 종잣돈 모으기는 목표 금액의 크기와 관계없이 '돈 쓰는 즐거움'을 미루고 '돈 모으는 즐거움'을 선택하는 습관을 키워준다.

'세상에 공짜가 없다'는 것은 만고의 진리다. 마찬가지로 돈을 모으고자 한다면 돈을 쓰지 않아야 한다는 것도 자명하다. '마음껏 먹고도 살을 뺄 수 있다'는 말이 거짓인 것처럼 '쓰고 싶은 대로 쓰면서 돈을 모을 수 있다'는 것도 허황된 거짓말이다. 돈을 모으고 싶다면 돈을 쓰는 즐거움을 포기하거나 미뤄야 한다.

처음에는 소소하지만 그 씨앗은 언젠가 거대한 나무가 된다. 지금부터 계획을 세우고 실행에 옮겨보자. 분명 10년, 20년 후에는 '그때 시작하길 잘했어' 하고 안도할 테니 말이다.

006 사회초년생을 위한 신용관리 팁

> **세 줄 요약**
> 1. 신용점수 = 은행에 제출하는 성적표.
> 2. 소소한 비용이라도 연체하면 신용점수가 내려간다.
> 3. 카드회사 전화는 성실하게 받아야 한다.

재테크를 할 때 신용등급은 중요한 역할을 한다. 은행에서 돈을 빌릴 때 신용이 좋으면 낮은 금리로 많은 돈을 빌릴 수 있고, 신용이 나쁘면 돈을 아예 못 빌리거나, 빌린다 해도 이자가 확 올라간다. 야속해 보이지만 돈을 빌려주는 은행 입장에서는 '이 사람이 돈을 제때 잘 갚을 수 있느냐'를 판단해야 하기에, 신용등급 기준으로 할 수밖에 없다. 개인의 신용등급은 은행에 제출하는 명함 같은 것이다.

신용점수는 NICE평가정보, 코리아크레딧뷰로(KCB) 같은 개인 신용평가회사가 개개인의 신용거래 이력을 수집·분석해 점수로 나타낸 지표를 가리킨다. 일반적으로 신용점수가 830점은 넘어야 우량 신용자로 보고, 그 이하는 일반 신용자 또는 저신용자로 판단한다.

신용점수 산정 기준 4가지

그렇다면 신용점수는 어떤 기준으로 정해질까? 게임의 규칙을 알아야 게임을 잘할 수 있다. 신용점수 산정에서 중요한 기준은 상환 이력, 부채 수준, 신용 거래 기간과 형태의 4가지다.

1 | 상환 이력

기존 대출을 문제 없이 잘 갚았는지를 파악하는 항목이다. 특히 '장기 연체'가 있으면 신용점수에 감점 요인이 되는데, 장기 연체란 100만 원 이상의 금액을 90일 이상 연체한 것을 가리킨다. 장기 연체를 하면 5년간 기록에 남아 신용점수에 악영향을 미치게 된다. 또한 30만 원 이상의 금액을 30일 이상 연체하면 '단기 연체'에 해당되는데, 단기 연체가 2건이 넘으면 3년까지 기록으로 남고, 이 역시 신용점수에 마이너스 요인이 된다. 따라서 신용카드 대금, 통신요금, 공공요금, 세금 등을 연체해서는 안 된다.

2 | 부채 수준

상환 이력과 같은 맥락으로 부채(빚)를 잘 상환하는지, 소득 대비 부채 수준이 너무 높지 않은지를 판단해서 신용점수에 반영한다. 은행에서 대출받은 부채를 성실히 갚아나가면 신용점수에 유리하게 작용한다.

3 | 신용 거래 기간

신용카드 개설 기간을 가리킨다. 신용카드 개설 기간이 길다는 것은 그만큼 신용 거래를 오래 했다는 것으로, 신용점수를 계산할 때 플러스 요인으로 작용한다. 반대로 단기간에 갑자기 신용카드 대출을 많이 받으면 신용점수가 하락하므로 주의가 필요하다. '이 사람 돌려막기 하나?' 하고 일종의 위험신호로 받아들이기 때문이다.

4 | 신용 거래 형태

일상적인 카드 사용 상황을 기준으로 신용카드 대출이나 할부 거래가 많은지를 본다. 이와 함께 다른 사람의 보증을 서주지는 않았는지 확인한다. 신용카드만 쓰는 것보다는 체크카드와 함께 신용카드를 사용하는 경우 더 높은 점수를 받을 수 있다.

참고로 과거엔 단순히 신용점수를 조회하기만 해도 신용점수가 낮아지는 경우가 있었다. 이런 불합리한 상황을 개선하기 위해 2011년부터 관련 규정이 개정되어, 신용점수 조회 횟수는 영향을 미치지 않게 되었다. 그러니 정기적으로 신용점수를 조회하고 확인하면서 관리하는 것이 좋다.

신용점수 관리법 3가지

1 | 연체하지 않는 게 가장 중요하다

장기 연체 기록이 남으면 신용점수에 악영향을 준다. 연체 대상에는 은행, 카드사 같은 금융회사와의 거래는 물론이고 세금, 공과금, 심지어 통신요금까지 포함된다. 간혹 부주의로 통신요금을 연체하는 경우가 있는데, 단기 연체 건수가 2건이 넘어가면 3년까지 기록으로 남기 때문에 통신요금 결제도 늦어지지 않도록 주의해야 한다.

2 | 신용 거래를 적절히 활용하자

'신용카드를 아예 사용하지 않거나 은행 거래를 전혀 하지 않으면 신용에 문제가 생길 일이 없지 않나?'라고 생각할 수도 있다. 의외로, 신용카드 사용 실적이 전혀 없거나 은행과 거래 실적이 전혀 없다면 신용점수가 낮아진다. 금융회사 입장에서는 기존 거래 실적이 없기에 믿고 거래할 수 있는 사람인지 판단하기 어렵기 때문이다. 연체 없이, 소득의 일정 범위를 벗어나지 않는 수준에서 꾸준히 거래한 실적이 있는 것이 이상적이다.

가급적이면 신용카드보다는 체크카드를 우선적으로 사용하는 게 좋다. 신용카드를 사용해야 한다면 할부보다는 일시불로 결제하는 것이 신용점수 관리에 좋다. 할부 결제를 많이 하면, 어느 순간 소득 대비 부채가 늘어날 가능성이 높아지기 때문이다. 특히 리볼빙, 단기카드대출(현금서비스), 카드론 등은 신용점수 하락의 요인이 될 수도 있다는 점을 잊지 말자.

신용카드 대금이 연체되면 카드사에서 해당 고객에게 연락을 취하는데, 이때 불편하다는 이유로 전화를 피하면 안 된다. 전화를 받지 않으면 즉시 '악성고객'으로 등록된다. 유명인이나 정치인이 경찰서 앞에서 "성실히 조사받겠습니다"라고 말하는 것처럼, 카드사에서 걸려오는 연체 관련 전화는 성실하게 받아야 한다. 전화를 받아 상환 계획을 카드사에 알려주면 어느 정도 유예기간을 받을 수 있으니 적극적으로 자신의 상황을 설명하는 것이 좋다.

3 | 개인신용평가회사에 자신의 자료를 등록하라

인터넷을 통해 공공요금(도시가스, 수도, 전기 등), 통신요금, 국민연금, 건강보험료 납부 내역 등의 '비금융정보'를 등록하면 신용점수를 올릴 수 있다. 약간의 번거로움을 감수하면 은행 대출이자를 적게 낼 수 있으니 마다할 이유가 없다. 나이스지키미, 올크레딧 홈페이지에서 데이터를 등록할 수 있으며, 등록할 수 있는 자료는 다음과 같다.

'비금융정보'로 등록할 수 있는 자료

- 국민연금, 건강보험 납부 내역
- 국세청 소득증명원
- 아파트 관리비, 이동통신요금, 공공요금 등

둘째 마당

재테크의 시작은 은행

Common Sense Dictionary
for Salaried

007 똑똑하게 은행 활용하는 법

> **세 줄 요약**
> 1. 예금의 종류에는 자유입출금식예금과 정기예금이 있다.
> 2. 정기예금은 목돈 넣고 기다렸다 이자 받는 방식!
> 3. 정기적금은 조금씩 넣으면서 목돈 만들고 이자 받는 방식!

많은 재테크 전문가가 서적과 영상을 통해 '은행에 돈을 집어넣고 가만히 있는 것은 바보나 하는 짓'이라고 한다. 여기저기 좋은 투자 기회가 있고, 그 기회를 잘 활용하면 금방 부자가 될 수 있는데 뭐하러 돈도 안 되는 은행 예·적금을 하느냐는 것이다. 은행에 얌전히 돈을 넣어두면 큰 죄를 짓는 기분이 들기도 한다. 과연 은행에 예·적금을 하면 바보일까?

튜닝의 끝은 순정

'튜닝의 끝은 순정'이라는 말이 있다. 자동차에 이런저런 튜닝을 하다가 결국에는 원래 부품으로 다 바꾸게 된다는 것이다. 은행도 이와 비슷하다. 처음 재테크를 시작할 때는 안전하게 돈을 모으기 위한 수단으로 은행을 이용하다가 점차 주식이나 펀드, ETF에 도전하게 된다. 그렇게 모은 재산을 다시 은행 예금에 안전하게 보관한다. 은행에서 작게 시작한 재산이 나중에 크게 성공하여 고향인 은행으로 다시 돌아오는 모습이다.

암호화폐를 사거나 주식에 투자하는 것을 재테크라고 할 수도 있지만, 은행에 예금하고 적금하는 것도 재테크다. 재테크를 처음 시작하는 사람이라면 월급을 은행 통장에 잘 넣어두는 것이 가장 기본적인 방법이다.

주식·펀드 등의 금융상품은 은행보다 높은 수익률을 기대할 수 있지만 항상 리스크가 존재한다. 그래서, 수익의 크기만큼 리스크의 크기도 생각해야 한다. 재테크의 처음과 시작은 소중한 돈을 안전하게 보관하기 위한 은행 이용이다.

재테크는 오늘 시작해서 내일 결판을 내는 것이 아니라 마라톤처럼 아주 길게 이어나가야 하는 과정이다. 매일 운이 좋을 수 없고, 매년 대박 날 수도 없다. 그렇기에 어느 정도는 예금과 적금으로 안전하게 넣어둘 필요가 있다.

은행 활용 첫 단계: 예금과 적금

예금은 아주 간단하다. 통장에 돈을 넣으면 이에 맞춰 은행이 이자를 지급해주는 상품이다. 예금은 크게 두 종류로 나뉜다. 자유입출금식예금과 정기예금이다.

자유입출금식예금

자유입출금식예금은 그냥 통장이라 보면 된다. 직장에서 월급 받는 통장이 여기에 속한다. 특별한 장점은 없고 그냥 돈을 보관해뒀다 필요할 때 빼는 보관 기능에 충실한 상품이다. 따라서 두둑한 이자는 거의 기대하기 힘들다. 연간 0.1%의 이자를 받을 수 있는데 여기에서 다시 세금(이자금액의 15.4%)을 공제한다.

정기예금

정기예금은 '정기(기간을 정함)'라는 단어가 가리키듯 일정 기간 동안 돈을 넣어두는 예금이다. 정기예금은 나름대로 후한 이자를 받을 수 있다. 일정한 금액을 은행에 넣어두고 중간에 인출하지 않고 기다리다가 정해진 기간이 되면 약속된 이자를 받는 상품이다. 은행에게 정기예금은 고객이 정해진 기간 안에는 인출하지 않겠다는 약속이다. 은행은 그 돈으로 대출도 해주고 다양한 곳에 쓴다. 그에 따른 보상으로 자유입출금식에 비해 높은 이자를 지급한다.

가끔 은행에 걸린 현수막에 '정기예금 연 5%'라는 문구를 볼 수 있다. 이는 1년이나 2년 동안 통장에 돈을 넣어두면 그에 대한 이자를 지급하겠다는 뜻이다. 예를 들어 A은행에서 1년에 5%의 이자를 지급하는 상품에 1,000만 원을 넣었다고 하면, 세금이 없다는 가정하에 1년 후에 이자 50만 원(1,000만 원 × 5%)을 더해 총 1,050만 원을 받을 수 있다. 혹시 중간에 급한 일이 생겨 돈을 뺀다면 어떻게 될까? 그럼 연 5% 이자는 없던 이야기가 되고 자유입출금예금처럼 아주 소박한 이자만 적용받는다.

적금

'적(積)'이라는 글자는 '쌓는다'는 뜻을 가지고 있다. 즉 적금(積金)은 매월 일정한 금액을 은행에 넣음으로써 목돈을 쌓아나가는 방식이다. 정기예금이 목돈을 넣고 기다리는 방식이라면, 적금은 조금씩 목돈으로 불려나가는 방식이다. 적금은 기본적으로 인내심을 요구한다. 이자율이 높지 않기 때문이다. 상대적으로 수익률 높은 주식이나 펀드가 눈앞에서 유혹해도 이 악물고 참아야 하고, 한두 달도 아니고 최소 1년에서 길게는 3년까지 버텨야 목적을 이룰 수 있다. 적금은 리스크가 거의 없기에 이자도 많이 받기는 힘들다. 그럼에도 적금이 필요한 이유는 '안전함' 때문이다. 게다가 승부욕을 자극한다. 자신의 의지력과 인내심이 어디까지인지 알아볼 수 있게 해준다.

> **토막상식**
>
> **적금의 이자 계산법**
>
> 매월 100만 원씩 연 5%로 은행에 적금을 넣었다고 생각해보자. 1년이 지나 만기 무렵이 되면 원금 1,200만 원(100만 원 × 12개월)에 원금의 5%인 이자 60만 원을 더해 총 1,260만 원을 받을 것이라 기대하게 된다. 하지만 실제로 통장을 확인해보면 계산과는 금액이 전혀 다르다. 실제 이자는 60만 원이 아닌 32만 5,000원이다.
>
> **연 5% 적금 상품에 1년간 100만 원씩 총 1,200만 원을 넣으면?**
> - 예상: 원금 1,200만 원 + 이자 60만 원 = 1,060만 원
> - 결과: 원금 1,200만 원 + 이자 32만 5,000원 = 1,032만 5,000원
>
> 심지어 이자에 대한 소득세 15.4%가 부과되어 이자는 27만 4,950원으로 줄어든다. 내 계산에 의한 이자는 60만 원인데 실제 받는 이자는 28만 원이 조금 안 되는 셈이다. 나의 기대와 다른 결과가 나오는 것은 적금 이자 계산법 때문이다. 이어서 살펴보자.

적금이자 계산 방법

적금이자율 연 5%라는 것은 '1년간 맡긴 돈에 대해 5%를 이자로 드립니다'라는 뜻이다. 이 말에 함정이 숨어 있는데, 연 5% 이자라는 것은 '1년간 넣어놓은 돈'에만 준다는 것이다. 첫 달에 불입한 돈은 1년 동안 은행에 있지만, 마지막 달에 불입한 돈은 은행에 한 달만 있게 된다. 즉 첫 달에 불입한 돈에는 5% 이자가 붙지만, 마지막 달에 불입한 돈에는 5%의 12분의 1인 0.42%의 이자만 준다. 여기에 15.4%의 세금(소득세)까지 공제되면 실제로 손에 쥐는 금액은 훨씬 더 줄어든다.

실제 은행이자 계산표　　　　　　　　　　　　　　　　(단위: 원)

급여	금액	예치 기간(개월)	이자 계산	이자
1	1,000,000	12	5% × (12/12)	50,000
2	1,000,000	11	5% × (11/12)	45,833
3	1,000,000	10	5% × (10/12)	41,667
4	1,000,000	9	5% × (9/12)	37,500
5	1,000,000	8	5% × (8/12)	33,333
6	1,000,000	7	5% × (7/12)	29,167
7	1,000,000	6	5% × (6/12)	25,000
8	1,000,000	5	5% × (5/12)	20,833
9	1,000,000	4	5% × (4/12)	16,667
10	1,000,000	3	5% × (3/12)	12,500
11	1,000,000	2	5% × (2/12)	8,333
12	1,000,000	1	5% × (1/12)	4,167
계	12,000,000			325,000

결론적으로 적금이자는 나의 기대보다 절반 정도만 받을 수 있다고 생각해야 한다. 적금은 인내심과 승부욕이 많이 필요하다. 적금이라는 고난의 행군을 마친 다음, '그럼에도 해냈다'라는 보람을 꼭 느끼길 바란다.

재테크 비밀과외

이자율, 수익률, 금리의 기본 개념

앞으로 이자율, 수익률, 금리 등의 용어를 많이 접하게 될 것이다. 미리 간단하게 기본 개념을 잡고 책을 읽어나가면 좋을 듯하여 정리해본다.

금리와 이자의 차이

어떤 경우엔 '이자'라고 하고 또 어떤 경우엔 '금리'라고 한다. 심지어 은행 상품에는 '우대이율', '우대금리'라는 표현이 있기도 하다. 무슨 차이가 있을까?
결론부터 말하자면 금리, 이율, 이자율은 모두 같은 말이다. '금리가 높다/낮다'는 말은 '이자율이 높다/낮다'는 말과 같다. 다만 소소한 차이가 있다. 금리는 금융상품에 주로 사용되고 이자는 금융상품뿐 아니라 인간관계에서도 가끔 사용될 만큼 범위가 넓다는 것이다. "이 굴욕을 이자까지 쳐서 갚아주마"라는 말은 이상하지 않지만 "이 원한을 높은 금리로 갚아주마"라고 하면 이상하다.

이자의 방식: 단리와 복리

단리는 원금에 이자를 한 번만 계산하는 방법이다. 원금 100만 원, 단리 이율 2%라면 1년 이자는 2만 원. 2년째 이자도 2만 원이다. 간단하다. 그래서 '단리(단순한 이자)'다. 영어로도 단리는 'simple interest'라고 한다. 이와 달리 복리는 원금에 이자가 붙고, 그렇게 이자가 붙은 금액이 다시 원금으로 되어 이자를 다시 계산하는 방법이다. 복잡하다. 그래서 '복잡한 이자', 즉 '복리(compound interest)'다.

> **단리(單利, simple interest)**: 원금에 표기된 이자만 붙음
>
> 예 100만 원 연 5% 단리이자
> 1년 후: 원금 100만 원 + 이자 5만 원
> 2년 후: 원금 100만 원 + 이자 5만 원
> …
> 10년 후: 원금 100만 원 + 이자 5만 원
>
> **복리(複利, compound interest)**: '원금+이자'가 다시 원금이 됨
>
> 예 100만 원 연 5% 복리이자
> 1년 후: 원금 100만 원 + 이자 5만 원
> 2년 후: 원금 100만 원 + 이자 5만 2,500원
> …
> 10년 후: 원금 100만 원 + 이자 7만 7,566원

명목금리와 실질금리

금리는 이자와 뜻이 같다. 다만 금리는 금융상품에 한정하여 사용하는 경우가 많고 이자는 금융상품뿐만 아니라 명목금리라는 숫자상의 금리, 즉 돈의 가치 변동을 고려하지 않은 금리를 가리킨다. 명목금리 연 5%라는 말은 100만 원에 대해 1년 후엔 100만 원의 5%인 5만 원의 이자를 지급한다는 뜻이다. 숫자상으로는 분명히 이익을 보는데, 물가 상승을 고려하면 실제로는 손해를 보는 기분이 든다. 물가상승률 때문이다. 이자를 연간 5% 받는데, 혹시 물가상승률이 10%가 된다면 이자를 받아도 받은 게 아니게 된다. 표현을 바꿔보자. 월급이 300만 원인데, 이번에 5% 월급이 올라 315만 원이 되었다. 월급이 올랐으니 기분은 좋지만 물가상승률이 10%가 된다면 숫자상으로 분명히 월급은 올랐는데 실제로는 손해를 보는 셈이다.

실질금리는 실제로 금리, 즉 이자율이 얼마 되는가를 측정하는 방법이다. 명목금리에서 물가상승률을 빼면 된다.

우리나라의 실질금리 추이를 보면 평균 1% 내외이고 가끔 마이너스를 기록하기도 한다. 즉 은행 이자율보다 물가상승률이 높아서 은행에 돈을 넣어두면 오히려 손해를 볼 수도 있다는 뜻이다.

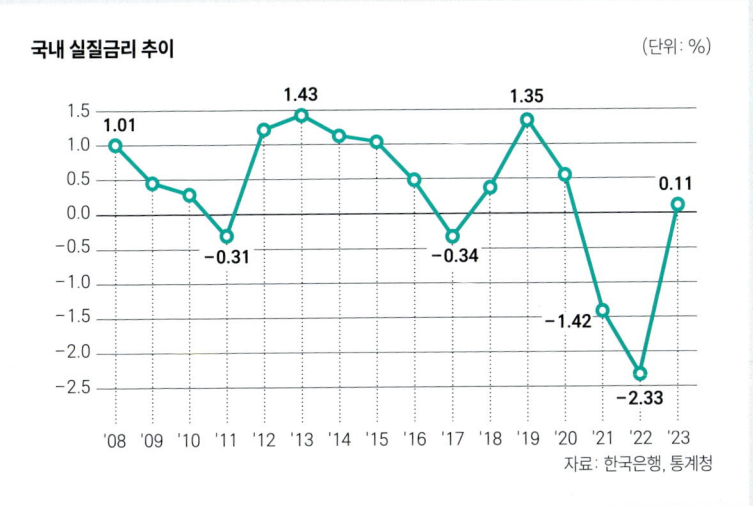

수익률

수익률이란 '원금 대비 어느 정도의 수익을 얻었는가'를 가리킨다. 반면 은행의 예금, 적금에 대해서는 수익률이라 하지 않는다. 즉 수익은 투자와 연결되는 개념이다. 계산 방법은 간단하다. 주식이나 부동산에 100만 원을 투자해서 120만 원이 되었다면 수익은 20만 원이고 수익률은 원금 100만 원 대비 20%다.

$$수익률(\%) = \frac{수익}{투자 금액} \times 100$$

$$수익률(\%) = \frac{20만 원}{100만 원} \times 100 = 20\%$$

간단하게는 이렇지만, 실제로는 대출을 얻어서 투자하는 경우 갚아야 할 이자까지도 계산식에 들어가서 복잡해진다. 우선 기본 개념을 확인하는 의미에서 이 정도만 정리하도록 한다.

008 마이너스 통장, 만들어도 될까?

> **세 줄 요약**
> 1. 마이너스 통장은 빠르고 편리한 대출 상품이다.
> 2. 장점은 빠르고 낮은 금리.
> 3. 단점은 조용하게 목을 죄어오는 이자 부담.

마이너스 통장, 일명 '마통'은 은행에서 입출금이 자유로운 예금 통장을 하나 만들어서 정해진 한도 내에서 자유롭게 돈을 꺼내 쓰는 상품이다. 편하게 돈을 꺼내 쓸 수 있으니 고맙지만, 마이너스 통장에는 치명적인 위험이 몇 가지 있다.

마이너스 통장의 기본 개념

마이너스 통장은 예금에 대출한도를 설정한 통장이다. 통장에 100만 원이 있고, 마이너스 한도가 1,000만 원이라면, 총 1,100만 원(잔고 100만 원 + 대출한도 1,000만 원)까지 자유롭게 돈을 꺼낼 수 있다.

보통의 경우 통장에 잔액이 없으면 돈을 꺼낼 수 없는데 마이너스 통장은 잔액이 없을 때도 대출한도 내에서 자유롭게 돈을 인출할 수 있다. 물론 통장에는 마이너스로 찍힌다.

금리도 나쁘지 않다. 보통 신용카드를 이용해서 카드론을 받거나 현금서비스(단기카드대출)를 받으면 대출금에 연 10~20%의 높은 이자율이 적용되지만 마이너스 통장은 신용점수 801점 이상이면 연 5~8% 수준이다.

마이너스 통장의 장점 2가지

1 | 빠르고 편하다

한 번 마이너스 통장을 개설하면 돈을 빌릴 때 필요한 절차가 모조리 생략된다. 어디에 서류를 제출할 필요도 없다. 그냥 돈을 가져다 쓰면 된다. 정말 빠르고 편리하다.

2 | 현금 유동성을 만들어준다

고맙게도 마이너스 통장은 돈을 빌린다는 느낌이 들지 않게 해준다. 당당하게 '내가 맡겨 놓은 돈 내가 꺼낸다'는 생각을 가지게 해주기까지 한다. 원하는 시기에 현금을 확보하는 유동성을 갖게 되는 것인데, 장점은 이걸로 끝이다.

마이너스 통장의 단점 4가지

1 | 조용하게 붙는 복리 이자

마이너스 통장의 이자는 그 무시무시한 복리를 적용한다. 원금에 이자가 붙고, 그것이 다시 원금이 되는 그 복리 말이다. 마이너스 통장은 마이너스로 빌린 돈에 대해 이자가 붙고, 여기에 다시 이자가 붙는다. 게다가 발생하는 이자는 은행이 직접 '이자 갚으세요'라고 친절하게 알려주지 않는다. 전화나 문자메시지도 없이 아주 조용히 통장에 마이너스 금액을 속삭이듯 찍어준다.

2 | 무시무시한 연체금리와 연체가산 이자율

마이너스 통장의 세부사항을 살펴보면 연체금리(지연배상금)는 원금에 대해 최고 연 15%가 적용되고 연체가산 이자율은 연 3%가 적용된다. 혹시 한도까지 꽉 채워서 사용했는데 이자를 감당하지 못하게 되면 그때부터는 지옥문이 열린다는 뜻이다.

은행에서는 모든 대출금의 즉시 상환을 요청할 수 있다. 원금과 이자까지 한꺼번에 다 갚아야 하는 상황이 될 수도 있다.

3 | 마이너스 통장의 한도만큼 줄어드는 대출한도

마이너스 통장의 한도를 설정하는 순간 대출한도가 줄어든다. 우리가 마이너스 통장을 한도 1,000만 원으로 설정했다면 돈을 꺼내쓰지 않고 심지어 넉넉하게 잔고가 있다 해도 이미 대출 1,000만 원을 받은 것이 된다. 대출을 받은 것 자체는 신용점수에 영향이 없지만, 부동산 거래를 위해 큰 금액의 대출을 받아야 할 때 DSR(Debt Service Ratio, 총부채원리금상환비율)에 걸려 필요한 대출을 못 받는 경우가 생길 수 있다(부동산 대출 관련 DTI, DSR 등은 275쪽 참고).

4 | 은행 돈이 내 돈인 것 같은 착각

가장 큰 문제는 '내 돈'과 '은행 돈'의 구분이 모호해진다는 것. 한 통장 안에 내 돈이 있고, 대출금이 있고 여기에 대출이자가 붙어 돈에 대한 감각이 무뎌진다. 일반 통장에 잔액이 100만 원이라면 '내 잔액은 100만 원이구나' 하고 생각하는데, 마이너스 통장에 잔액이 100만 원이라면 한도 1,000만 원을 더해 1,100만 원이라 오해하게 된다.

결론은 간단하다. 굳이 마이너스 통장을 가지고 있어야 할 이유는 없다. '저신용자 외제차 풀할부로 출고 도와드렸습니다'라는 광고 글 아래 딜러와 구매자가 악수하는 사진이 있는 인터넷 게시물을 본 적이 있는가? 그 사진을 일명 영정사진이라 하지 않던가. 마이너스 통장도 비슷하다고 보면 된다. '마이너스 통장 1억 5,000만 원 풀할부로 통장 개설 도와드렸습니다'라는 광고 글을 달고 은행 직원과 당신이 악수하는 사진을 찍는 것과 같다.

재테크 비밀과외

이자의 종류:
고정형, 변동형, 혼합형, 주기형

마이너스 통장에서 이자 이야기가 나온 김에 대출 상환 방법에 대해 간략히 짚고 넘어가자. 대출을 받아 원금과 이자를 갚아나가는 방식은 4가지로 정리된다.

① 고정형 금리
대출을 받을 때 처음부터 끝까지 고정된 이자율이 적용되는 방식. 가장 깔끔하고 변동성이 적은 방식이다. 대출이자를 연 4%로 정했다면 처음 빌릴 때부터 마지막 다 갚을 때까지 연 4%의 이자가 적용된다.

② 변동형 금리
대출을 받고 나서 일정 기간(대략 6개월)마다 금리가 변경되는 방식. 식당에서 비싼 식재료가 들어가는 음식을 그날그날 시가에 팔 듯, 대출이자를 6개월마다 시가에 맞춰 변경하는 방식이다. 대출받을 땐 연 4% 금리가 적용된다 해도 6개월 후엔 연 5%로 오를 수도 있고 반대로 연 3%로 낮아질 수도 있다.

③ 혼합형 금리
고정형과 변동형을 적절히 혼합한 방식이다. 즉 대출을 받고 처음 5년 동안은 대출이자를 고정하고 그후 6개월마다 금리를 다시 결정하는 방식이다.

④ 주기형 금리
5년을 주기로 새로 대출이자를 세팅하는 방식이다. 즉 대출을 받고 처음 5년간 금리를 고정시켜 유지하다가 6년 차부터는 새로 대출이자를 정해서 다시 5년간 고정시킨다. 5년 주기로 고정금리를 새로 정하는 것이라 보면 된다.

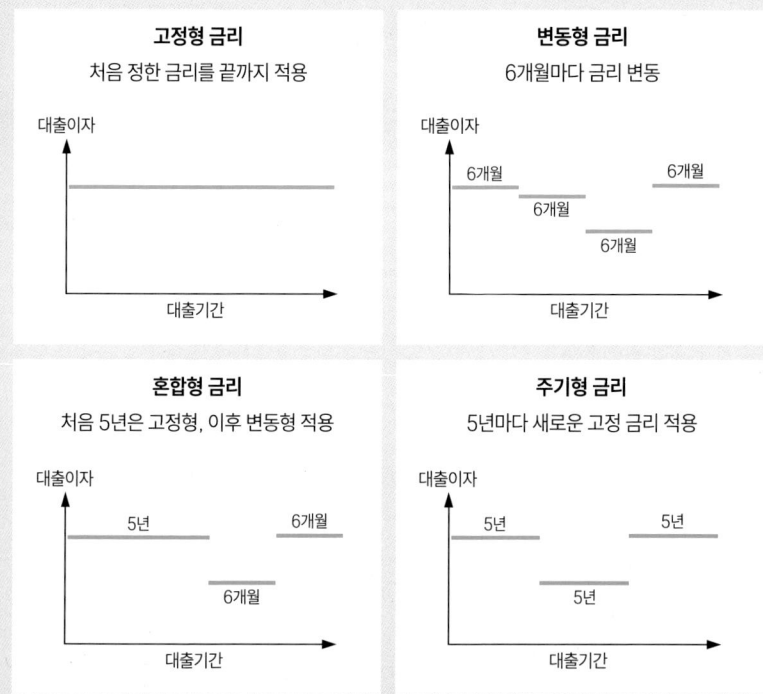

어떤 대출 방식을 정하느냐에 따라 유불리가 달라질 수 있다. 만일 앞으로 계속 금리가 올라갈 것 같으면 고정형이 가장 좋고, 반대로 금리가 계속 낮아질 것 같으면 변동형이 낫다. 앞으로 금리가 오를지 내릴지를 미리 알면 좋겠지만 그럴 수 없어서 판단하기 어려운 것은 사실이다.

009 예금, 적금, 청약 통장을 어떻게 활용할까?

> **세 줄 요약**
> 1. 은행 전용 상품은 예금, 적금, 청약 통장이 있다.
> 2. 적금으로 재테크 근육을 키워보자.
> 3. 청년용 청약저축은 청년에게 확실히 좋다.

　은행은 예금과 적금만, 증권사는 주식과 펀드만, 그리고 보험사는 보험만 다루던 시절이 있었다. 고객이 어떤 상품이 필요할 때 은행, 증권사, 보험사를 각각 찾아가서 해결을 봐야 했다. 최근 각 금융회사의 경계가 허물어져서 은행에서 펀드와 보험을 판매할 수 있고, 심지어 주식 투자 계좌까지 만들 수 있게 되었다. 심지어 같은 '연금저축'이라는 상품을 은행, 증권사, 보험사에서 각각 판매하고 있다. 재테크를 하는 직장인 입장에서는 편리하지만 혼동스러울 수밖에 없다. 그래서 준비했다. 이름하여 '은행 상품 총정리'다. 은행에서 어떤 상품들을 활용할 수 있는지 간략하게 정리해보았다. 먼저 은행 고유의 상품을 살펴보고 이어서 다른 곳에서도 취급하는 상품을 알아보자.

은행 고유 상품: 예금, 적금, 청약저축

예금과 적금은 은행의 고유한 상품이다. 기본 개념은 앞서 설명한 내용을 참고하면 되고, 여기서는 실제 상품을 보고 특징을 간단히 알아본다.

1 | 자유입출금식예금

W은행 '우리 SUPER주거래 통장' 특징

- 예금자보호법 보호
- 가입 금액, 가입 기간: 제한 없음
- 기본 금리: 연 0.1%(세금 납부 전)

자유입출금식예금은 대부분의 직장인이 회사에서 월급받을 때 쓰는 바로 그 통장이다. 아무때나 자유롭게 돈을 입금하고 출금할 수 있다. 정기예금이 1년 이상 돈을 넣어놓아야 하는 의무가 있고 적금이 매월 일정한 금액을 정기적으로 넣어야 하는 것에 비해, 자유입출금식예금은 기간이나 금액의 제한이 전혀 없다. 명칭을 보라. '자유'가 들어 있지 않은가. 대신 이자는 거의 없다. 연간 이자율 0.1%다. 1억 원을 1년간 이 통장에 넣으면 이자를

10만 원만 받을 수 있다. 예금자보호법에 따라 원금과 이자를 합쳐 5,000만 원까지는 국가가 보장해준다.

결론적으로 자유입출금식예금은 자유롭게 돈을 넣고 뺄 수 있다는 장점이 있지만 이자는 기대하기 힘든 상품이다.

2 | 정기예금

W은행 '우리 SUPER 정기예금' 특징

- 예금자보호법 보호
- 가입 금액, 가입 기간: 100만 원 이상, 1~36개월
- 금리: 연 2.75~3.30%(기간에 따라 차등 적용)

정기예금은 '정'해진 '기'간 동안 돈을 '예금'하는 상품이다. 가입 기간은 최소 1개월에서 최대 36개월까지 정할 수 있다. 가입 금액은 100만 원 이상이다. 금리는 길게 넣어둘수록 조금 더 높아진다. 즉 1년 이내면 최대 연 2.75%, 2년까지면 최대 3.00%로, 기간이 늘어나면 적용하는 금리도 높아지는 방식이다.

정기예금은 재테크를 처음 시작하는 경우에는 그다지 권하지 않는다.

은행 입장에서는 높은 금리를 적용해준다고 생각하겠지만 물가상승률을 감안하면 겨우 본전 찾는 정도에 그치기 때문이다. 이 상품은 어느 정도 자산이 쌓이고 난 후, 돈을 안전하게 보관하고 싶을 때 활용하기에 좋다.

3 | 적금

헬스장에서 운동 좀 하는 사람들 사이에서는 벤치프레스, 스쿼트, 데드리프트를 얼마나 할 수 있는지 알아보는 "3대 몇?"이라는 질문이 있다. 재테크에서도 적금, 주식, 펀드를 묶어서 "3대 몇?"이라는 질문을 던질 수 있다. 한 달에 얼마나 재테크를 하고 있는지 알아보는 간단한 방법이다.

적금은 재테크 고수에게도, 초보에게도 꼭 필요하다. 재테크를 잘하는 사람은 주식, 펀드의 위험을 상쇄시키는 상품으로 활용할 수 있고, 재테크 입문자는 위험 부담 없이 목돈을 만들 수 있게 해주기 때문이다.

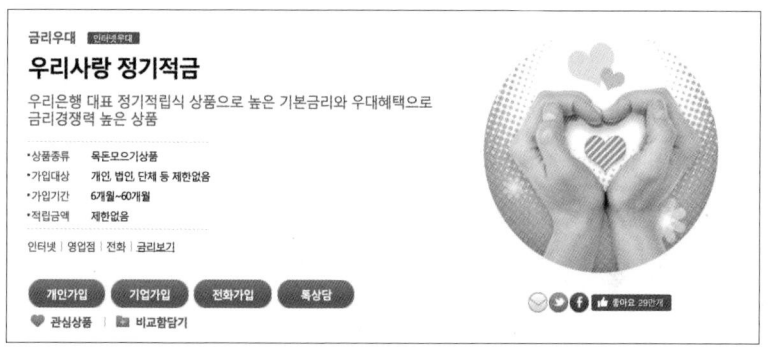

W은행 '우리사랑 정기적금' 특징

- 예금자보호법 보호
- 가입 금액, 가입 기간: 6~60개월, 금액 제한 없음
- 금리: 연 2.45~3.05%(기간에 따라 차등 적용, 조건 충족 시 최대 0.2% 금리 우대)

적금은 '적'립하면서 '금'액을 늘리는 상품이다. 6~60개월까지 금액 제한 없이 정할 수 있으며 적금 기간이 늘어날수록 금리가 조금씩 높아지고, 인터넷 뱅킹으로 가입하거나 급여를 이체하면 우대 금리로 0.2%p를 더 받을 수 있다. 물가상승률을 고려하면 이자가 높다고 보기 힘들고, 거액의 이자를 기대할 수 있는 상품은 아니다. 그럼에도 적금을 추천하는 것은 '하늘이 무너져도' 1억 원 이내의 금액에서는 예금자보호법을 통해 국가에서 안전성을 보장해주기 때문이다.

눈 딱 감고 한 달에 50만 원씩 5년 동안 넣으면 원금 3,000만 원과 이자 약 200만 원 해서, 총 3,200만 원 정도를 모을 수 있다. 5년간 회사에서 힘든 일도 많을 것이고, 직장 생활을 그만두고 싶을 때도 있을 것이다. 그때마다 마음속으로 '3,200만 원!'을 외치면서 버티기를 바란다. 출근할 때 거울을 보며 "한 달에 50만 원씩 5년이면 3,200만 원!" 하고 주문을 외워보자.

4 | 주택청약종합저축(청약저축)

주택청약종합저축은 국민주택을 공급받기 위해 가입하는 저축이다. 청약예치기준금액을 예치한 것으로 인정되는 경우에는 민영주택, 민간건설 중형 국민주택도 청약할 수 있다.

> **토막상식**
>
> **예금자보호법이란?**
>
> 은행 등 금융회사가 파산해도 예금자들이 예치한 돈에 대해 보호해주는 법적 장치다. 원금과 이자를 합쳐 1억 원까지 보장받을 수 있다. 2025년 9월 1일부터 한도가 5,000만 원에서 1억 원으로 상향되었다.

청약저축을 간략히 요약하면 공공아파트, 민간아파트 구분 없이 아파트를 분양받고자 할 때 사용하는 통장이다. 아예 규칙이 그렇게 정해져 있다.

〈 국토교통부령 제1287호 주택공급에 대한 규칙 제11조 〉
국민주택 또는 민영주택에 청약하려는 자는 주택청약종합저축에 가입되어 있어야 한다.

아파트에 당첨되려면 청약을 해야 하는데, 청약을 하려면 청약저축이 필요하다. 2024년 기준 청약저축을 개설할 수 있는 은행은 정부의 선택을 받은 9곳이다(주택도시기금 수탁은행: NH농협은행, 우리은행, 신한은행, 하나은행, IBK기업은행, KB국민은행, 대구은행, 부산은행, 경남은행).

청년을 위한 청약저축이 따로 있다!

청약저축은 기본형에 더해 업그레이드 버전이 따로 있다. 바로 젊은 세대를 위한 청년주택드림이다. 자세한 내용은 다음에 이어지는 '재테크 비밀과외'에서 확인하고, 우선 기본 개념만 살펴보자.

1 | 기본형 청약저축

청약저축은 미성년자, 재외동포를 포함한 대한민국 국민은 물론이고 외국인 거주자에게까지 문이 열려 있다. 1인 1계좌만 가능하며 매월 2만 원 이상 50만 원 이하의 금액을 자유롭게 정해서 납입할 수 있다. 세금 혜택도 있다. 소득공제도 된다.

2 | 청년주택드림 청약 통장

청년(만 19세 이상 ~ 만 34세 이하)을 대상으로 기본형 청약저축을 업그레이드한 상품이다. 기본형 청약저축의 혜택을 그대로 유지하면서 이자율 조금 더 올려주고, 소득공제 및 비과세 혜택에 더해 혹시 아파트 청약에 당첨되면 대출까지 도와주는 청약 통장이다. 참고로 기존 청년우대형 주택청약종합저축 가입자는 별도 신청 없이 자동으로 청년주택드림 청약 통장으로 전환된다.

> **토막상식**
>
> **파킹 통장 활용법**
>
> 파킹 통장은 자동차를 주차하듯 돈을 은행에 잠시 맡겨놓는 통장이다. 금리는 수시입출금 통장보다 높고 정기예금, 정기적금보다 낮은 편이다. 파킹 통장의 가장 큰 특징은 하루 단위로 이자를 계산해준다는 것이다(은행에 따라 월 단위로 이자를 주는 곳도 있다). 예를 들어 100만 원을 금리 3%의 파킹 통장에 넣는다면 매일 이자로 100만 원 × 3% ÷ 365 = 82원을 받을 수 있다. 게다가 수시입출금 통장처럼 필요할 때 자유롭게 돈을 꺼내 쓸 수도 있다.
>
> 목돈을 잠시 맡겨놓는 용도로 연 0.1% 금리의 수시입출금 통장보다 연 2~3% 금리의 파킹 통장을 활용해보자. 만약 돈을 1년 넘게 보관한다면 파킹 통장보다 정기예금이 이자 면에서 이득이니, 자신에게 맞는 상품을 잘 선택하자.

재테크 비밀과외

주택청약저축의 모든 것

주택청약저축은 과거 상당히 복잡한 구조였다. 마치 대학 입시에서 학종, 교과, 논술이 따로 있는 것처럼 아파트를 분양받으려면 청약저축, 청약예금, 청약부금이라는 3개의 통장 중에서 하나를 가지고 있어야 했다. 공공주택이냐 민간주택이냐, 소형이냐 중·대형이냐에 따라 통장을 하나 골라야 했던 것이다. 이러한 복잡함을 없애기 위해 2015년에 '주택청약종합저축'이라는 이름으로 청약 통장이 통일되었다.

주택청약저축(기본형)

기본형 주택청약저축은 대한민국 국민 모두가 가입 가능하다. 미성년자는 물론이고 국내에 거주하는 재외동포와 외국인 거주자까지 개설 가능하다. 가입 금액은 1,500만 원이 될 때까지 월 2만 원부터 50만 원까지 10원 단위로 자유롭게 결정할 수 있다. 아파트 청약 자격을 주는 기본 기능에 더해서, 저축이기 때문에 이자도 받을 수 있다. 넉넉하지는 않지만 연 3.1%까지 최고 금리가 적용된다. 이것으로 끝이 아니다. 연말정산에 도움되는 소득공제 혜택도 받을 수 있다. 무주택 세대주이면서 총급여액 7,000만 원 이하인 근로자는 연간 납입액 300만 원까지 40%를 소득공제 받아 최대 120만 원의 소득공제를 받을 수 있다. 표로 간략하게 정리하면 이렇다.

주택청약종합저축 기본형 주요 내용

가입 대상	모든 대한민국 국민(미성년자, 국내 거주 재외동포) 및 외국인 거주자
적립 금액	월 2만 원~50만 원(10원 단위로 자유롭게 납입 가능)
적용 이율	- 1개월 미만 0.00% - 1개월 이상 1년 미만 2.30% - 1년 이상 2년 미만 2.80% - 2년 이상 3.10%
세제 혜택	아래 기준을 충족하면 연말정산 시 소득공제 혜택을 받을 수 있다. - 총급여액 7,000만 원 이하인 근로자일 것 - 무주택 세대주일 것

*이율은 2024년 9월 23일부터 일괄 적용

*금리는 변동금리로서 정부의 고시에 의하여 변동될 수 있으며 금리 변경 시 변경일 기준으로 변경 후 금리 적용함

정리해보면, 총급여가 7,000만 원을 넘거나 주택을 보유하고 있는 경우라면 소득공제 혜택을 받을 수 없다. 연봉 7,000만 원을 넘는 고소득자이거나 이미 주택을 보유한 분들에게는 새 아파트 분양은 물론이고 소득공제로 세금을 깎아줄 수 없다는 게 정책 방향이다.

토막상식

무주택 세대주가 되려면?

이 말을 정확히 이해하려면 '무주택'과 '세대주'의 개념을 알아야 한다. 무주택 세대주는 아파트 청약, 소득공제 등에서 우대를 받기 때문에 여기에 해당되는지 파악하는 것이 중요하다.

우선 '무주택'은 말 그대로 '주택이 없는 상태'를 가리킨다. 예외로 주택이 있어도 '무주택'으로 인정하는 경우가 있다. ① 직계존속(부모님)이 주택을 소유하고 있는데 만 60세 이상이거나, ② 수도권은 1억 3,000만 원, 지방은 8,000만 원 이하 1주택을 소유하고 있으면 무주택으로 인정된다.

다음으로 '세대주'는 주민등록상 세대주로 등록된 사람을 가리킨다. 사회초년생은 세대주로 인정받기 힘들다. 단, ① 동일 주소에서 세대 분리하거나(단독으로 주소 이전) ② 만 30세 이상이면 부모님과 한집에서 같이 살아도 세대주로 인정받을 수 있다.

청년주택드림 청약 통장(구 청년우대형 주택청약종합저축)

사회초년생과 젊은 세대를 위해 나라에서 청약 통장을 업그레이드했다. 기본형 청약 통장에 더해 더 높은 우대이율 적용, 소득공제 혜택은 유지하면서 비과세 혜택이 추가된 상품이다. 심지어 이 통장을 가지고 있다가 당첨되면 분양대금의 80%까지 낮은 금리로 대출을 받을 수 있다. 요약하면 '이렇게 잘해주는데 가입 안 할거야?'라고 유혹하는 청약 통장이다. 사회초년생에게 많은 혜택이 집중되어 있으니 이 책의 독자들에게도 많은 도움이 되는 좋은 통장이다.

청년주택드림 청약 통장 기본 내용

연령 조건	청년층(만 19세 이상 만 34세 이하. 병역 이행시 최대 6년 한도 연장)
소득 조건	총급여액 5,000만 원 이하의 직장인 또는 사업소득자 + 현역병 등(현역 군인 및 사회복무요원 등)
주택 보유	무주택자여야 함
적립 금액	월 2만 원~100만 원(10원 단위로 자유롭게 납입 가능)
우대 이율	- 1개월 미만 0.00% - 1개월 이상 1년 미만 3.70% - 1년 이상 2년 미만 4.20% - 2년 이상 10년 미만 4.50% - 10년 이상 3.10%
세제 혜택	아래 기준을 충족하면 연말정산 시 소득공제 혜택을 받을 수 있다. - 총급여액 5,000만 원 이하인 근로자일 것 - 무주택 세대주일 것

이자율의 경우 기본형 청약 통장은 최대 연 3.1%이며 청년주택드림 청약 통장은 최대 연 4.5%(2년 이상 10년 미만)이다. 즉 일반형에 비해 연간 1.4%p의 우대이율이 적용된다. 단, 우대이율 적용 한도금액은 총납입원금 5,000만 원이다.

소득공제 혜택은 일반형 청약저축과 동일하다. 즉 연간 한도액은 300만 원이며 적용하는 비율은 납입액의 40%를 소득공제한다.

기본형 청약저축과 청년주택드림 청약저축 간략 비교

구분	청약저축(기본형)	청년주택드림(청년 우대형)
가입 대상	대한민국 국민 + 외국인 거주자	청년(만 19세 이상 ~ 만 34세 이하. 병역 이행 시 최대 6년 한도 연장)
적용 이율	연 2.3~3.1%	연 3.7~4.5%
세금 혜택	한도액 300만 원, 공제율 40%	• 한도액 300만 원, 공제율 40% • 이자소득 500만 원까지 비과세 혜택 추가 (납입 한도는 연 600만 원)

재테크 비밀과외

소득공제, 소득공제율, 비과세 혜택 정리

소득공제의 기본 개념

소득공제란 세금을 부과하는 금액을 줄여준다는 뜻이다. 공제대상금액과 비율이 클수록 세금 혜택이 커진다. 주택청약종합저축을 보면, 기본형과 업그레이드형(청년주택드림) 모두 동일하다. 연간 총납입액의 한도는 300만 원이며 납입 금액의 40%를 소득공제 받을 수 있다. 한 달에 25만 원씩 1년간 넣으면 딱 한도액인 300만 원을 채울 수 있고, 여기에서 40%인 120만 원을 소득공제를 받을 수 있다는 뜻이다. 이 부분이 처음엔 이해하기 어렵게 느껴질 수 있다. 한도와 40%라는 개념을 풀어서 설명하면 다음과 같다.

우선 '한도액 300만 원'의 의미를 알아보자. 내가 굳은 결심을 하고 한 달에 60만 원씩 청약저축을 한다면 1년간 720만 원을 납입하게 된다. 이때 소득공제 혜택은 내가 1년간 납입하는 720만 원 전액을 대상으로 하지 않는다. 한도액인 300만 원까지만 소득공제 대상 금액이 되고 한도액 300만 원을 초과하는 420만 원에 대해서는 소득공제 대상이 되지 않는다. 만일 소득공제 측면만 놓고 보자면 가성비가 가장 좋은 금액은 한 달에 25만 원이 된다는 점을 알 수 있다. 한도액을 꽉 채우는 금액이기 때문이다. 나라에서 300만 원까지만 세금 혜택을 담을 수 있는 바구니를 준비했다고 생각하면 이해가 쉽다. 아무리 많이 부어도 300만 원까지만 세금 혜택을 받을 수 있고 나머지 초과 금액은 넘쳐 흘러서 혜택을 얻을 수 없다.

한도액 300만 원의 뜻

전체 납입 금액에서 300만 원까지만 소득공제 대상 금액으로 인정
한도액 300만 원의 초과분은 대상 금액에서 제외

세금 혜택:
300만 원까지만
담을 수 있음

 예
100만 원 납입 → 소득공제 대상 금액 = 100만 원 전액
200만 원 납입 → 소득공제 대상 금액 = 200만 원 전액
300만 원 납입 → 소득공제 대상 금액 = 300만 원 전액
400만 원 납입 → 소득공제 대상 금액 = 300만 원(한도액 제한 때문에)

소득공제율

다음, '소득공제율 40%'의 의미를 보자. 내가 납입하는 금액 전체에 대해 소득공제를 해준다는 뜻이 아니다. 내가 납부하는 금액 전체가 아닌 일부인 40%만 소득공제 대상 금액이 된다. 내가 청약저축에 100만 원을 넣는다면 이 중 40%인 40만 원이 소득공제 되고, 청약저축 200만 원을 넣으면 같은 방법으로 80만 원을 소득공제 받게 된다. 만일 한 달에 50만 원씩 1년에 600만 원을 넣으면 어떨까? 소득공제 한도액인 300만 원까지만 대상이 되고, 여기에 40%를 계산하면 300만 원 × 40% = 120만 원이 실제 소득공제 된다.

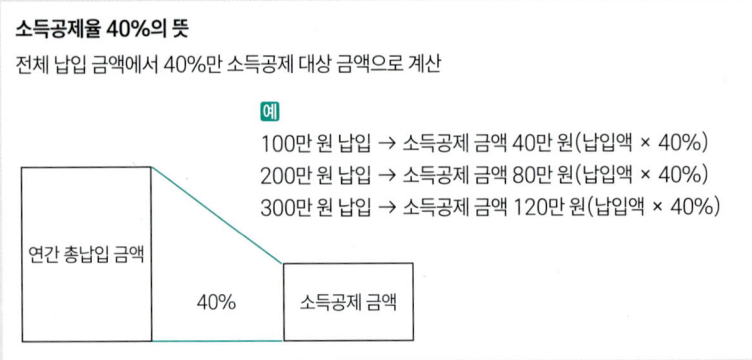

소득공제율 40%의 뜻

전체 납입 금액에서 40%만 소득공제 대상 금액으로 계산

예
100만 원 납입 → 소득공제 금액 40만 원(납입액 × 40%)
200만 원 납입 → 소득공제 금액 80만 원(납입액 × 40%)
300만 원 납입 → 소득공제 금액 120만 원(납입액 × 40%)

연간 총납입 금액   40%   소득공제 금액

다시 정리해보자. 소득공제 혜택이 납입액의 40%, 한도액 300만 원이라는 말은 한 달에 25만 원까지는 청약저축에 넣은 금액의 40%를 소득공제해주지만 그 이상 납입하면 소득공제 대상에

는 포함되지 않는다는 뜻이다. 즉 소득공제 측면에서만 보면 한 달에 25만 원씩 넣어 1년간 한도액 300만 원을 채우면, 실제 소득공제 받는 금액은 40%인 120만 원이 된다.

지금 이 부분이 잘 이해되지 않아도 괜찮다. 355쪽에서 신용카드 소득공제를 살펴볼 테니 다시 소득공제율과 한도액에 대해 확인할 수 있다.

비과세 혜택

2025년 12월 31일까지 가입하면, 청년주택드림 청약 통장에서 발생하는 이자는 500만 원까지 소득세가 부과되지 않는다. 단, 비과세는 연 600만 원을 납입하는 금액에 대해서만 적용되고, 초과하여 납입하는 금액에 대해서는 소득세(지방세 포함 총 15.4%)가 부과된다.

한 달에 50만 원씩 5년간 넣는다고 해보자. 가입 기간이 2년 이상으로 연 4.5%의 이자율이 적용되면, 총 원금은 3,000만 원(1년 600만 원 × 5년)이고 이자는 343만 1,250원이다. 비과세 혜택이 없다면 이자 343만 1,250원에 대해 15.4%인 52만 8,412원의 세금이 붙는다.

몇백만 원 세금 아끼는 것도 아닌데 무슨 호들갑이냐 생각할 수도 있지만, 나라에서 대놓고 소득공제와 비과세로 해주는 상품이 많지 않다는 점을 감안하면, 고마운 상품임에는 틀림없다.

010 초보 투자자를 위한 최고의 상품, ISA

> **세 줄 요약**
> 1. ISA는 금융상품을 담는 바구니.
> 2. 은행 ISA는 매우 안전한 상품이다.
> 3. 주식 투자를 하고 싶으면 증권사 ISA에 가입하자.

앞서 보았던 상품들은 오로지 은행에서만 가입할 수 있는 상품들이다. 이번에 설명할 상품은 굳이 은행이 아니더라도 보험사 또는 증권사에서 가입할 수 있다. 상품의 이름은 같지만 어디 회사에서 취급하느냐에 따라 각 금융회사의 특성이 묻어 있기도 하다.

첫 번째 공통 상품: ISA

첫 번째 상품은 ISA다. ISA는 은행과 증권사에서 계좌 개설할 수 있다. 같은 상품이지만 어디서 만드느냐에 따라 해당 금융회사의 특성이 묻어난다. 안전한 게 좋다면 은행 ISA, 위험해도 화끈한 수익을 원한다면 증권사 ISA를 선택하는 게 가능하다. 즉 가입자의 성향에 따라 은행에서 만들 수도 있고 증권사에서 만들 수도 있다. 이번 장에서는 ISA의 기본 콘셉트가 '쇼핑 카트'라는 것만 알아두자.

ISA는 'Individual Savings Account'의 약자로 '개인종합자산관리계좌'라는 긴 이름을 가지고 있다. 우리가 아는 모든 금융상품을 통합하여 관리할 수 있는 통장이며 일정한 범위의 수익에 대해 비과세를 통해 세금 혜택을 얻을 수 있는 상품이다.

즉 하나의 통장으로 예금과 적금, 주식, 펀드 투자를 할 수 있는 만능 통장이다. 심지어 '손익통산'과 '비과세'라는 빵빵한 혜택으로 중무장한 통장이기도 한데, 은행과 증권사에서 선택하여 가입할 수 있으나 각 금융기관의 특성에 맞게 잘 골라야 한다. 주식을 하려 하는데 주식이 안 되는 ISA를 선택하면 안 된다.

ISA는 은행, 증권사 중에서 마음에 드는 곳을 통해 가입할 수 있다. 주의 사항이 있는데, ISA의 종류에 따라 금융상품의 선택 범위가 달라진다. 예를 들면 신탁형, 일임형은 주식 투자가 불가하고, 중개형은 예·적금이 불가하다. 이렇게 종류마다 미묘하게 선택 가능한 상품이 달라지기 때문에 처음 선택할 때 많은 고민이 필요하다.

구분	신탁형 ISA	일임형 ISA	중개형 ISA
대상	예금, 적금 위주 투자자에게 적합	펀드 위주 투자자에게 적합	주식, ETF 위주 투자자에게 적합
가입	은행 단독	은행, 증권사	증권사 단독
특성	고객의 자산을 고객이 알아서 운용	고객의 자산을 회사가 알아서 운용	고객의 자산을 고객이 알아서 운용
투자 상품	예금, 적금 및 ETF, 펀드, 리츠 등	ETF, 펀드 등	주식, ETF, 펀드, 리츠 등

ISA 종류를 간략하게 요약하면 이렇다. ISA는 신탁형, 일임형, 중개형 이렇게 3가지 종류가 있다. 신탁형은 은행 전용, 중개형은 증권사 전용이다. 일임형은 은행이나 증권사 중에서 선택해서 가입할 수 있다. 어디서 취급하는 ISA인가에 따라 상품 구성과 포트폴리오에서 각각 금융회사의 특성과 스타일이 드러난다.

1 | 신탁형 ISA

신탁형 ISA는 은행 전용 상품이다. '신탁(信託, 믿고 맡김)'이라는 상품명에도 불구하고, 신탁형 ISA는 믿고 맡길 수 없다. 왜냐하면 내가 알아서 이것저것 ISA 계좌에 담는 방식이기 때문이다. 내가 알아서 투자하고 내가 그에 대한 책임을 지는 상품이다. 은행은 단지 계좌만 개설해준다고 보면 된다.

2 | 일임형 ISA

일임형은 '일임(一任, 전적으로 맡기는 것)'이라는 말이 의미하듯, 은행이나 증권사에서 '저희에게 맡겨만 주세요. 나머지는 저희가 알아서 하겠습니다'라는 상품이다. 예로, 은행의 일임형 ISA는 비교적 안전한 상품 위주로 포트폴리오를 구성한다. 고객은 은행이 미리 짜놓은 포트폴리오 중에서 마음에 드는 것을 고를 수 있다.

3 | 중개형 ISA

중개형 ISA는 주로 국내 주식이나 ETF에 투자하려는 소비자들을 위한 상품이다. 은행에서는 가입할 수 없다. 주식 투자에 대해 세금을 안 내도 된다는 장점이 매우 강하다. 세부 내용은 222쪽에 정리해놓았다.

정리해보자. 은행 전용 신탁형 ISA는 예금과 적금을 하면서 이자에 대해 세금 혜택을 받고 싶은 경우에 적당하다. 일임형 ISA는 비교적 조심조심 투자하고 싶은 사람들에게 적합하다. 펀드 상품에 투자도 하면서 세금 혜택도 얻을 수 있기 때문이다. 그렇다면 중개형은 어떨까? 주식 투자라는 정글에서 살아남을 수 있는 강한 정신력과 체력을 갖춘 이들에게 적당하다.

2025년, ISA 관련 큰 변화가 있었다. 기존에는 1인 1계좌만 가능했는데 이제는 1인 다계좌가 가능해진 것이다.

ISA 세금 혜택 총정리

① 손익통산

예금도 좀 하고 펀드도 좀 했는데 예금에서는 이익이 나고 펀드는 손실이 난 경우를 생각해보자. 손실에 대해서는 세금을 내지 않아도 되지만, 수익이 발생한 상품에 대해서는 세금을 내야 한다. 예를 들어 은행에서 예금이자로 30만 원을 받고, 펀드 투자 결과로 100만 원의 손실을 냈다고 해보자. 내 입장에서는 총 70만 원의 손해를 본 셈이다. 그럼에도 나라에서는 예금이자로 받은 30만 원을 수익으로 보므로 이에 대한 세금 4만 6,200원(30만 원 × 15.4%)을 내야 한다.

같은 상황에서 ISA를 활용했다면 어떨까? 세금을 내지 않아도 된다. 예금을 통해 이자수익 30만 원과 투자손실 100만 원을 합해 총 마이너스 70만 원으로 계산하기 때문이다. 이런 식으로 ISA는 전체 상품을 통합해서 이익과 손실을 계산한다.

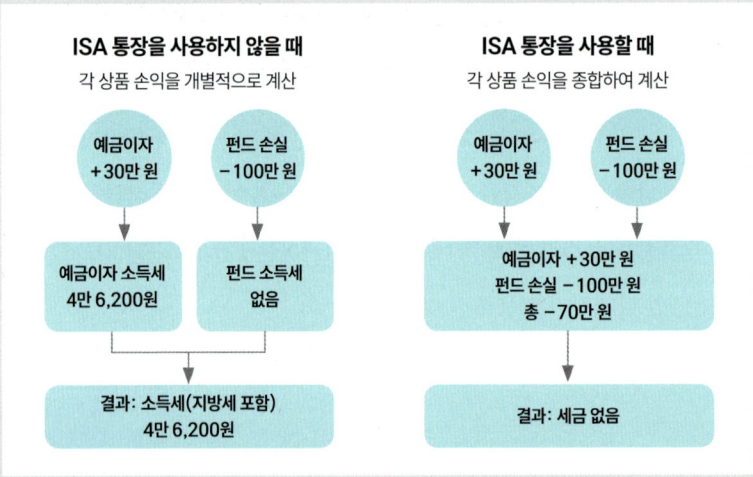

② **비과세**

ISA에는 비과세 혜택이 있다. 즉 세금을 안 내도 된다는 뜻이다. 예를 들어 은행을 이용하여 예금 또는 적금으로 수익을 보는 경우, 소득세는 14%, 지방세는 1.4%가 붙어 총 15.4%의 세금을 내야 한다. 계산해보자. 적금을 잘해서 이자 50만 원을 받는다면 이 중 15.4%인 7만 7,000원을 세금으로 납부해야 한다. 이때 ISA 통장의 은총을 입게 되면 이자소득에 대한 세금을 면제받을 수 있다. 예금뿐 아니라 주식, 펀드, ETF와 같은 투자 상품도 은총의 대상이다.

다만 아쉽게도 비과세 혜택이 무한정인 것은 아니다. ISA 통장의 가입자에 따라 비과세 혜택을 받을 수 있는 한도가 달라진다. 간략하게 정리하면 총급여액을 기준으로 5,000만 원 이하의 직장인(서민형 ISA, 농어민형 ISA)은 400만 원의 수익까지 비과세, 총급여액이 5,000만 원을 초과하는 직장인(일반형 ISA)은 200만 원까지 비과세 혜택을 받을 수 있다.

참고로 2025년 2월 기준, 정부와 여당, 야당이 모두 ISA 혜택을 늘리는 것에 동의하고 있다. 앞으로 서민형 ISA의 비과세는 400만 원에서 1,000만 원으로, 일반형 ISA의 비과세는 200만 원에서 500만 원으로 늘어날 예정이다. 시행 시기는 아직 미정이다.

011 퇴직금을 현명하게 굴리는 IRP

> **세 줄 요약**
> 1. IRP는 퇴직금 보관 용도의 상품.
> 2. 강력한 연말정산 혜택이 장점이다.
> 3. 성향에 따라 은행, 보험, 증권사 중 선택해서 가입할 수 있다.

IRP는 'Individual Retirement Pension'의 줄임말로 '개인형퇴직연금'을 의미한다. IRP는 평생직장 개념이 사라진 시대에 노후를 대비하기에 적합한 상품이다. 기성세대는 한 직장에 오래 근무하면서 퇴직금을 차곡차곡 쌓다가 20년, 30년 후 정년퇴직할 때 목돈으로 퇴직금을 받기는 했다. 반면, 최근의 직장인들은 한 직장에서 오래 근무하는 일이 거의 없다. 짧게는 1년, 보통 3년에서 5년 근무하다가 다른 직장으로 옮긴다.

기존의 퇴직금 계산 방법은 1년 근무할 때마다 한 달 월급을 받는 것으로 계산한다. 즉 3년 근무하면 3개월치의 금액을 받게 된다. 연봉 3,600만 원의 직장인이 5년 근무하고 퇴직한다면 대략 1,500만 원(직전 3개월 평균 급여 약 300만 원 × 5년)을 받는다. 적은 금액은 아니지만 5년의 시간을 보낸 대가로는 실망스러울 수밖에 없다.

이에 정부에서는 '퇴직금 관리가 필요하신가요? IRP 통장에 넣어서 불려보세요' 하고 직장인들을 유혹한다. 게다가 퇴직금은 무조건 IRP 계좌를 통해 받아야 하기 때문에 IRP는 반강제적인 직장인의 필수 아이템이다.

이직이 잦은 '요즘 직장인'을 위한 상품

A회사에서 근무하다가 B회사로 이직하고, 또다시 C회사로 이직하더라도 IRP를 통해 계속 퇴직연금을 유지할 수 있다. 과거 세대는 퇴직금을 내통장으로 한꺼번에 받아 필요한 곳에 쓰거나 사기를 당해 다 날리기도 했는데, IRP는 퇴직금을 받으면 금융회사에서 잘 보관하고 있다가 나중에 연금 형태로 받는다는 차이점이 있다. 즉 이직할 때마다 퇴직금을 따로 모아놓고 나중에 연금으로 받는 상품이다.

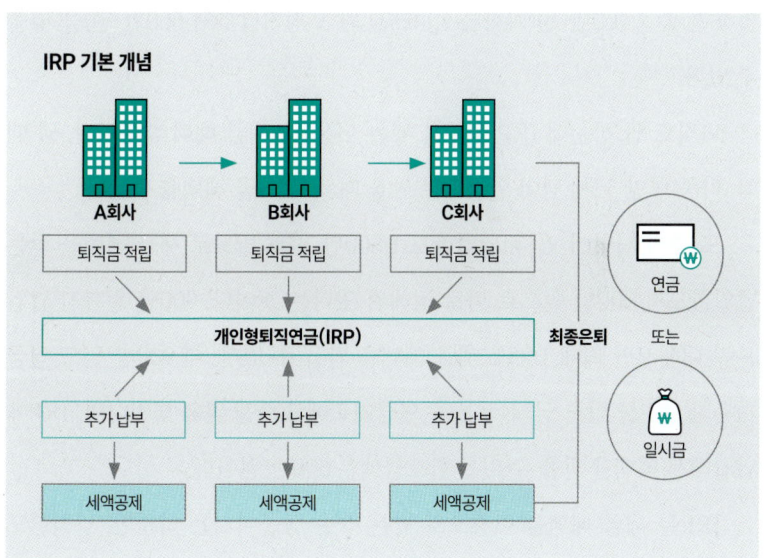

정리하면, IRP 계좌는 퇴직금을 보관하는 통장이라 보면 된다. 매월 얼마를 넣을지 근로자 개인이 자유롭게 선택할 수 있지만 연간 1,800만 원이라는 한도가 있다.

참고 사항이 있다. 퇴직금을 넣는 것은 한도가 없고, 연간 1,800만 원의 한도금액은 퇴직금 외의 소득에서 납부하는 금액에 대해서만 적용된다는 것이다.

IRP 계좌 납입한도
- 퇴직금: 제한 없음
- 퇴직금 외(사업소득, 근로소득): 연간 1,800만 원

월급이 600만 원인 김길벗 씨가 3년 일하면 퇴직금은 1,800만 원(월급여 600만 원 × 근속년수 3년 = 1,800만 원)이 된다. 김길벗 씨가 올해 퇴직하면서 받는 퇴직금 1,800만 원에 따로 급여에서 매월 50만 원씩 IRP에 납입하면 총 2,400만 원(퇴직금 1,800만 원 + 정기납부액 600만 원)을 넣을 수 있다.

퇴직도 안 하는데 IRP에 돈을 넣는 이유는? 세금 혜택 때문이다. 낼 때와, 나중에 만 55세 넘어 연금으로 받을 때 각각 세금 혜택을 받는다.

또 주의 사항이 있다. 납입한도 1,800만 원과 별도로 세금 혜택을 받는 납입한도가 900만 원으로 따로 정해져 있다는 것이다. 900만 원까지 납입분에 대해서만 최대 16.5% 세금 혜택을 받을 수 있다. 이 900만 원도 연금저축과 IRP를 합친 금액이다. 즉 연금저축에 300만 원을 넣었다면, IRP에 납입해서 혜택을 받을 수 있는 한도금액은 600만 원이다.

IRP는 세금 혜택을 이중으로 받는 좋은 상품이기는 하지만, 납입한도

낼 때 세금 혜택(세액공제)

총급여액	5,500만 원 이하	5,500만 원 초과
세액공제 납입 한도	연 900만 원	
세액공제율	16.50%	13.20%
최대 환급 세액	1,485,000원	1,188,000원

받을 때 세금 혜택

연금 수령 나이	연금소득세율
55세 이상 70세 미만	5.50%
70세 이상 80세 미만	4.40%
80세 이상	3.30%

1,800만 원에, 세액공제 한도는 퇴직연금과 IRP를 합쳐서 900만 원으로 정해지는 복잡한 상품이기도 하다. 연말정산 관련하여 소득공제와 세액공제 개념은 여덟째마당 연말정산 파트에서 다시 복습하면 어렵지 않게 파악할 수 있을 것이다.

어떤 IRP에 가입해야 할까?

이제 남은 것은 좋은 IRP를 고르는 일뿐이다. IRP는 은행, 보험사, 증권사 등 모든 금융기관에서 취급한다. IRP의 경우에는 ISA와 달리 금융기관에 따른 특성이 반영되지는 않는다. IRP의 선택은 '원리금보장상품', '원리금비보장상품(펀드 등)'으로만 나뉜다. 은행에서 IRP를 가입해도 원리금비보장상품이라면 손실이 날 수도 있다. 은행에서 가입해도 100% 안전하지는 않다.

1 | 은행 IRP

은행의 IRP는 예금과 펀드 중에서 가입자가 자유롭게 선택할 수 있다. 단, 예금은 예금자 보호가 되지만 펀드는 원리금비보장상품으로 예금자 보호가 되지 않는다. 은행에서 가입했어도 펀드에 투자했다면 손실을 볼 수 있다는 뜻이다.

2 | 보험사 IRP

보험사 IRP로는 최저금리가 보장되는 금리형 저축보험과 펀드에만 투자할 수 있다. 은행 IRP가 원금이 보장되는 예금과 손실 가능성이 있는 펀드에 조합하여 투자하듯, 보험사도 원금이 보장되는 금리형 저축보험과 펀드에 조합하여 투자할 수 있다.

3 | 증권사 IRP

은행, 보험사는 취급할 수 없는 ETF를 취급한다. 역시 증권사다운 상품

토막상식

금리형 저축보험이 뭐예요?

보험사는 시중 은행의 금리에 맞춰 최저금리를 정해놓는다. 이것을 '공시이율'이라 하는데 금리형 저축보험은 보험사의 공시이율이 적용되는 상품을 가리킨다. 즉 은행의 이자처럼 보험사에서도 이자를 붙인다고 보면 된다. IRP 상품은 최소 이자인 공시이율이 적용되는 상품만을 취급한다.

금리형 저축보험의 반대는 투자형 저축상품이다. 보험사에서 알아서 펀드에 투자해서 그 결과에 따라 고객이 맡긴 돈이 늘어나거나 줄어든다. 보험사의 IRP가 금리형 저축보험만 취급한다는 것은 적어도 이 상품을 통해 고객이 손해를 보지 않도록 하겠다는 정부의 의지가 반영되었다는 뜻이다.

구성이라 할 수 있다. ETF가 싫다면 펀드에 투자할 수 있다. 요약하면 증권사 IRP를 이용하면 퇴직금을 ETF 또는 펀드에 마음껏 투자할 수 있다.

즉 어떤 금융회사의 IRP를 선택할지 결정하고 싶다면 이렇게 생각하면 된다.

어떤 IRP에 가입할까?

- 예금 또는 펀드에 투자하고 싶다면 → **은행 IRP**
- 보험 또는 펀드에 투자하고 싶다면 → **보험사 IRP**
- ETF 또는 펀드에 투자하고 싶다면 → **증권사 IRP**

요약하면, 펀드라는 공통 상품을 제외하면 각자 금융회사의 특징이 그대로 반영된다.

이중과세 문제를 참고하자

IRP 또는 ISA를 통해 해외 ETF에 투자하는 경우, 2024년까지는 절세 효과를 얻을 수 있었으나, 2025년부터 세법이 개정되어 해외 투자 상품의 수익(배당소득세)에 대해 해당 국가에 세금을 내고 나중에 인출할 때 또 세금을 내야 한다. 세금을 두 번 내는 이중과세 문제에 대해 정부에서 개편안을 마련하고 있다.

012 알아서 노후를 준비해주는 TDF

> **세 줄 요약**
> 1. TDF는 노후 대비용 펀드 상품.
> 2. 인생 주기에 따라 알아서 자산을 배분한다.
> 3. 자산 배분은 장점이자 단점이다.

　IRP 관련하여 은행, 보험사, 증권사에서 모두 공통적으로 다루는 상품이 바로 펀드라는 것은 이미 잘 알 것이다. 그중 TDF는 'Target Date Fund'의 약자로, IRP의 원래 취지인 '노후 준비'에 특화된 상품이다. 은퇴 시기를 세팅해놓으면 나머지는 TDF 펀드가 알아서 자산 배분의 비중을 조절하기 때문이다. 비교적 젊은 가입자에게는 위험해도 수익이 좋은 상품 위주로 가다가 은퇴 시기가 가까워지면 점점 안전한 상품의 비중을 높이도록 설계되어 있다. 알아서 포트폴리오를 조정하는 것이 TDF의 가장 큰 특징이다.

　여기에 세금 혜택이 더해진다. 납입액의 일정 부분(13.2%~16.5%)을 연말정산 때 돌려받을 수 있게 해준다. 세금 혜택을 고려하면 TDF를 통해 수익을 보지 못하더라도 10% 정도는 이익을 본다고 생각할 수 있다.

TDF의 3가지 장점

1 | 똑똑한 자산 관리

　TDF는 전 세계 주식, 채권, 부동산 등에 골고루 나누어 투자한다. 은퇴가 가까워지면 이 중 그나마 안전자산 투자 비중을 높여 가입자가 최대한 손해보지 않고 은퇴할 수 있도록 해준다. 가입자가 전문 지식이 없어도 상황과 연령을 고려해 자산을 관리할 수 있는 펀드다.

2 | 연말정산(세액공제) 혜택

　복잡하게 세금을 줄여주는 게 아니라 900만 원까지 납입 금액의 16.5% 또는 13.2%만큼 세금을 깔끔하게 깎아준다. 즉 연금저축 혜택이 그대로 적용된다. 연소득 5,500만 원 이하인 경우라면 16.5%가 적용되어 최대 148만 5,000원까지, 연소득이 5,500만 원을 초과하면 13.2%가 적용되어 118만 8,000원까지 절세된다. 퇴직금을 여기에 넣어서 잘 불려보라는 정부의 의지가 보인다.

3 | 미래 세금도 미리 줄여주는 과세이연·저율과세

　납입하는 금액에 대한 세금 혜택도 고마운데 아직 끝난 게 아니다. 은퇴 이후 수익을 실현할 때까지 A/S도 받을 수 있다. 펀드로 얻는 수익을 바로바로 계산해서 세금을 매기지 않고 나중에 연금 받을 때까지로 미뤄주는 과세이연도 되고, 돈을 연금 형태로 받을 경우 3.3~5.5% 정도만 세금을 부담하는 저율과세도 된다. 지금도 절세, 나중에도 절세되는 상품이다.

TDF의 2가지 단점

1 | 시장 대응이 느리다

'글라이드 패스(Glide Path)'는 원래 항공기의 착륙 경로를 안내해주는 기계를 가리킨다. 이것을 TDF에서는 자산 배분에 응용했다. 즉 비행기가 서서히 착륙하듯 시간이 지날수록 위험자산의 비중을 줄이는 것이다.

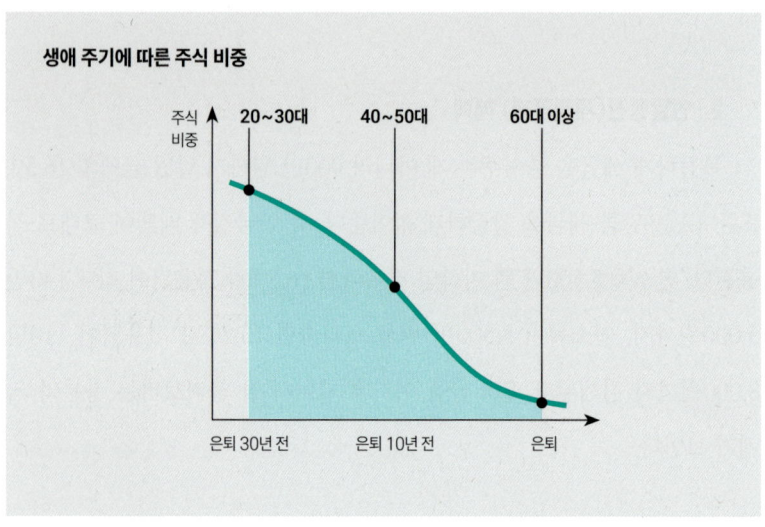

은퇴에 맞춰 알아서 해주는 글라이드 패스는 장점이면서 치명적인 단점이 되기도 한다. 시장의 급락이나 급등과 같은 예리한 판단력이 필요한 경우에 대응이 한 박자 느릴 수 있다. 지금 주식시장이 뜨겁게 달아오르는 '불장'인데 나는 은퇴 시기가 되어 주식 비중을 줄인다면 오히려 손해 보는 상황일 수도 있다. 세상에서 가장 무서운 것이 바로 '알아서'가 아니던가. TDF의 글라이드 패스는 바로 '알아서'에 해당된다.

2 | 수익률이 불확실하다

2024년 6월에 결산한 TDF의 성적표를 보면, 전체적으로 나쁘지 않다.

TDF 수익률 현황 (단위: 억 원, %)

은퇴 시기		2025	2030	2035	2040	2045	2050	2055	2060	기타	합계(평균)
운용 펀드 수		12	33	22	33	18	30	14	5	14	181
총 설정액 (비중)		18,909 (18.48)	22,688 (22.17)	15,092 (14.75)	12,653 (12.36)	16,253 (15.88)	9,189 (8.98)	2,078 (2.03)	402 (0.39)	5,073 (4.96)	102,337 (100)
운용 순자산 (비중)		23,271 (17.12)	28,934 (21.29)	20,516 (15.09)	17,798 (13.09)	23,551 (17.33)	12,384 (9.11)	2,961 (2.18)	484 (0.36)	6,033 (4.44)	135,932 (100)
수익률	1년	9.98	11.45	12.77	13.84	15.98	17.21	17.43	21.01	7.40	13.71
	2년	7.87	8.62	10.40	11.17	11.03	15.70	14.40	21.96	7.09	10.98
	3년	1.99	3.17	4.96	5.04	5.49	9.45	11.11		0.09	4.87
	5년	18.49	20.66	27.53	28.91	33.57	40.44			14.70	25.35
	설정 이후	23.80	23.08	27.35	32.27	34.53	27.07	25.08	18.24	25.04	27.29

*자료: 〈한국금융신문〉 (2024년 6월 4일 기준)

결과만 요약하면, 2024년 6월 4일 기준으로 TDF는 전체적으로 1년에 14%, 3년에 5%, 5년에 25% 정도의 수익률을 기록하고 있다. 주식시장이 좋으면 연 20% 넘는 수익률을 보이기도 하지만 주식시장 상황이 나빠지면 그에 따라 TDF 수익률도 낮아질 수밖에 없다. 당신이 앞으로 은퇴할 때까지 수익률이 꾸준히 좋을지 아니면 마이너스가 될지 아무도 알 수 없다. 비행기가 안전하고 부드럽게 착륙해야 하는데 덜컹거릴지도 모른다는 뜻이다.

토막상식

TDF 선택하기

TDF 이름 뒤에는 숫자가 붙는다. 예를 들어보면 '○○○○ 전략배분 TDF 2045', '○○ 한국 TDF 2055'처럼 이름 끝에 4자리 숫자가 붙는데, 은퇴 시기를 의미한다. 1990년생이 60세에 은퇴할 계획이라면 1990에 60을 더해서 '2050'이 포함된 상품을 선택하면 된다.

- 1984년생: 1984 + 60 = 2044 → TDF 2040 또는 TDF 2045
- 1994년생: 1994 + 60 = 2054 → TDF 2050 또는 TDF 2055
- 2004년생: 2004 + 60 = 2064 → TDF 2060 또는 TDF 2065

재테크 비밀과외

퇴직연금 고르기: DB, DC, IRP

퇴직연금이란 회사 다닐 때 쌓아놓은 적립금을 퇴직 후 연금처럼 받는 상품을 가리킨다. 도입 배경은 이렇다. 회사가 망했을 때, 착한 사장은 직원의 밀린 임금과 퇴직금을 끝까지 책임지지만 나쁜 사장은 쥐도 새도 모르게 도망쳐버리기도 한다. 과거에는 이렇게 퇴직금도 안 주고 도망가는 사장이 더 많았다. 퇴직연금 제도가 시행된 것은 나쁜 사장이 도망쳐도 직원들의 퇴직금은 보장받을 수 있도록 하자는 취지였다. 퇴직연금은 기본적으로 직원의 퇴직금을 회사 통장에 보관하지 않고 은행 등 금융회사에 안전하게 보관하는 제도라고 보면 된다.

퇴직연금을 이야기할 때 항상 나오는 것이 바로 DB, DC, IRP이다. 이번 기회를 이용해서 정리해보도록 하자. 우선 핵심은 이렇다.

> **DB**: 내가 받을 퇴직연금의 금액이 투자 결과에 상관없이 결정되어 있음
> **DC**: 내가 받을 퇴직연금의 금액이 투자 결과에 따라 달라짐
> **IRP**: 내가 스스로 선택하고 준비하는 퇴직연금

① DB: 확정급여형

DB는 'Defined Benefit'의 약자로 '회사가 알아서 굴리는 퇴직금', 즉 기존의 퇴직금 제도와 같은 방식이라고 보면 된다. 기존의 퇴직금은 근속연수에 직전 3개월 평균임금을 곱해서 금액이 지급됐다. 예를 들어 10년간 일한 직장에서 퇴직 전 3개월 평균임금이 400만 원이었다면 4,000만 원(근속연수 10년 × 평균임금 400만 원)의 퇴직금을 받게 된다. 확정급여형은 이렇게 간단한 계산으로 퇴직연금이 계산되는 방식이다. 이름 그대로 '확정된 급여', 즉 장래에 자신이 받을 퇴직연금이 정해진 것이다.

DB형은 회사가 퇴직연금에 필요한 재원 운용에 전적인 책임을 진다. 연금 지급액이 확정되어 있으니 회사는 정해진 금융기관의 퇴직연금 운용수익이 플러스이든 마이너스이든 상관없이 확정된

퇴직연금을 지급해야 한다. 근로자는 퇴직금을 더 적게 받을 염려가 없고, 회사는 퇴직연금을 잘 운용했을 때 지급 금액 이상의 차익을 회사 이익으로 전환할 수 있다. 근로자는 회사가 연금을 잘 굴리는지 못 굴리는지 신경 쓰지 않아도 된다. 그 결과에 관계없이 근로자가 받을 금액은 정해지기 때문이다.

② DC: 확정기여형

DC는 'Defined Contribution'의 약자로 '내가 알아서 굴리는 나의 퇴직금'이다. DB형이 확정된 연금을 받는 것에 비해 DC형은 퇴직금이 확정되지 않는다. 대신 내 계정으로 투자될 기여 금액만 정해진다. 제도의 이름에 포함된 기여(Contribution)는 회사가 퇴직연금으로 납입하는 부담금을 의미한다. 이 부분이 처음에는 이해하기 어렵다. 다시 설명하면, 마치 적립식펀드를 하듯, 퇴직연금에 투자한다고 보면 된다. 그 결과가 좋을 수도 있고 나쁠 수도 있다. 회사 입장에서는 근로자가 앞으로 수익을 많이 내든 적게 내든 관계없이 정해진 금액만 근로자의 투자 통장에 넣어주기만 하면 된다. 수익을 실현하는 숙제는 근로자에게 있다.

정리하면 이렇다. DB형을 선택하면 중간 과정은 전혀 신경 쓸 것 없다. 내가 받을 금액이 미리 정해지기 때문에 회사, 금융회사에서 뭘 어떻게 하든 나하고는 상관없다. DC형은 이와 달리 내가 받을 퇴직연금이 투자 결과에 따라 많아질 수도 있고 적어질 수도 있다.

③ IRP: 개인형퇴직연금

DB와 DC는 회사에서 준비하는 퇴직연금이다. 직장인은 퇴직연금의 방식을 DB와 DC 중에서 어느 것으로 할지 선택할 수 있다. 즉 하고 싶으면 하고, 하기 싫으면 안 할 수 있는 것이 아니다. 반면 IRP는 선택의 폭이 넓다. 하고 싶으면 하고, 안 하고 싶으면 안 해도 된다. 여기에 더해 IRP는 은행, 보험사, 증권사 중에서 선택할 수 있고 TDF도 포트폴리오에 넣을 수 있다.

IRP는 세금 혜택도 있다. 납입할 때도 세금 혜택을 받고, 나중에 연금으로 받을 때 내는 세금도 줄어든다. 잘 활용하면 노후에 뿌듯해할 상품이다.

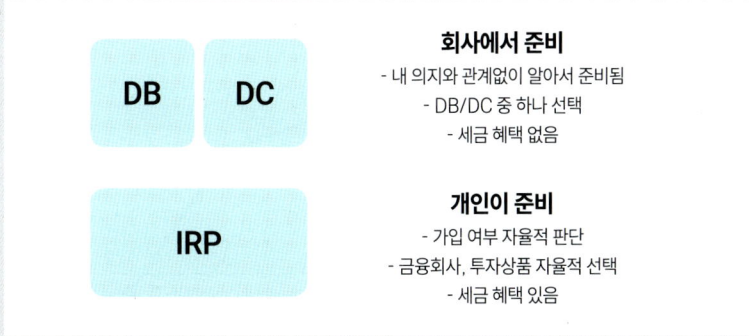

퇴직연금은 퇴직금과 달리 우리가 근무하는 회사가 아닌 은행, 증권사, 보험사에 돈을 넣어둠으로써 회사가 어려워져도 퇴직연금으로 적립된 자금을 지켜낼 수 있다. 바로 이 점이 퇴직연금의 핵심이다.

내게 맞는 퇴직금의 형태는 무엇일까?

그러면 DB와 DC 중에 뭘 선택해야 할까? 간단하게 말하면 DB형은 위험을 싫어하고 안정적으로 퇴직금을 받고 싶은 사람에게 적당하다. DC형은 위험에도 불구하고 이왕이면 더 많은 퇴직금을 받고 싶으신 사람에게 적당하다. 성향의 차이니까 어떤 것이 '무조건 옳다'라는 건 없다. 급여가 매년 상당한 폭으로 오를 것 같다면 DB형은 좋은 선택이 된다. 선택에 도움이 될 3개의 기준은 다음과 같다.

① 개인의 투자 성향

안정성을 최우선으로 한다면 자신의 근무연수와 퇴직 시 평균임금으로 계산되는 DB형을 고르는 게 좋다. 반대로 안정보다 수익을 더 원하면 DC형을 선택하는 것이 좋다. 고용노동부에 따르면 2017년부터 2022년 상반기까지 퇴직연금의 수익률은 연간 1~3%의 초라한 성적을 보였고, 심지어 2022년 상반기에는 마이너스를 기록하기도 했다. 외국의 경우 퇴직연금 수익률이 연간 10%를 넘기도 한다.

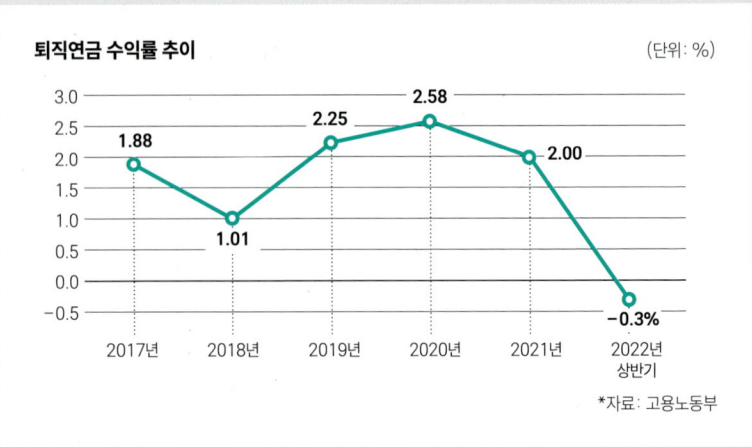

이와 같은 불안감이 싫다면 DB가 정답이다. 그럼에도 수익률이 좋아질 것이라는 긍정적인 마인드를 가지고 있는 사람이라면 DC형이 적합하다.

② 근속 가능 기간
직장생활을 앞으로 10년 이상 할 수 있다고 판단되면 장기투자의 힘을 믿고 DC형을 선택해볼 만하다. 퇴직연금의 실적이 기대에 못 미치더라도 5년 이상의 장기적인 관점이라면 분산투자 효과와 복리의 마법을 모두 기대해볼 수 있기 때문이다.
반대로 앞으로 근무할 수 있는 기간이 얼마 남지 않았거나 조만간 퇴사를 계획하고 있다면 DB형을 선택하는 방안이 좋다. 혹시라도 소중한 퇴직금이 줄어드는 일이 발생하면 안 되지 않겠는가.

③ 내 임금상승률과 투자수익률 비교
마지막 기준은 임금상승률과 투자수익률을 비교해보는 것이다. 만일 퇴직연금의 수익률보다 내 임금상승률이 더 높을 것 같다면 확정된 퇴직금을 받는 DB형이 유리하다. 더 높아진 임금으로 퇴직금을 확정하는 것이 유리하기 때문이다.
혹시 임금상승률이 크게 높지 않을 것 같다면 DC형이 유리하다. 월급이 올라가는 속도보다 퇴직연금으로 얻을 수 있는 수익률이 더 크기 때문이다.

013 주거래 은행에 대한 환상을 깨자

> **세 줄 요약**
> 1. 급여 통장이 있는 은행이 주거래 은행이다.
> 2. 그러나 주거래 은행이 더 잘 해주지는 않는다.
> 3. 은행마다 비교해 견적을 내보는 것이 좋다.

'주거래 은행이니까 더 잘해주겠지'라는 막연한 기대감에 얼마나 많은 직장인이 속아왔는지 모를 일이다. 환상을 깨자. 은행에게 당신은 그저 '잡은 물고기'일 뿐이다. 심지어 직장인의 통장은 그저 금융권 빅데이터의 작은 데이터 한 조각이기도 하다.

주거래 은행이란?

표현은 거창하지만 실제로는 '급여 통장'이 있는 은행을 가리킨다. 대단한 절차나 복잡한 과정이 필요한 것은 아니다. 우리는 이왕이면 예금이나 적금할 때 이자도 팍팍 올려주고 대출을 받을 때는 이자를 팍팍 낮추어주기를 주거래 은행에 기대한다. 주거래 은행 고객으로서 다른 사람보다 적금이자는 두 배로 받고, 대출이자는 절반만 부담할 수 있다면 보람을 느낄 수 있을 텐데, 현실은 그렇지 않다. 다음은 주거래 은행을 지정하면 우리가 얻을 수 있는 혜택이다. 과연 심장을 뛰게 할 만한 내용인지 판단해보자.

주거래 은행에서 제공하는 서비스

1 | 환전수수료

각 은행은 주거래 고객에게 환전수수료를 할인해준다. 일반 고객에게는 수수료를 50% 붙이지만 주거래 은행 고객에게는 25%만 받는다거나, 일정 조건을 충족하면 10%만 붙이는 식이다. 그러나 여행 시즌에는 여러 은행에서 각각 이벤트를 열어 더욱 큰 폭으로 할인해주는 경우가 많다. 그러니 환전수수료는 은행별로 따로 알아보는 것이 훨씬 경제적이다.

2 | 예금이자

은행마다 차이가 있지만, 주거래 은행 고객에게 0.5~1.5%p 내외로 이자를 후하게 지급하는 경우가 있다. 예를 들어 'W은행의 첫거래감사적금'은 일반 고객에게 적용되는 이자율이 연 1.6%인데, 주거래 은행이면 3.0%의 금리를 적용해준다. 다만 한 달 20만 원의 납입 한도가 있다. 1년을 꽉 채우면 3만 3,600원 더 받는 것으로 만족해야 한다. 주거래 은행이면 우대금리를 적용받아 이자를 조금 더 받는 것은 사실이지만, 그 차이가 아주 크지는 않다. 차라리 다른 은행과 금리를 비교해 가장 높은 곳에 가입하는 것이 낫다.

3 | 대출이자

기대가 큰 만큼 실망도 크다. 대출이자는 주거래 고객이라고 해서 큰 폭으로 할인해주지 않는다. 마이너스 통장 이자에서 약간 혜택을 얻는 것이 전부다. 특히 대출을 받을 때 은행은 당신이 주거래 고객인지, 일반 고객인지 구분하지 않는다. 빚을 갚기 어려울 때 뭘로 갚을 수 있는지, 그 담보가 중요할 뿐이다.

결론: 다른 은행과 견적 비교는 필수

어느 날 친구가 내게 "주택담보대출을 받아야 하는데, 주거래 은행을 이용해야 할까, 금리를 비교해보고 다른 곳을 선택해야 할까?"라고 물었다. 내 대답은 '은행별로 비교 견적을 내서 가장 이자율이 낮은 곳'이다. 주거래 은행에서 이것저것 우대받더라도 다른 은행의 대출이자가 더 낮을 수 있기 때문이다.

주거래 은행은 고객에게 무한한 혜택을 제공하지는 않는다. 차라리 은행 간 비교를 통해 자신에게 가장 유리한 혜택을 제공하는 은행을 자유롭게 선택하는 것이 낫다. 모바일로 대부분의 업무를 처리할 수 있어 직접 은행에 가야 하는 번거로움도 많이 줄어든 시대에는 더욱 그렇다.

만약 은행에서 주거래 은행 우수 고객으로 인정받고 PB센터에 자유롭게 출입하고 싶다면 통장 잔고가 적어도 10억 원은 넘어야 한다. 냉정하지만 사실이다.

셋째 마당

처음부터 시작하는 주식 투자

Common Sense Dictionary for Salaried

014 주식 투자하기 전 알아둘 것들

> **세 줄 요약**
> 1. 주식 초보는 대부분 수익을 얻게 된다.
> 2. 개인 투자자에게는 불가피한 약점이 있다.
> 3. 그럼에도 개인 투자자에게도 희망은 있다.

처음 주식 투자를 시작할 때는 조심스럽기도 하고 기본에 충실하기 때문에 그 살벌한 주식시장에서 수익을 올리기도 하며 어쩌다 '초심자의 행운 (beginner's luck)'으로 생각지도 못한 대박도 맞을 수 있다. 당신이 주식시장에 뛰어드는 타이밍은 주식시장이 불황으로 고통받는 시기가 아닐 것이다. 예상컨대 주식시장이 좋아져서 '코스피가 몇 포인트까지 올랐다'는 식의 뉴스가 나오고, 유튜브에 '누가 얼마로 시작해서 얼마까지 모았다'는 식의 영상을 보고 나서 본격적으로 주식 투자를 시작할 것이다.

주식시장이 뜨겁게 달아오르는 이른바 '불장'에는 웬만한 회사의 주식들은 다 오른다. 당신이 사게 될 그 회사도 높은 확률로 오를 것이다. 계좌에 찍힌 수익을 확인하고 보람을 느낄 텐데 이때 정말 조심해야 한다. 주식시장이 좋아서 운좋게 수익이 났는지, 아니면 정말 실력 좋게 종목을 잘 선택해서 이익을 본 것인지 냉정하게 따져봐야 한다.

자동차 운전을 생각해보자. 처음 면허를 따고 운전을 시작하면 처음에는 조심조심 운전한다. 신호도 잘 지키고, 과속도 안 한다. 이 시기에는 사고 날 확률이 거의 없다. 사고가 나더라도 경미한 접촉 사고 정도로 마무리된다. 문제가 되는 것은 운전을 잘하는 사람들이다. 자신의 운전 실력을 믿고 과속하고 난폭 운전을 한다. 사고가 나면 크게 다친다. 주식 투자도 이와 비슷하다. 처음 주식을 시작할 땐 배운 대로 회계장부도 한 번 살펴보고, 이것저것 따져보면서 조심조심 투자한다. 어느 순간 좀 익숙해졌다 싶으면 제한 속도 시속 50km인 구간에서 100km로 달리듯, 과감하게 투자한다. 그러다 크게 다치는 것이다.

개미라서 위험하다

나쁜 소식도 있다. 주식시장이 항상 상승하지는 않는다는 것. 좋을 때도 있고 나쁠 때도 있다. 이상하게도 '개미'라 불리는 개인 투자자들은 상승장에서는 적게 벌고, 하락장에서는 많이 잃는다. 기관이나 외국인은 잘만 벌던데 말이다. 이유는 당신이 '개미'이기 때문이다. 주식시장엔 당신보다 주식 공부를 훨씬 많이 한 '전업 투자자(왕개미)'가 있고, 아예 '기관'이라는 이름으로 회사가 주식 투자를 하기도 한다. 게다가 일명 '외국인'이라는 해외 투자자들도 있다. 정보력과 자금 규모에서 밀리는 개미들이 기관이나 외국인 같은 다른 참가자들보다 더 잘하기는 현실적으로 어렵다. 개미들이 주식시장에서 털리기만 하는 이유를 몇 개 정리해보았다. 이것들을 극복하면 당신도 주식시장에서 승리할 수 있을 것이다.

1 | 저가 주식 위주의 포트폴리오

상대적으로 적은 금액으로 주식을 사야 하다 보니 일단 싼 주식을 찾아서 많이 보유하고 싶어 한다. 부동산도 그렇고 주식도 그렇고 심지어 자동차도 비슷하다. 비싼데 안 좋은 것은 있지만 싸면서도 좋은 것은 없다. 싼 것은 다 이유가 있는데 개미들은 싼맛에 샀다가 실패할 확률이 높다.

다행히도 증권사들은 비싼 주식이라 하더라도 10분의 1로, 100분의 1로 나누어서 투자할 수 있도록 하는 일명 '조각 투자' 서비스를 제공한다. 1만 원이 안 되는 싼 주식을 찾을 것이 아니라 비싼 주식을 나누어 사는 것이 훨씬 이익이다.

2 | 하락장 울렁증

개미들은 어쩌다 주가가 출렁이고 손해가 좀 커진다고 판단하면 괴로워하면서 얼른 팔아치우게 된다. 수익을 내려면 주가 하락을 감당할 수 있어야 한다.

3 | 조급증

내가 보유한 주식이 조금씩 오르면 큰 문제가 없다. 문제는 주가가 '급등'할 때 발생한다. 조급해지기 때문이다. 장기적인 관점에서 계속 보유하는 것이 정답이라는 것을 머리로는 알고 있지만 가슴속에선 '혹시 내일부터 하락하면 어쩌나' 하고 불안해진다. 이때 팔지 않고 버텨야 승자가 될 수 있다.

4 | 타이밍 투자

주가를 보고 그때그때 투자하려고 하면 오히려 투자를 하지 못하게 된다. 주가가 내려가면 좀더 내려갈까 하는 기대감으로, 주가가 올라가면 너무 비싸게 사는 것은 아닌가 하는 조바심으로 안절부절못하다가 오히려 타이밍을 놓치고 업무에도 집중하지 못한다. 차라리 한 달에 하루 '주식 사는 날'을 잡아놓고 주가가 올라가든 내려가든 상관없이 무조건 당신이 찍어놓은 회사의 주식을 사보기를 권한다.

015 개인 투자자 vs. 기관 투자자 vs. 외국인 투자자

> **세 줄 요약**
> 1. 주식시장 선수는 개인, 기관, 외국인이다.
> 2. 개인 투자자는 기관, 외국인에 비해 불리한 위치에 있다.
> 3. 개미가 벌 때도 잃을 때도 외국인은 번다.

뜬금없는 이야기로 시작해보겠다. 나는 다이어트를 위해 복싱을 6개월 정도 배웠다. 만약 내가 복싱 챔피언과 링 위에서 맞붙게 되면 누가 이길까? 과연 내가 링 위에서 1분이라도 버틸 수 있을까? 주식시장이 이렇다. 당신은 이제 주식을 배우기 시작했고, 상대 선수들은 수많은 경험과 노하우를 가지고 있다. 이기는 것은 쉽지 않다. 우리가 상대해야 할 선수들을 알아보자.

1 | 개인 투자자(개미)

개인 투자자란 개인 자격으로 주식을 사고파는 우리를 가리킨다. 대부분 초보이지만 모두 그런 것은 아니다. 한국예탁결제원에 의하면 2023년 말 기준으로 국내 주식 계좌는 7,000만 개가 넘고 개인주주는 1,400만 명 정도라 하니 그 안에는 우리 같은 초보도 있고 엄청난 내공을 지닌 절대 고

수도 있을 것이다.

그러나 지금까지의 성적표를 보면 개인 투자자들을 대부분 초보라고 판단하는 이유를 알 수 있다.

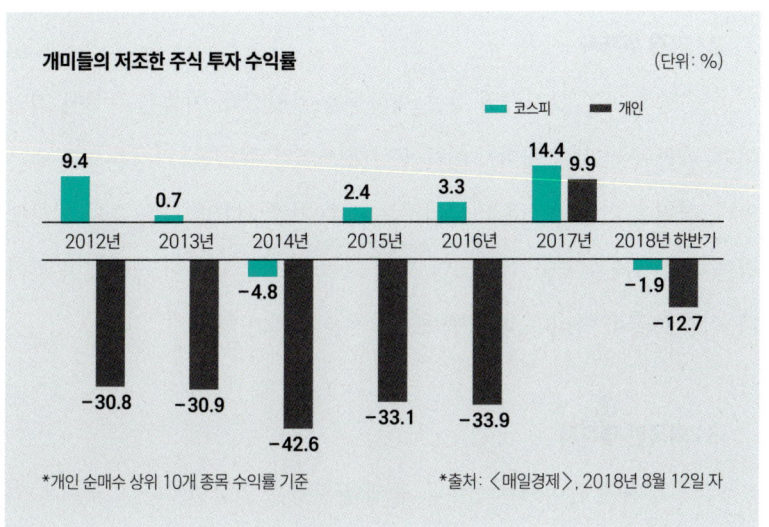

2012년부터 2018년까지의 결과를 보면, 우리나라 주식시장 성적표인 코스피 지수가 내릴 때 개미들은 더 많은 손해를 봤고 반대로 지수가 올라도 개미들은 손해를 봤다. 특히 2012년과 2013년엔 코스피가 조금 올랐음에도 개인 투자자들은 30% 내외의 손실을 봤다.

2021년 투자주체별 순매수 상위 100개 종목 평균 수익률 (단위: %)

품목명	개인	외국인	기관
연간	−1.59	54.25	53.49
상반기	11.44	36.54	39.86
하반기	−0.43	27.61	23.52

*자료: 에프앤가이드, NH투자증권 리서치본부

비교적 최근인 2021년에도 크게 달라진 모습은 아니다. 외국인 투자자와 기관이 공통적으로 50% 넘는 수익률을 기록할 때 개인 투자자는 손실을 기록했다.

2 | 기관 투자자

○○증권, ○○투자증권 같은 회사들을 가리킨다. 이들은 주식이 직업이다. 과연 우리 같은 개미가 이들을 상대로 이길 수 있을까? 물론 가능성은 있다. 실력은 기본이고 운이 따라주는 경우 기관보다 더 나은 투자 의사결정을 해서 성과를 거둘 수도 있다. 다만 그럴 수 있는 확률이 극히 낮을 뿐이다. 이걸로 끝이 아니다. 더 살벌하고 무서운 존재가 있다.

3 | 외국인 투자자

주식 투자에 참여하는 선수들 중에 끝판왕은 외국인이다. 외국인은 외국에 살고 있는 개인일 수도, 외국계 회사일 수도 있다. 합쳐서 '외국인' 또는 '외인'이라 부르는데, 이들은 개미가 잃을 때 따고 개미가 딸 때 더 많이 딴다. 대한민국의 개미나 기관보다 더 오랜 주식 투자 역사와 경험을 가지고 있기 때문이기도 하고, 주식 투자에 필요한 대부분의 시스템이 외국에서 고안되었기 때문에 게임의 룰을 더 잘 이용하기도 해서다. 경제기사를 보면 외국인의 매수, 매도 현황이 발표되는데 외국인의 움직임에 따라 포트폴리오를 짜보는 것도 좋은 선택이 될 수 있다. 더 잘하는 사람을 보고 배우면서 내공을 키우는 좋은 방법이다.

016 가치주와 성장주의 기본 개념

> **세 줄 요약**
> 1. 가치주는 과거의 실적을 보고 판단한다.
> 2. 성장주는 미래의 기대를 보고 판단한다.
> 3. 가치주, 성장주 여부는 내가 스스로 판단해야 한다.

　가치주는 쉽게 말해 '지금은 저평가되어 있지만 앞으로 제값 받을 회사'를 가리키는 것이고, 성장주라는 것은 '지금보다 앞으로 훨씬 더 비싸게 몸값을 인정받을 수 있는 회사'를 말한다. 물건을 살 때 할인을 많이 받는 실속형 쇼핑을 할 것인가(가치주), 비싸더라도 한정판 제품을 살 것인가(성장주)로 생각하면 구분이 쉽다. 참고로 각 기업은 가치주 또는 성장주라고 자신을 규정하지 않는다. 다시 말해 하나로 정해진 기준이 없기에 사람마다 생각하는 가치주와 성장주가 다를 수 있다.

제값보다 싸게 거래되는 주식, 가치주

　어떤 회사의 회계장부를 꼼꼼히 들여다보고 회사의 가치를 평가해보니

한 주에 10만 원은 받을 수 있을 것 같다. 그런데 만일 이 회사의 주식이 현재 5만 원에 거래되고 있다면 이 회사는 가치주 투자에 알맞은 회사다. 쉽게 비유하면 50% 할인 중인 상품이라 할 수 있다. 즉 가치주 투자는 저평가된 주식을 찾는 투자 방법이다.

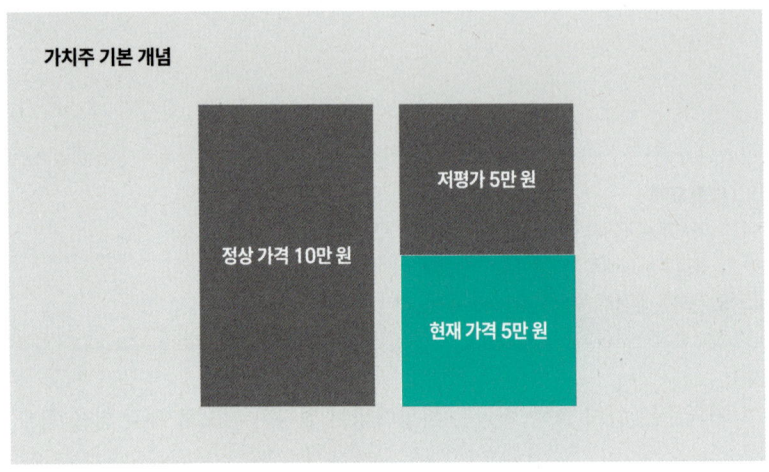

문제는 투자자들이 너무 똑똑해져서 모두가 비슷한 지표를 기준으로 한다는 것이다. 어떤 회사의 주가가 저평가되어 있는지 판단하려면 ROE, PER, PBR 같은 지표들을 사용한다. 근데 이러한 지표들은 나만 보는 것이 아니라 남도 본다. 내가 보기에 가치주면 남들이 보기에도 가치주라는 것이다. 최근에는 일정 기준이 되면 AI가 알아서 주식을 사고팔기도 한다. 어떤 회사의 주가가 현재 5만 원이지만, 적정가가 10만 원이라고 계산된다면 기계들이 알아서 거래를 하는 것이다. AI보다 판단을 잘해야 수익을 낼 수 있다. 그럼에도 너무 좌절할 것은 없다. 회계장부는 과거 상태만을 기록하므로 미래를 예상하는 일까지는 AI도 잘하지 못한다. 가치주에 투자할 때는 회계장부를 잘 파악하고 해당 회사가 앞으로도 장사를 잘할 수 있을지 판단하면 수익을 볼 수 있다.

비싸지만 앞으로 더 비싸질 주식, 성장주

성장주는 명품 가방과 비슷하다. 지금도 너무 비싼데 1년에 한두 번 값을 올리기도 한다. 그래도 잘 팔린다. 심지어 중고 제품도 새것과 비슷한 시세가 형성된다. 주식시장에서 성장주도 지금 좀 비싸 보이지만 망설이는 사이 더 비싸진다.

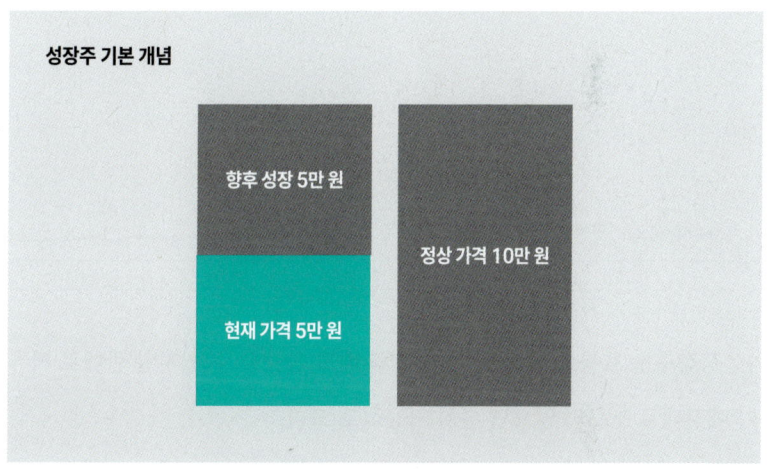

성장주를 회계장부를 통해 판단하는 경우는 별로 없다. 대신 이 회사의 성장성이 어느 정도인지를 판단한다. 코로나19로 비대면 회의가 많아진 덕에 사용자가 늘어난 줌(Zoom)을 예로 들어보자. 이 회사의 주가는 2019년 11월에 70달러 내외였다. 2020년 10월에는 550달러를 넘기도 했다. 4년이

지난 2024년 7월, 이 회사의 주가는 최고가 대비 10분의 1 수준인 58달러다. 무엇이 이 회사의 주가를 70달러에서 550달러까지 올리고 다시 58달러까지 떨어뜨렸을까? 답은 코로나다. 코로나 시기에 비대면 회의가 늘어날 것이란 예측이 주가를 상승시켰고, 백신 개발로 팬데믹이 끝날 것이라는 예측이 주가 하락의 요인이 되었다.

성장주는 흐름을 잘 타면 주가가 몇 배도 상승할 수 있지만 반대로 시류가 예상대로 흐르지 않으면 손실 가능성도 크다.

017 가치주 실전 투자

> **세 줄 요약**
> 1. EPS(주당 순이익): 클수록 좋다(이익).
> 2. PER(주가수익비율): 작을수록 좋다(원금 회수 기간).
> 3. BPS(주당 순자산 가치): 클수록 좋다(주식의 최소가치).

입문 과정으로 가치주부터 시작하자. 가치주 투자는 저평가된 주식을 찾는 과정이다. 그렇다면 어떤 주식이 저평가되었다고 판단할 수 있을까? 5만 원은 충분히 받을 수 있는데 현재 2만 원에 거래되는 주식이 있다면, 이 주식이 5만 원을 받을 수 있다고 판단하는 근거는 무엇일까? 다음은 기업의 가치를 적정하게 판단할 수 있는 지표들이다.

주당순이익(EPS, Earning Per Share)

EPS는 주식 투자를 할 때 가장 많이 보는 용어다. 한 번 개념을 잘 잡아두면 죽을 때까지 잘 사용할 수 있다. 주식에서 'Earning'은 이익을, 'Share'는 주식을 가리킨다.

> EPS = 당기순이익 ÷ 발행 주식수

예를 들어 A라는 회사는 100주로 구성되어 있다. 이 회사의 올해 이익이 500만 원이라면 EPS는 500만 원을 100주로 나눠 주당 5만 원, 즉 EPS는 500만 원 ÷ 100 = 5가 된다. 이익은 클수록 좋으니 EPS는 높을수록 좋다. A회사와 B회사의 주가가 동일하게 10만 원인데, A회사의 EPS는 5이고 B회사는 7이라면 B회사는 저평가되었고 앞으로 오를 가능성이 더 높다고 볼 수 있다.

주가수익비율(PER, Price Earning Ratio)

PER은 주식 1주로 얼마의 수익을 보느냐를 가리키는 지표다. PER은 주가를 주당순이익으로 나누어 값을 구할 수 있다.

> PER = 주가 ÷ 주당순이익(EPS)

계산해보자. A라는 회사의 주가가 10만 원인데 1주당 순이익이 1만 원이다. B라는 회사도 주가는 10만 원인데 1주당 순이익이 2만 원이다. 이를 PER값으로 비교해보자. A회사의 PER는 10만 원 ÷ 1만 원 = 10이고, B회사 PER는 10만 원 ÷ 2만 원 = 5이다.

언뜻 보면 PER이 높으면 좋은 것으로 오해할 수 있는데 PER은 낮을수록 좋다. PER은 원금 회복 기간으로 이해하면 쉽다. A회사는 내가 주식을

산 다음 주당순이익으로 원금에 도달하려면 10년이 필요한데 B회사는 5년이면 된다. 원금 회복은 빠르면 빠를수록 좋다. PER이 작을수록 그만큼 투자원금의 회수 기간은 짧아지기 때문이다.

PER은 10을 기준으로 10보다 크면 '불량', 작으면 '양호'다. 다만 세상일은 교과서대로만 흐르지 않는다. 2020년 5월의 어느 날 삼성전자 PER은 16.02를 기록했다. '10보다 크니까 원금 회복이 느린 불량주식 아닌가' 하고 의심하는 일은 없도록 하자. 이 세상 주식들이 PER로만 평가되는 것은 아니다. PER은 판단하기에 좋은 기준이지만 절대적이지는 않다.

주당순자산가치(BPS, Book-value Per Share)

'Book-value'는 회계장부상 자기자본을 가리킨다. 주식 1주당 순자산가치다.

> BPS = 기업의 순자산 ÷ 총 주식 수

BPS란 1주당 최소 원가다. 주식 100주로 구성된 한 회사가 경기 부진으로 장사를 접는 경우를 떠올려보자. 빚 다 갚고, 재고 다 처분하고 나서 순수하게 200만 원이 남는 경우, 이 회사의 BPS는 순자산 200만 원을 100주로 나눈 2만 원이다.

BPS는 이 회사가 망해서 주식을 모두 처분할 때 1주에 최소 얼마의 원가를 인정받을 수 있는가를 나타낸다. 그래서 BPS는 투자자들에게 마음의 평화를 안겨주는 아주 소중한 지표다. 문제는 실제로 BPS 아래로 거래되는 회사들이 있다는 것이다. 지금 A회사 주가가 2만 원인데 BPS가 5만 원이라면 그런 기업에 투자한 투자자는 적어도 원가가 현재 주가보다 크다는 점을 위안 삼아 마음의 평화를 얻을 수 있다.

주가순자산비율(PBR, Price to Book Ratio)

PBR이란 앞서 보았던 BPS와 주가와의 비율이라 보면 된다.

> PBR = 1주당 주가 ÷ 1주당 순자산

예를 들어보자. A라는 회사의 순자산이 1만 원인데, 현재 주식은 2만 원에 거래된다면 PBR은 2만 원 ÷ 1만 원 = 2가 된다. 원가의 2배에 거래되고 있는 셈이다. 즉 원가 대비 몇 배로 주가가 형성되었는지 보는 지표다.

PBR은 1을 기준으로 한다. 1주당 가격이 BPS와 같은 것이니 원가를 지불하는 셈이다. 만약 1을 넘으면 원가보다 비싼 것이고, 1보다 낮으면 원가보다 싼 것이다. 주식 투자에서 좋은 주식을 싸게 사려면 원가 비교는 필수다. 아무거나 사놓고 무작정 기다리면 큰일난다.

자기자본이익률(ROE, Return on Equity)

자기자본(Equity)을 이익(Return)으로 나눌 때 어떻게 되는지를 판단하는 지표다. 즉 주주의 돈으로 얼마나 이익을 냈느냐를 가리킨다.

> ROE = 당기순이익 ÷ 자본총액 × 100(%)

만약 A라는 회사를 자본금 1억 원으로 창업했는데 올해 결산해보니 1,000만 원의 이익을 냈다면 ROE는 1,000만 원 ÷ 1억 원 × 100(%) = 10%가 된다. 그 다음 해에 장사가 더 잘 돼서 이익이 1,500만 원이 된다면 ROE는 1,500만 원 ÷ 1억 원 × 100(%) = 15%로 증가한다.

ROE는 15%를 기준으로 한다. 혹시 ROE가 1%나 2%라면 그 회사는 장사를 접고 은행에 돈을 넣어야 한다. 적어도 은행 이자보다는 더 벌어야 하니까.

총자산이익률(ROI, Return on Investment)

ROI는 투자금으로 얼마의 이익을 내는가를 나타내는 지표로, 간단하게 설명하면 수익률이라 볼 수 있다. 앞서 본 ROE와 개념적으로 크게 차이가 없다.

> ROI = 순이익 ÷ 투자비용 × 100(%)

A회사는 100만 원 투자해서 100만 원의 이익을 더 볼 수 있고, B회사는 100만 원 투자했을 때 50만 원의 이익만 얻을 수 있다면 효율 측면에서 투

자 대비 이익이 높은 A회사가 투자에 더 적합하다고 볼 수 있다.

직접 계산할 필요 없으니 꼭 확인하자

지금까지 가치주를 판단하기 위한 기준을 몇 개 살펴보았다. 계산이 복잡하게 느껴질 수 있으나 좋은 소식이 있다. 지금까지 설명한 모든 지표는 이미 다 계산되어 있으니 우리는 각각의 지표를 보면서 투자 판단만 하면 된다.

익숙해지기 전까지 이러한 지표들은 어렵게 느껴진다. 꾸준히 공부해서 주식 투자를 한 걸음 한 걸음 시작하길 바란다.

018 성장주 실전 투자

> **세 줄 요약**
> 1. 성장주는 지금도 비싼데 앞으로 더 비싸질 주식.
> 2. PER 같은 회계장부 기준으로는 너무 비싼 주식.
> 3. 성장주 투자는 AI보다 인간이 더 낫다.

성장주는 앞으로 성장이 예상되는 주식을 말한다. 성장이란 기업의 매출 성장일 수도 있고, 기술 개발의 성공일 수도 있다. 간단하게 말해서 성장주는 지금도 비싼데 앞으로 더 비싸질 것 같은 주식이라 보면 된다. 가격을 보면 '무슨 주식에 금칠이라도 했나?' 싶을 정도로 비싼데, 보통 더 비싸지고는 한다.

이미 너무 비싼 것 같은 주식

성장주는 지표만 보면 돈 아깝다는 생각이 들 수밖에 없다. 최고급 자동차라 불리는 포르쉐의 자동차는 정말 비싸다. 현대자동차의 그랜저는 4,000만 원이면 살 수 있는데, 포르쉐는 기본 1~2억 원에 옵션만 그랜저 값이다. 기능만 놓고 따지면 포르쉐는 사지 말아야 할 자동차다. 그렇게 비싸면서 문짝도 2개밖에 없다. 성능과 문짝만 놓고 보면 포르쉐보다는 그랜저가 더 가성비가 좋다. 그럼에도 포르쉐는 여전히 잘 팔린다. 중고차도 없어서 못 파는 지경이다. 성장주는 포르쉐와 비슷하다고 보면 된다.

PER이 10도 아닌 1,000을 넘어?

주식 1주로 얼마의 수익을 보는가를 확인하는 PER은 10을 넘으면 고평가로 본다. 테슬라는 PER이 한때 무려 1,000을 넘기도 했다. 애플 PER이 36, 엔비디아 PER이 74 수준임을 감안하면 테슬라 주식엔 거품이 30배쯤이었다. 왜 이렇게 비쌌던 걸까?

기대감 때문이었다. 앞으로 전기차가 더 많이 보급될 것이라는 기대감에, 배터리 원가 절감도 잘 되면 더 큰 이익을 볼 것이란 기대감도 작용했다. 당시에는 그러했다. 전기차 시장의 무한 성장이라는 '기대감'이 거품을 거품이 아니게 만들었던 것이다. PER이 10을 넘는 것을 고평가라고 하면 애플, 엔비디아, 테슬라는 너무 비싼 주식인 셈이다.

성장주는 현재의 원가가 아니라 기대감으로 판단한다!

성장주는 원가를 생각하면 안 된다. 원가는 가치주에서 실컷 따지고 성장주는 '이 회사가 앞으로 성공하면…' 하는 마음으로 봐야 한다. 회계장부에 드러난 수치들에 더해 경제 및 사회의 흐름과 연결지어 투자 포인트를 잡아야 하기 때문에 어려울 수밖에 없다. 사회현상과 산업 트렌드로 인해

수혜를 입을 주식을 골라야 한다. 성장주 투자는 한번 터지면 화끈하게 버는 것이고 안 터지면 속절없이 기다리거나 손실을 볼 수도 있다.

성장주 투자는 앞서 가치주 심화과정에서 봤던 EPS, PER 같은 수치는 모조리 잊어야 한다. 과거에 어떠했는가를 보는 것이 아니라 미래에 어떻게 될 것인가를 기준으로 해야 하기 때문이다. 애플, 아마존 같은 기업이 허름한 창고에서 시작했다는 점을 생각해보면 된다. 지금 허름하다고 앞으로도 허름할까? 당신의 지갑도 성장주 주식처럼 성장하기 바란다.

그럼에도 우리는 AI를 이길 수 있다

좋은 소식이 있다. 성장주 투자는 지표가 아닌 기대감이 핵심이기 때문에 AI 기반의 주식 거래 프로그램들에 비해 인간이 이길 수 있는 가능성이 높다는 것이다. 성장주 투자는 예측의 비중이 높기 때문이다. AI 프로그램이 아직은 미래에 대한 기대감까지 계산하지는 못한다.

그럼에도 너무 희망을 가지지는 말아야 한다. 성장주 투자는 잘되면 엄청난 수익을 얻을 수 있지만 잘 안되면 투자자들을 나락에 빠지게 한다. 수소 자동차 업체인 니콜라, 피 한 방울로 질병을 진단한다는 테라노스, 무릎 연골을 되살려준다던 코오롱티슈진, 항암물질을 만들었다던 신라젠 등의 회사들 때문에 투자자들은 지옥 같은 고통을 겪었다. 이 과정에서 회사만 믿고 투자했던 수많은 개인 투자자가 큰 손실을 본 것은 두말할 것도 없다.

그렇다. 성장주 투자는 심리적 압박감을 이겨낼 수 있을 때 해보는 것이 좋다. 실제로 성장주는 가치주에 비해 투자가 어렵다. 성장주와 가치주 기업 모두 회계장부가 공개되고 있으니 주가가 높은지 낮은지 어느 정도 합리적인 예측이 가능하지만, 가치주와 달리 성장주는 회계장부상의 숫자로 판단하는 영역을 넘어서기 때문이다. 세상 돌아가는 뉴스와 정보를 꾸준히 접하면서 부디 자신만 알고 싶은 성장주 주식을 많이 발굴하기 바란다.

019 매달 돈 버는 배당주 투자

> **세 줄 요약**
> 1. 배당주의 가장 큰 매력은 달달한 배당에 있다.
> 2. 미국 주식은 배당을 많이 하는 편이다.
> 3. 배당주에 익숙해지면 배당금 풍차 돌리기가 가능하다.

가치주와 성장주가 투자자들의 사랑과 관심을 받을 때 구석에서 수줍게 매력을 뽐내는 종목이 있으니 바로 배당주다. 배당주는 기업의 이익을 주주들에게 배당으로 많이 나누어준다. 과거 주식 투자자들이 우리나라 회사에만 투자하던 시절에는 배당주가 인기가 없었다. 배당금이 너무 미미하기도 했고, 주식 투자는 시세 차익만을 노리는 경우가 많았기 때문이다.

최근에는 상황이 달라졌다. 미국 주식에 투자한 투자자들이 배당주의 달달한 맛을 봐버렸다. 미국 주식에 투자했던 많은 투자자가 은행 이자에 못지않은 배당 수익을 얻으면서 주가도 상승하는 '원 플러스 원'의 재미를 알게 된 것이다. 이제 배당주는 꿔다놓은 보릿자루 신세가 아니다.

배당: 회사의 이익을 나누는 것

배당이란 회사가 장사를 잘해서 이익이 많이 남으면 그 이익을 회사의 주인인 주주들과 나누는 것을 가리킨다. 이 얼마나 아름다운 장면인가. 주주들에게 "저희 회사에 투자해주셔서 감사합니다. 덕분에 저희가 많은 이익을 얻었으니 나누겠습니다" 하고 말하는 것이니까. 문제는 우리나라 회사들은 아직 이러한 아름다운 모습을 제대로 보여주고 있지 않다는 것이다. '배당을 얼마나 잘해주는가'를 나타내는 배당성향 수치를 보면 우리나라 회사들은 가장 낮은 값을 기록하고 있다. 배당성향은 각 나라의 회사들이 평균적으로 이익에서 어느 정도를 주주들에게 배당으로 나누어주는가를 나타내는 수치다.

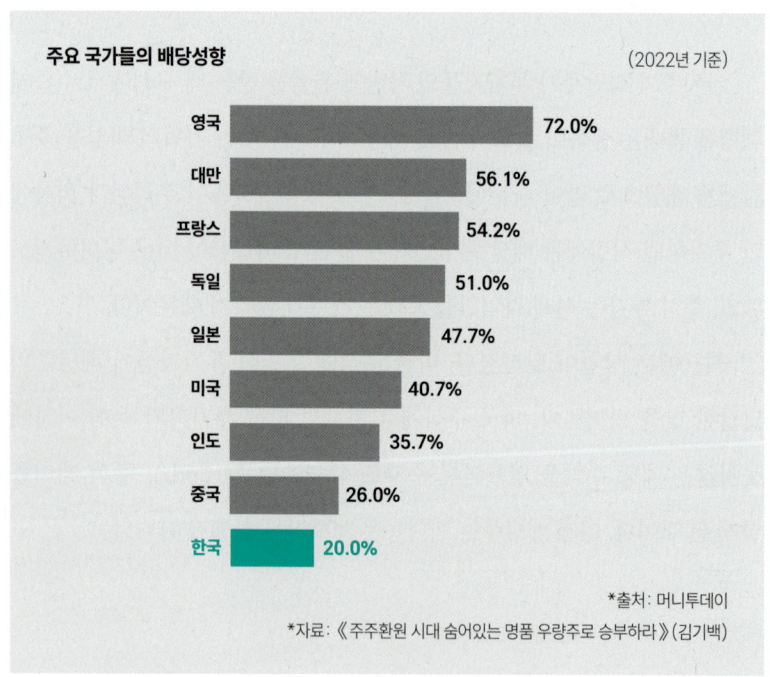

기업 입장에서 보면 당장 올해 돈을 많이 벌었다 해도 내년에도 돈을 그만큼 벌 수 있을지는 불확실하기 때문에 돈 잔치를 함부로 벌일 수 없다. 항상 사장님들은 '내년에는 어떻게 될지 모르니, 미안하지만 월급 못 올려준다'고 하지 않던가. 주주들에게도 똑같은 이야기를 한다.

배당금 풍차 돌리기

'풍차 돌리기'라는 적금 테크닉이 있다. 좋은 재테크 방법으로 많이 소개되는데, 간략히 요약하면 매월 적금 통장을 하나씩 늘리는 것이다. 만기가 1년이면 1월에 시작해서 12월이 되면 적금 통장의 개수는 12개로 늘어나고 다음 달부터 매월 만기가 되면서 이자 수입이 생긴다. 복리 효과를 활용하는 좋은 방법이다. 자, 이러한 방법을 배당주에 응용해보면 어떨까?

미국 기업 월별 배당 스케줄

1월	2월	3월	4월	5월	6월
나이키	애플	마이크로소프트	나이키	애플	마이크로소프트
7월	8월	9월	10월	11월	12월
나이키	애플	마이크로소프트	나이키	애플	마이크로소프트

대부분의 미국 주식이 1년에 4번 배당금을 지급하니 배당금 지급 월에 해당 기업에 투자해서 매월 배당금을 받는 구조를 만들 수 있다. 매월 10만 원씩 추가 매입하면 10만 원에 해당하는 배당금을 매달 받는 셈이다.

나이키, 애플, 마이크로소프트 이렇게 3종목을 사놓으면 월별로 풍차 돌아가듯 배당금을 받을 수 있다. 배당 잘해주는 좋은 회사들이 미국 주식시장에 얼마든 많이 있다. 단 기업이 나서서 '저희는 배당주입니다'라고 이야기하지 않기 때문에 어느 기업이 배당을 하는지 직접 찾아봐야 한다.

아래 표는 2024년 2월에 블룸버그와 삼성증권이 정리한 대표 배당주 리스트다. 우선 확인할 것은 지급 주기와 배당수익률이다. 지급 주기는 1년 중 어느 달에 배당금이 지급되는지를 가리키고, 배당수익률은 1년 동안의 배당금이 주가의 몇 %인지를 나타낸다. 예를 들어 펩시코를 보면 1년 중 1월, 3월, 6월, 9월에 배당금을 지급하고 배당수익률은 3.0%다. 즉 주식 매입금액의 3%가 배당금으로 지급된 셈이다. 잘 고른 배당주 하나가 은행 이자 안 부러운 상황이다. 이 외에도 매력적인 배당주를 각자 찾아보자.

대표 배당주 리스트

종목명	티커	지급 주기(월)	시가총액(십억 달러)	배당수익률(%)
펩시코	PEP	1/3/6/9	231.8	3.0
디지털 리얼티	DLR		40.9	3.6
TSMC	TSM	1/4/7/10	565.5	1.3
필립모리스	PM		139.1	5.8
모건스탠리	MS	2/5/8/11	140.0	4.0
브로드컴	AVGO	3/6/9/12	574.1	1.7
화이자	PFE		155.7	6.1
코카콜라	KO	4/7/10/12	262.4	3.2

*자료: 블룸버그, 삼성증권(2024년 2월 20일 종가 기준)

위의 표에서 티커는 미국의 주식과 ETF의 종목 코드를 말한다. 종목 코드를 우리나라는 숫자로, 미국은 알파벳으로 표시한다(자세한 설명은 214쪽 참고).

관심 기업의 배당수익률 확인법

투자하고자 하는 기업의 배당수익률을 찾아보는 방법은 크게 3가지가 있다.

① 네이버

네이버페이 증권(finance.naver.com)에 접속해 관심 기업의 이름을 검색한다. 시가, 거래량부터 배당수익률까지 다양한 정보를 볼 수 있다. 우리가 앞서 본 EPS, PER, BPS 등의 지표들도 확인할 수 있다.

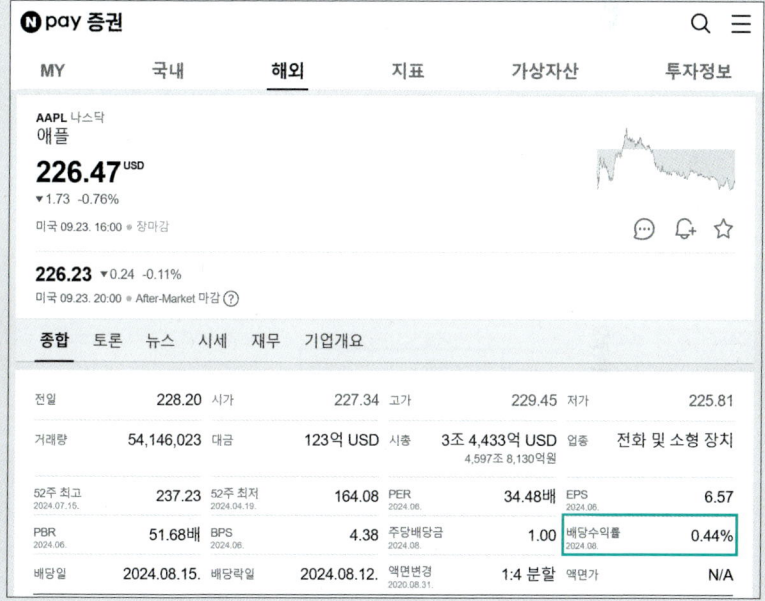

② 구글

구글 검색창에 바로 '애플 주가'를 검색하면 다음과 같은 화면이 나온다. 주가 그래프 아래에서 몇 가지 주요 지표와 함께 배당수익률을 확인할 수 있다.

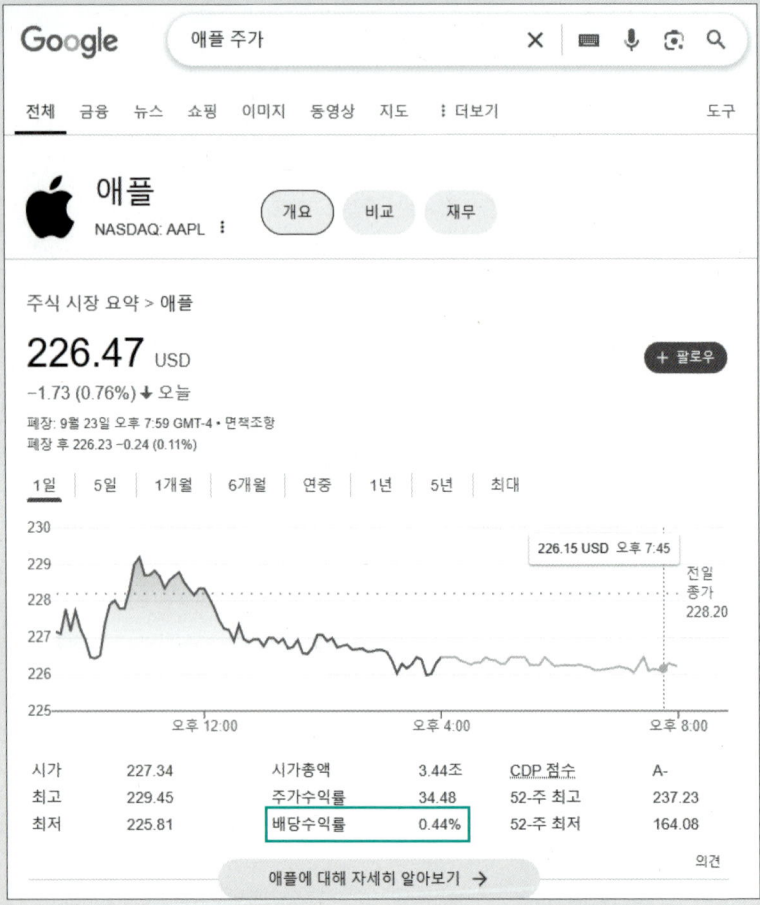

③ 배당 정보 전문 사이트

미국 주식 배당 정보를 제공하는 전문 사이트인 Dividened.com에 접속해 영문 기업명 또는 티커를 검색한다. 해당 기업의 주가(price), 배당금(dividend), 배당수익률(yield) 등을 확인할 수 있다.

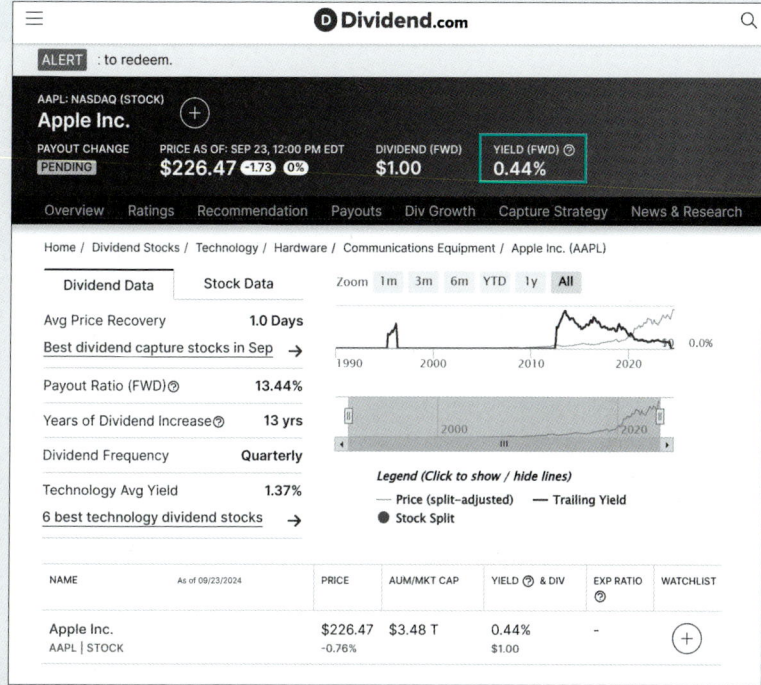

020 신생 주식에 투자하는 공모주

> **세 줄 요약**
> 1. 공모란 기업의 공개와 상장.
> 2. 공모주 투자는 아파트 청약과 같다.
> 3. 공모주가 어렵다면 펀드도 있다.

공모는 기업이 공개되고 상장되는 과정

공모주 투자는 기업의 IPO(Initial Public Offering)를 이용한 주식 투자 방법이다. IPO는 기업이 기존 주주의 주식이나 새로 발행하는 주식을 공개적으로 투자자를 모집해 판매하는 것을 가리킨다. 투자를 받기 위해 기업은 경영 내용과 성과, 재무제표 등의 회계장부를 공개하는데 이러한 기업의 공개 과정을 IPO라 부른다.

보통 'IPO'와 '상장'을 혼용하는 경우가 많은데, 엄격하게 구분하면 IPO는 기업의 내용을 공개하는 것이고, 상장(listing)은 코스피나 코스닥 시장에서 거래할 수 있도록 등록하는 것이다. 우리나라 기업들은 IPO와 함께 증시에 상장하는 경우가 대부분이기 때문에 두 용어를 혼용하는 경우가 있다.

공모주 투자는 아파트 분양 같은 것

공모주 투자는 기업이 신규로 기업공개를 해서 주식을 판매할 때 미리 해당 기업의 주식을 사놓는 투자법이다. 청약을 통해 신규 분양 받은 아파트 가격이 오르면 그에 따른 프리미엄을 얻는 것과 비슷하다. 당첨되기 어렵고 손해를 볼 수 있다는 점도 비슷하다.

모 증권사의 조사 결과에 따르면 2002년부터 2013년까지 12년간 모든 공모주에 청약해서 물량을 받아 투자하고 상장되는 날에 종가로 팔아버렸다고 가정했을 때, 연평균 수익률 36.6%를 기록하고 10년 넘는 투자기간 동안 전혀 손실을 보지 않았다고 한다. 심지어 2008년 글로벌 금융위기에도 말이다. 같은 기간 코스피는 연 10.8%의 상승을 기록했고 손실을 본 해도 4번이 있었다. 이러한 점으로 볼 때 공모주 투자는 매력적인 투자 방법이다. 물론 앞으로도 그럴 것이라는 보장은 전혀 없지만 말이다.

공모주 투자는 하늘의 별따기?

공모주 투자가 좋다는 것은 다들 알고 있다. 아파트 분양과 비슷하다. 당첨되면 이익이라고 생각한다. 대부분의 주식 투자자들은 공모주에 투자하고 싶어 한다. 그렇기에 언제 어느 회사가 기업공개를 하는지, 공모가는 얼마인지 항상 관심을 끈다. 즉 주식시장에 풀리는 물량은 한정되어 있고 사려는 사람은 많다. 결국 높은 경쟁률을 뚫고 주식을 분양받아야 한다.

과거 공모주를 배정받고자 하는 경우엔 비례방식이라 하여 돈이 많은 투자자에게 더 많은 물량이 가도록 했다. 청약증거금을 많이 넣을수록 주식을 더 많이 당첨받을 수 있었던 방식이다. 즉 돈이 많은 사람이 수익을 많이 볼 수 있는 불공정한 게임이었다. 이에 대한 개선책으로 2021년부터는 균등방식이 도입되었다. 균등방식이란 최소증거금(보통 공모가의 5배)만 있으면 최소 1주는 당첨될 수 있는 방식이다. 머리 좋은 사람은 증권사마다 최소증거금을 걸어서 중복 청약을 받기도 했다. 현재 공모주는 비례방식 50%, 균등방식 50%로 배분된다.

한 게임사의 사례를 보자. 기업공개를 통해 공모주에 투자할 때 균등방식으로 10주를 사려면 249만 원을 청약증거금으로 맡기면 가능했다. 과거 비례방식으로만 공모주를 배정받을 때는 몇 억원을 넣어야 몇 주를 받을 수 있었던 것에 비해 기회가 늘었다. 균등방식의 도움으로 공모주를 받는 진입 장벽이 많이 낮아졌다.

천국과 지옥을 오갔던 공모주 사례

공모주 투자는 상당히 매력적인 투자 방법임에는 틀림없지만 자칫 잘못하면 기대와 달리 손해만 볼 수도 있다. 가장 큰 위험은 공모주 가격이 기대한 만큼 오르지 못하고 손실을 입게 되는 경우다. 공모 당시 책정되는 가격은 앞으로 오를지 내릴지 모르는 상황이다.

K팝 최고의 팀 BTS가 속해 있는 하이브는 공모주에서 천국과 지옥을 오간 대표적인 사례다. 처음에 13만 5,000원에 공모가 결정되어 시장에 풀리자마자, 당일 40만 원까지 가기도 했다. 3배까지 오른 셈이다. 중간에 BTS 멤버들이 군대에 가면서 하락하기도 했다가 '뉴진스'가 인기를 얻으면서 오르기도 했다가 계열사인 '어도어'와의 갈등으로 다시 낮아지기도 했다.

*출처: 구글 파이낸스

혹시 공모주를 직접 사서 투자하는 것에 어려움을 느낀다면 펀드 중에서 공모주 펀드가 있다는 점도 미리 알아두자.

021 미국 주식 투자의 장점 4가지

> **세 줄 요약**
> 1. 미국 주식시장에서는 작전주와 같은 '장난'이 통하지 않는다.
> 2. 상한가, 하한가 없는 진짜 상승과 하락을 경험할 수 있다.
> 3. 심지어 미국 주식은 배당 인심도 좋다.

몇 년 전까지만 하더라도 주식을 한다고 하면 당연히 우리나라 주식, 일명 '국장'만을 대상으로 했다. 해외 주식은 정보가 부족하기도 하고 해외 주식을 거래할 수 있는 증권사 자체가 없었다. 대기업 해외주재원들이 현지 증권사를 통해 해외 주식에 직접 투자하는 사례는 일부 있었지만 국내 거주자들이 해외 주식을 직접 거래하는 것은 상상도 못할 일이었다.

이제는 그렇지 않다. 해외 주식을 자유롭게 거래할 수 있다. 투자자의 선택에 따라 국내 주식부터 미국, 일본 등 해외 주식까지 고를 수 있다. 지금부터는 수많은 주식 투자자가 '국장 탈출'을 외치며 미국 주식에 투자하는 이유를 몇 가지 짚어보겠다.

범죄에 관대하지 않은 미국

개인적으로 미국 주식의 가장 큰 장점이라고 본다. 만약 미국에서 투자자들과 주주들에게 거짓된 회계장부를 내밀면, 회사는 물론이고 경영진까지 큰 처벌을 피할 수 없다. 미국에서 벌어진 기업 범죄로 경영진에게 주어진 형량을 보자.

미국 기업 범죄 주요 연루자 형량

직책	형량
월드컴 회장 겸 최고경영자	징역 25년
아델피아 최고재무책임자	징역 20년
아델피아 창업자	징역 15년
타이코 최고경영자	징역 8년 4개월~25년
라이트 에이드 최고경영자	징역 8년, 보호관찰 3년
엔론 최고재무책임자	징역 6년, 사회봉사 2년
월드컴 최고재무책임자	징역 5년

*자료: 월스트리트저널

2001년 15억 달러의 분식회계가 들통나 파산한 '엔론'이라는 미국 에너지기업의 최고경영자에게 징역 24년 4개월의 중형이 선고됐다. 기업 범죄에 대한 미국 사법부의 강경한 태도가 엿보이는 판결이다. 그럼 우리나라는 어떨까? 미국에서는 20년의 형량을 받을 일이 우리나라에서는 과징금 20억 원에 대표이사 해임 권고 정도로 끝난다. 처벌이 강화되어도 과징금 규모만 조금 커지는 정도에 그친다.

국내 주요 기업의 분식회계 처벌 사례

규모 (억 원)	처벌 내용	
	회사	회계법인
23,000	• 증권 발행 제한 1년 • 감사인 지정 3년	• 손해배상공동기금 30% 추가 적립 • 해당 기업에 대한 감사 제한 2년
3,800	• 과징금(회사 20억 원, 대표이사 1,200만 원) • 감사인 지정 2년	• 과징금 10억 6,000만 원 • 손해배상공동기금 30% 추가 적립 • 해당 기업에 대한 감사 제한 2년
5,000	• 과징금(회사 20억 원) • 대표이사 2인 해임 권고 • 감사인 지정 3년	• 손해배상공동기금 20% 추가 적립 • 해당 기업에 대한 감사 제한 2년
2,700	• 과징금(회사 20억 원, 대표이사 1,600만 원) • 대표이사 해임 권고 • 검찰 고발 • 감사인 지정 3년	• 손해배상공동기금 70% 추가 적립 • 해당 기업에 대한 감사 제한 2년

*자료: 금융감독원 회계포털 홈페이지

미국은 '신뢰'를 기본으로 하는 사회 시스템을 가지고 있다. 개인이든 회사든 보고하는 대로 세금을 매기고 회계장부를 믿어주지만 거짓이 드러나면 엄청난 징벌을 가한다. 영화 〈타짜〉에 나오듯, '장난치다 걸리면 손모가지 날아가는' 것이 미국이다. 기업이 발표하는 자료와 회계장부를 믿을 수 있다는 것은 미국 주식의 가장 큰 장점이다.

물론 미국 회사라고 해서 거짓말을 전혀 안 하는 것은 아니다. 테라노스라는 회사는 피 한 방울로 250여 종의 질병을 진단할 수 있는 기술을 개발했다고 해서 한때 기업 가치가 90억 달러(약 12조 원)에 이르렀다. 하지만 그런 기술은 아직 세상에 존재하지 않는다는 진실이 밝혀지면서 해당 기업은 공중 분해되었다. 물론 CEO는 평생 감옥 신세를 져야 하고 말이다.

상한가, 하한가 없이 화끈하다

우리나라 주식에는 30%의 상·하한선이 있다. 아무리 주가가 많이 올라도 하루에 30%까지만 오를 수 있다. 결코 적다고 할 수 없지만 아쉬운 것은 사실이다. 반대로 하한가 범위도 마이너스 30%로 정해져 있어 한없는 추락을 막아주는 장치 역할도 한다.

반면 미국 주식은 상·하한선이 없어서 오르면 하늘 끝까지, 내리면 바닥 끝까지 간다. 주가가 화끈하게 오를 수 있다는 장점이 있다.

배당 인심이 좋다

우리나라 회사들은 1년에 한 번 배당을 실행하는 것이 일반적인데, 미국 회사들은 보통 1년에 4번 배당을 실행한다. 주주에게 이익을 나누는 것에 적극적이기도 하다. 배당 맛집 기업들로 포트폴리오를 구성할 때는 미국 기업을 넣는 게 유리하다.

세계 경제의 흐름을 읽을 수 있다

미국 주식을 하면 더 넓은 시야로 세계 경제의 흐름까지 파악하는 글로벌한 투자자라는 자부심도 얻을 수 있다. 큰물을 경험해보자. 이왕 주식을 하겠다면, 미국 주식에 투자하여 숫자로 나타나는 보람에 더해, 세계 경제를 지갑으로 느낀다는 자부심까지 모두 얻기 바란다.

022 공매도란 무엇일까?

> **세 줄 요약**
> 1. 공매도는 일단 팔고 물건을 채워넣는 주식 거래 방식이다.
> 2. 공매도는 개미에게 불리한 게임 규칙이 적용된다.
> 3. 내공을 많이 쌓은 뒤 공매도에 도전해보기를 권한다.

공매도는 직관적으로 이해하기 어려운 투자 방법이다. 주식이든 부동산이든 매수하였다가 값이 오르면 팔아서 이익을 얻는 것이 일반적인 수익 창출의 구조인데, 공매도는 이와 정반대이기 때문이다. 주식을 샀는데 그 주식값이 떨어져야 돈을 번다니 쉽게 이해하기 어렵다.

공매도는 팔 물건도 없으면서 돈부터 받는 것

공매도는 이상한(?) 중고 거래라고 생각하면 된다. 내가 일주일 후에 우리집 앞에서 직거래, 선입금의 조건으로 32인치 TV를 10만 원에 판다고 해보자. 누군가 사겠다고 하고, 10만 원을 보내줬다. 문제는 나에게는 지금 32인치 TV가 없다는 것이다. 지금부터 당장 구매자가 우리집 앞에 올 때까지 TV를 구해야 한다. 운 좋게 어디서 TV를 7만 원에 구할 수 있으면 나는 그 자리에서 3만 원을 버는 셈이다. 이것이 공매도의 기본 개념이다. 세부적인 절차와 과정에서 차이가 있지만 큰 틀에서는 다르지 않다.

주식 거래의 한 가지 형태인 공매도는 '없는 것(空, 빌 공)을 판다'라는 뜻이다. 일반적인 경우와 공매도가 어떻게 다른지 그림으로 나타내면 다음과 같다.

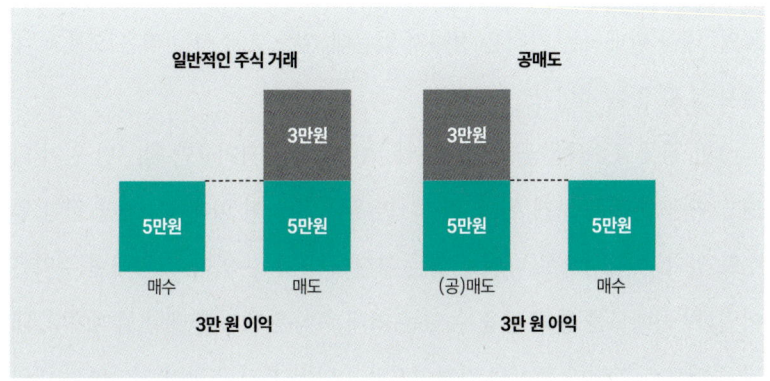

'미리 파는 것'이 핵심이다. 예를 들어보자. A라는 회사의 주가가 현재 1만 원이다. 이 주식을 공매도한다면 순서는 이렇다. 우선, 주식을 1주 빌려서 현재 주가인 1만 원에 지금 팔고 돈을 받는다. 다음 단계는 주식을 1주 빌렸으니 1주 사서 갚을 단계다. 주식을 갚아야 할 시점이 되었을 때 만일 주가가 9,000원으로 하락한다면 지난번에 주식을 팔아서 받은 돈은 1만 원이고 지금 주식값은 9,000원이니 1,000원이 남는 셈이다. 즉 주가가 떨어질수록 이익을 보는 구조다. 반대로 1만 원에 공매도했던 주식의 가격이 1만 5,000원으로 상승한다면 어떨까? 내가 받은 돈은 1만 원인데, 주식을 사서 갚으려면 1만 5,000원이 필요하다. 즉 5,000원을 손해 본다. 주가가 상승하면 오히려 손해인 것이다.

공매도는 일반적인 거래 절차와 반대다. 보통은 물건을 사서 내가 가지고 있다가 돈을 받고 물건을 전해줘야 하는데, 공매도는 물건을 우선 팔고, 나중에 물건을 사서 가져다주는 방식이기 때문이다.

초보 투자자들은 공매도 투자의 개념만 익히고, 경제 뉴스를 볼 때 참고만 하자. 공매도는 매우 위험한 투자 방식이기 때문이다. 리스크 측면에서 보면, 내가 판매하는 가격은 정해져 있는데, 앞으로 주식 가격은 오를지 내릴지 알 수 없는 것이다.

1만 원에 A주식을 공매도 했는데, A주식이 갑자기 2만 원, 3만 원이 되면 그만큼 손해를 보게 된다. 현재 1만 원인 주식이 미래에 100만 원이 될 수도 있다. 이론상으로 나의 손실은 무한대가 될 수 있다. 그렇다면 수익은 어떨까? 공매도를 통해 얻을 수 있는 최대 수익은 내가 판매한 금액이다. 내가 공매도로 판매한 주식의 가격이 0원이 되어 휴지 조각이 된다면 최대의 이익을 얻을 수 있는 것이다.

즉 공매도는 수익은 정해져 있고 손실은 무한대라는 결론이 나온다. 일반적인 매매 방식의 경우에 최대로 얻을 수 있는 수익이 무한대, 최악의 손실이 내가 산 주식 가격임을 비교하면 공매도는 무척 위험한 투자 방식이다.

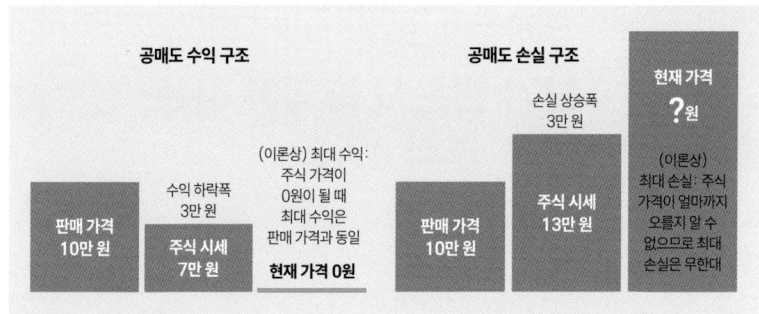

　간단하게 공매도를 알아봤다. 혹시 마구마구 폭락할 주식을 알고 있다면 좋은 투자 방법이 될 수도 있다. 이 경우에도 여전히 공매도는 위험하다. 정해진 기간 내에 주가가 떨어지지 않으면 손실이기 때문이다. 일반적인 매매 방식은 내가 산 주식 가격이 떨어지면 오를 때까지 기다려보기라도 할 수 있는데 공매도는 '납기'가 정해져 있어 무한정 기다릴 수 없다.

　공매도는 어느 정도 주식 고수가 되면 그때 도전해보기를 바란다. 오르는 주식을 찾는 것이 어려운 것처럼 내리는 주식을 찾는 것도 어렵기 때문이다.

초보가 반드시 피해야 하는 주식 4가지

① 경영진이 주식을 처분하는 회사

신라젠이라는 회사는 2017년 하반기에 펙사벡의 임상3상 착수 호재와 함께 급등하여, 2017년 11월에 13만 1,000원의 주가를 기록하기도 했다. 2017년 초에 비해 10배 넘게 주가가 상승한 것이다. 문제는 회사의 CEO와 임원진들이 4,000억 원에 가까운 금액의 주식을 팔아치우기 시작했고, 임상3상의 결과가 '효과 없음'으로 나온 것이다. 임상시험 결과를 미리 알고 주식을 매도했는지, 결과와는 상관없이 처분한 것인지는 아무도 모른다.

이런 식으로 경영진이 주식을 처분하는 회사는 가급적 피하는 것이 좋다. 참고로 신라젠의 대표는 2021년 8월 1심 재판에서 부당이득을 취한 혐의를 인정받아 징역 5년형을 받았다.

이와 유사한 사례가 또 있다. 카카오 계열사 중에서 카카오페이는 회사가 상장되자마자 주요 경영진 8명이 지분을 모조리 팔아치웠다. 깔끔하게 전량 매도했다. 회사의 가치를 더 올리기 위해 노력하는 경영진이 주식을 팔아치울 정도라면 그 회사와 경영진은 믿을 만할까?

② 엔터주

엔터주는 소속된 연예인들의 인기에 따라 주가가 달라진다. 반대로 말하면 소속 연예인들이 사회적으로 문제를 일으키면 엔터테인먼트 회사들은 매출이 줄어들 수밖에 없다. 연예인들을 보면 멀쩡하게 잘 활동하다가 음주운전, 폭행 같은 문제로 한순간에 나락으로 가는 경우가 가끔 보인다. 심지어 이성 교제를 하다가 들켜도 갑자기 팬들이 분노하는 세상 아니던가. 웬만하면 엔터주는 피하는 것이 좋다.

③ 정치 테마주

다른 테마주는 어느 정도 논리로 이해할 수 있다고 해도 정치 테마주는 쉽게 분석하기 어렵다. 누군가 정계 주요 인사가 되었을 때 그가 어느 기업의 대표와 동문이라는 사실이 알려지면, '같은 동문이면 좀 더 챙겨주지 않을까?' 하는 기대감으로 그 기업의 주가가 오르는 것이다. 선거철이 되면 유력 후보와 연결된 테마주가 급등락하는 모습을 보인다. 사둘 만한 주식은 테마주 말고도 코스피와 코스닥, 미국 시장에도 많다. 정치 테마주는 되도록 피하도록 하자.

④ 제약주

우리나라의 기술력을 의심하는 것 같아서 미안한 이야기이기는 한데, 대한민국은 아직 세계적으로 신약 개발을 하고 특허를 받을 만한 기술력은 없다. 제약회사에서 '임상실험 들어갑니다'라고 발표하거나 '특허 출원했습니다'와 같이 투자자들에게 꿈과 희망을 안겨주는 이야기를 하더라도 너무 기대하지 말자. 인정하기는 싫지만 아직 우리나라 제약회사들은 미국이나 유럽에서 특허 기간 만료된 약들을 복제하는 수준 정도다. 10년 뒤나 20년 뒤엔 상황이 달라질 수 있지만 지금 당장은 제약주에 큰 기대는 하지 않는 것이 좋다.

넷째 마당

직장인 맞춤 투자처, 펀드

Common Sense Dictionary
for Salaried

023 전문가가 다 알아서 해주는 펀드 투자

> **세 줄 요약**
> 1. 펀드는 매니저가 대신 해주는 '간접 투자'다.
> 2. 펀드는 돈 될 만한 곳에 투자한다.
> 3. 은행에서 판매하는 펀드가 반드시 더 안전한 것은 아니다.

펀드 투자, 2000년대 초에 화려하게 데뷔한 투자 방법이다. 적립식펀드라는 이름으로 꾸준히 펀드에 적립하면 위험도 제거하고 수익도 많이 얻을 수 있기에 더욱 관심을 끌었다.

펀드는, 은행 상품은 안전하지만 이자 수익이 너무 낮아서 싫고, 주식 투자를 직접 하자니 좋은 종목을 고르는 데 자신이 없는 투자자를 위한 상품이다. 투자 지식과 경험이 많은 전문가들이 열심히 골라 담은 좋은 종목들로 수익을 낸다.

펀드 투자의 장점 2가지

펀드의 사전적 정의를 살펴보면 '여러 사람이 모은 돈을 전문가가 주식,

채권 등에 대신 투자하고 운용하는 금융상품'이다. 한국은행은 펀드를 이렇게 정의한다.

펀드의 정의

펀드(fund)란 다수의 투자자로부터 자금을 모아 전문적인 운용기관인 자산운용사가 주식, 채권, 부동산 등 자산에 투자하여 운용한 후 그 실적에 따라 투자자에게 되돌려주는 금융상품이다. '자본시장과 금융투자업에 관한 법률'상의 명칭은 '집합투자기구'이다.

*출처: 한국은행

첫째 핵심은 자금을 '모아서' 투자하는 것이고, 둘째 핵심은 '대신' 투자한다는 것이다.

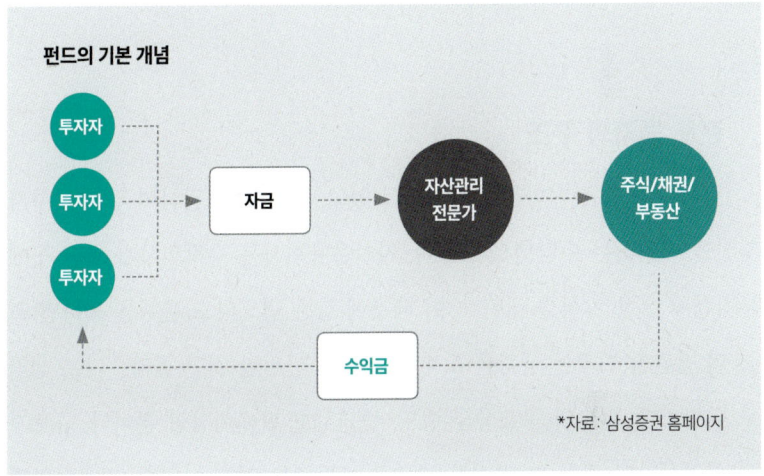

*자료: 삼성증권 홈페이지

첫째 핵심인 '모아서'를 보자. '자금을 모아서 투자한다'라는 것은 한 사람의 능력으로는 접근하기 힘든 투자 상품에 여럿이 돈을 모아 목돈을 만들어 투자할 수 있게 해준다는 것이다. 삼성전자 주식이 10만 원인데, A와 B

가 각각 투자금이 5만 원씩 있다면 혼자서는 투자할 수 없다. 하지만 A와 B가 돈을 합치면 1주를 살 수 있다. 펀드는 이렇게 여러 사람에게 돈을 모아서 돈이 될 만한 곳에 투자한다. '집합투자'라는 명칭이 이를 잘 설명한다.

둘째 핵심은 '대신' 투자한다는 것이다. 내가 직접 주식이나 채권에 투자할 수도 있지만 그렇게 하지 않고 다른 사람이 나의 이익을 위해 투자를 해준다는 뜻이다. 나는 전문가는 아니고, 내일 주식이 어떻게 될지 알 수 없다. 내일의 시장 상황, 주가를 나보다 더 잘 예측할 수 있는 전문가의 도움을 받는 것이 바로 펀드다. 펀드를 '간접 투자 상품'이라고 하는 이유가 여기 있다. 내가 직접 주식, 채권, 부동산에 투자하는 것이 아니라 '자산운용사'라는 전문가 집단이 내 돈과 다른 사람의 돈을 모아서 투자하는 것이다.

펀드 투자의 구조

먼저 펀드를 판매하는 판매회사가 있고, 그 돈을 보관하며 필요한 투자자산을 매입하는 수탁회사가 있다. 자산운용회사는 수탁회사가 어떤 곳에 투자할지 운용 지시를 내린다. 이 때문에 같은 펀드라도 은행을 통하면 조금 더 안전할 거라는 생각은 오해다. 은행은 안전한 것만 골라준다는 생각도 위험하다. 펀드의 구조상 은행도, 증권사도 판매회사일 뿐이다. 규모가 큰 증권사라고 해서 더 안전한 펀드를 골라주는 것도 아니다. 비유하자면 은행이나 증권사는 마트의 계산대 역할만 하는 것이다. 펀드 상품을 고르고 선택하는 것은 온전히 고객의 몫이다.

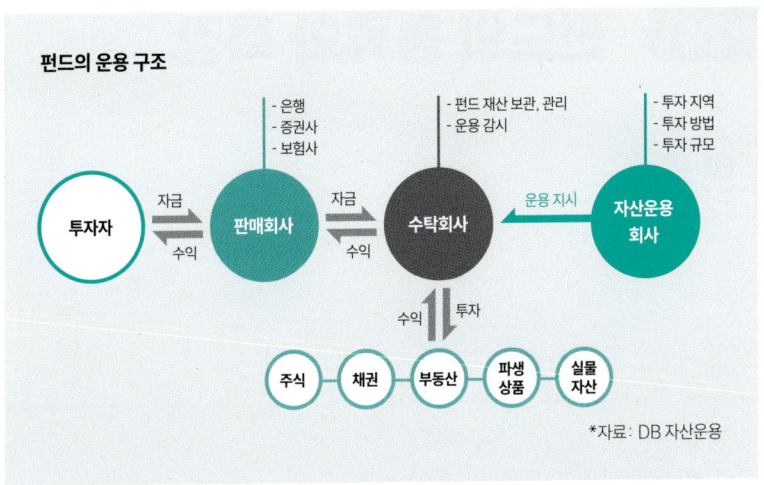

결국 펀드는 돈 되는 것은 다 담는다고 보면 된다. 펀드를 통해 투자하는 대상은 한마디로 '돈 될 만한 것들'이다. 주식, 채권, 부동산은 물론이고 금, 원유, 원자재 등의 실물자산을 비롯해 선물, 옵션 같은 파생상품 등에도 투자한다. 주식에 주로 투자하면 주식형펀드, 채권에 주로 투자하면 채권형펀드다. 이런 식으로 주로 돈이 어디에 투자되는지에 따라 펀드의 명칭이 달라진다. 심지어 어떤 펀드는 다른 펀드에 투자하기도 한다. 펀드는 말 그대로 값이 오를 것이라 예상되는 곳, 이익이 될 것 같은 곳에 돈을 투자한다고 보면 된다.

024 펀드의 종류와 특징

> **세 줄 요약**
> 1. 현재 우리나라에 1만 5,000개의 펀드가 있다.
> 2. 카테고리를 구분하는 것이 펀드 구분의 첫걸음이다.
> 3. '무엇'에 투자하는지가 가장 중요한 기준이다.

어떤 펀드는 저평가된 회사에 집중적으로 투자하기도 하고, 또 어떤 펀드는 지금도 비싸지만 앞으로 더 비싸질 것 같은 주식에 투자하기도 한다. 주식을 선호하지 않는 사람들을 위해 채권에 투자하기도 하고, 개별 주식을 선호하지 않는 사람들을 위해 코스피, 나스닥 등 지수에 투자하는 펀드도 있다. 손에 잡히는 실물자산을 선호하는 사람들을 위해 금, 석유 등에 투자하는 펀드도 있다.

금융투자협회에 따르면 2024년 1월 기준, '펀드'라는 이름이 붙은 상품은 총 1만 5,338개다. 어림잡아 우리나라에는 1만 5,000개의 펀드가 있는 셈이다. 당연하게도 모든 펀드의 이름을 외울 수는 없다. 알아야 할 것은 펀드의 이름을 보면서 어디에 투자하고 어떤 특징이 있는지를 구분할 수 있는 기본 지식이다. 다행스럽게도 펀드는 이름만 곰곰이 따져봐도 어떤 종류인지 알 수 있다.

기초적인 내용부터 시작해보자. 만일 펀드가 주식에 투자한다면? 주식형펀드다. 펀드가 채권에 투자한다면? 그렇다. 채권형펀드다. 부동산펀드는 어디에 투자할까? 부동산이다. 이 내용을 표로 만들어보면 아래와 같다.

투자 대상에 따라 분류한 펀드의 종류와 특징

구분		주요 투자 대상	특징
증권 펀드	주식형펀드	주식에 60% 이상 투자	고위험·고수익 추구
	혼합형펀드	주식에 60% 이하 투자	채권 투자의 안정성과 주식 투자의 수익성을 동시에 추구
	채권형펀드	채권에 60% 이상 투자	안정적인 수익 추구
MMF		단기금융상품에 투자	수시입출금이 가능한 펀드
파생상품펀드		선물, 옵션 등 파생상품에 투자	파생상품을 통한 구조화된 수익 추구
부동산펀드		부동산에 투자	
실물펀드		선박, 석유, 금 등 실물자산에 투자	환금성에 제약이 따르지만 장기 투자를 통해 안정성 추구
특별자산펀드		수익권 및 출자지분 등에 투자	수익 추구
재간접펀드		다른 펀드에 투자	다양한 성격과 특징을 가진 펀드에 분산 투자

*자료: 금융감독위원회

여기까지는 쉬운 내용이다. 이제부터 조금 어려운 내용을 살펴보자. 주로 증권펀드, 즉 주식이나 채권 같은 유가증권에 투자하는 펀드 위주로 설명한다. 나머지 부동산펀드, 실물펀드 등은 증권펀드를 마스터한 다음 접근하기를 권한다.

1 | 주식의 비중에 따라

- **주식형펀드**: 주식에 최소한 60% 이상 투자하는 펀드. 최소 60%를 주식에 투자한다고 하는데 보통 주식 비중이 90%가 넘는 경우가 많다.
- **혼합형펀드**: 주식과 채권에 함께 혼합해서 투자하는 펀드. 주식 위주로 섞으면 주식혼합형, 채권 위주로 섞으면 채권혼합형이라 한다.
- **채권형펀드**: 회사채, 국채 같은 채권에만 투자하는 펀드.

2 | 투자가 들어간 주식의 성향에 따라

- **성장주펀드**: 매출 성장률이 20% 이상으로 기대되는 기업의 주식에 투자하는 펀드.
- **가치주펀드**: 기업의 가치에 비해 저평가된 주식에 투자하는 펀드. 다만, 어떤 회사가 무조건 가치주인지에 대한 명확한 기준은 없다. 아무리 큰 회사라도 아직 저평가되어 있다는 판단이 들면 가치주로 편입해서 투자한다.
- **배당주펀드**: 배당금을 많이 주는 주식에 투자하는 펀드.
- **인덱스펀드**: 주가지수를 추종하는 투자 방식을 채택하는 펀드.
- **대형주펀드**: 증권시장 종목 중 시가총액으로 기업의 규모를 따졌을 때 100위 이내에 속하는 기업의 주식에 투자하는 펀드.
- **중소형주펀드**: 증권시장 종목 중 시가총액으로 기업의 규모를 따졌을 때 중하위권에 속하는 기업의 주식에 투자하는 펀드.

3 | 적립 방식의 종류에 따라

- **적립식펀드**: 매월 일정 금액을 적금 붓듯 투자하는 펀드.

- **임의식펀드**: 투자 기간이나 금액을 따로 정하지 않고 자유롭게 입출금할 수 있는 펀드.
- **거치식펀드**: 일정 금액을 일정 기간 동안 넣어두는 펀드. 주로 목돈을 한꺼번에 넣을 때 가입한다.
- **목표식펀드**: 목표로 하는 금액만 정하고 일정 기간 동안 수시로 저축할 수 있는 펀드.

4 | 어느 지역에 투자하는가
- **국내펀드**: 국내의 주식이나 부동산에 투자하는 펀드.
- **해외펀드**: 해외의 주식이나 부동산에 투자하는 펀드.

5 | 펀드 자금을 어떻게 모으는가
- **공모형펀드**: 일반 투자자를 대상으로 만들어진 펀드. 우리가 가입하는 대부분의 펀드가 이에 해당한다.
- **사모형펀드**: 소수의 특정인을 대상으로 만들어진 펀드.

6 | 투자 자금을 어떻게 회수하는가
- **개방형펀드**: 펀드에 투자한 자금을 회수하거나 추가로 투자하는 것이 자유로운 펀드.
- **폐쇄형펀드**: 투자 기간 중 중도 해지를 청구할 수 없으며 추가 투자도 할 수 없는 펀드.

7 | 환매수수료가 언제까지 부과되는가

- **단기형펀드**: 가입 후 3개월 미만인 경우 환매수수료가 부과되는 펀드 (대부분 여기에 속한다).
- **중기형펀드**: 가입 후 6개월 미만인 경우 환매수수료가 부과되는 펀드.
- **장기형펀드**: 가입 후 1년 미만인 경우 환매수수료가 부과되는 펀드.

8 | 수수료는 언제 떼어가는가

- **선취수수료 방식**: 일정 비율을 미리 떼어가고 나머지 금액으로 운용하는 펀드.
- **후취수수료 방식**: 투자 금액이 투입될 때는 별도의 수수료가 없으나 환매할 때는 수수료가 부과되는 펀드.

9 | 운용 방식이 어떠한가

- **액티브펀드**: 우리가 보통 생각하는 펀드. 펀드매니저가 운용하는 펀드들이다.
- **패시브펀드**: 수동적인 펀드. 인덱스펀드가 대표적이다. 주식시장의 상승분만큼만 이익을 얻겠다는 펀드 운용 방식이다.

몇 가지 간단한 기준으로 펀드를 나눠보았다. 이 정도만 알면 펀드에 대해서는 기본적인 구분이 가능하다. 다음 장에서는 펀드의 이름을 통해 펀드가 가진 특징을 살펴보고자 한다.

025 펀드의 이름으로 특징을 알 수 있다

> **세 줄 요약**
> 1. 옛날에는 펀드 이름을 아무렇게나 지었다.
> 2. 지금은 일정한 규칙에 따라 이름을 짓는다.
> 3. 펀드 이름의 핵심은 '투자 전략'이다.

처음 펀드를 고를 때 가장 난감한 것 중 하나가 바로 펀드의 이름이다. 길고 복잡해서 한눈에 들어오지 않는다. 걱정할 것 없다. 복잡해 보여도 규칙만 알면 특징을 금방 파악할 수 있다.

펀드 이름이 거쳐온 흑역사

펀드명에도 혼돈의 시절이 있었다. 대표적인 것이 '어린이펀드'인데 이름이 앙증맞다. 몇 가지를 예로 들어 살펴보자.

국내 어린이펀드 수익률 TOP10 (단위: %, 기준: 1년)

순위	펀드명	수익률
1	한국밸류10년투자어린이증권투자신탁 1(주식)(A)	15.50
2	한국밸류10년투자어린이증권투자신탁 1(주식)(C-E)	15.50
3	한국밸류10년투자어린이증권투자신탁 1(주식)(C)	15.28
4	IBK어린이인덱스증권자투자신탁[주식]종류A	12.53
5	NH-Amundi아이사랑적립증권투자신탁 1[주식]ClassA	9.10
6	NH-Amundi아이사랑적립증권투자신탁 1[주식]ClassCe	9.02
7	미래에셋우리아이3억만들기증권자투자신탁G1(주식)종류C-e	8.67
8	NH-Amundi아이사랑적립증권투자신탁 1[주식]ClassC5	8.62
9	미래에셋우리아이세계로적립식증권투자신탁K-1(주식)종류C5	8.29
10	미래에셋우리아이3억만들기증권자투자신탁G1(주식)종류C5	8.29

*자료: 에프앤가이드(2024년 2월 8일 기준)

    위 펀드들의 이름을 보면 '아이에게 3억 원을 만들어주기 위한 펀드구나', '엄마가 아이를 위해 10년간 돈을 넣어주는 펀드구나' 하고 유추할 수는 있지만 어디에 투자하는지 파악하기는 어렵다. 즉 '어디에?', '어떻게?'에 대한 내용이 빠져 있다. 펀드 이름에 대한 규칙이 도입되기 전에는 이렇듯 이름만으로는 어디에 어떻게 투자하는지 알 수 없는 펀드가 많았다.

투자 방향과 핵심 정보를 담은 펀드의 이름

    수수께끼 같은 펀드 이름에 대한 불만이 많아지자, 정부에서는 펀드 이름에 대해 일정한 규칙을 만들었다. 이제 펀드의 이름은 문학적이거나 세련되지는 않지만 적어도 어디에 어떻게 투자하는지 파악하기가 쉬워졌다. 펀드 이름만 살펴보아도 펀드의 특성과 투자 방향, 심지어 수수료 부과 방식까지 모조리 파악할 수 있다. 펀드의 이름을 하나하나 분해하면 이렇다.

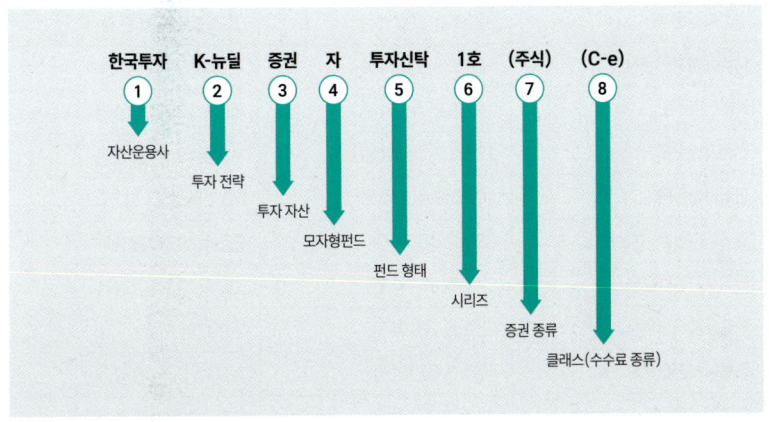

1 | 자산운용사

펀드매니저가 근무하는 회사다. 첫 번째 항목은 어느 회사에서 기획한 펀드인지 알려준다. 2024년 6월 말 기준, 자산운용사는 총 471개이고 약 1만 3,000명의 임직원이 있다고 한다. 케이팝 아이돌 그룹만큼이나 많은 자산운용사가 있다고 보면 된다. 자산운용사는 덩치가 아닌 실력을 보아야 한다. 다음 표는 2024년 2월 기준 AUM(총운용자산) 순위다. 얼마를 굴리느냐 하는 것이 실력을 나타내는 지표는 될 수 없지만 참고는 할 수 있다.

국내 10대 자산운용사 AUM(총운용자산) 현황

자산운용사	AUM	전년 대비 증감
삼성자산운용	333조 1,392억 원	20조 3,093억 원 증가
미래에셋자산운용	184조 9,942억 원	13조 7,324억 원 증가
KB자산운용	142조 6,724억 원	4조 1,109억 원 증가
신한자산운용	118조 7,266억 원	1조 8,494억 원 증가
한화자산운용	102조 8,400억 원	20억 원 증가
엔에이치아문디자산운용	63조 2,400억 원	2조 4,299억 원 증가
한국투자신탁운용	57조 5,801억 원	2조 9,403억 원 증가
키움투자자산운용	55조 5,701억 원	2,997억 원 증가
교보악사자산운용	47조 7,077억 원	2조 1,206억 원 증가
우리자산운용	43조 7,077억 원	6조 7,336억 원 증가

*자료: 금융투자협회, 기준: 2024년 2월 7일

2 | 투자 전략

펀드의 성격을 압축해서 설명하는 단어가 붙는다. 사례에서는 'K-뉴딜' 관련 사업에 투자한다는 핵심 키워드가 나와 있다. 이 항목을 보면 어디에 투자할지 대충 감이 온다.

3 | 투자 자산

증권, 즉 주식과 채권에 투자한다는 뜻이다. 투자 자산의 종류는 총 7개로서 증권(주식·채권), MMF, 파생상품, 부동산, 실물, 특별자산, 재간접으로 구분된다. 대부분의 펀드는 증권, 즉 주식에 투자한다.

4 | 모자형펀드

'자(子)'펀드라는 말이 있으면 이 펀드는 모자(母子)형 펀드라는 것인데,

작은 자펀드들을 모아서 모펀드에 투자하는 형태를 가리킨다.

5 | 펀드 형태

우리가 하는 펀드는 대부분 신탁형 집합투자기구로서 투자신탁(펀드)이다. 간혹 회사형 집합투자기구(주식회사, 유한회사, 합자회사) 또는 조합형 집합투자기구가 있는데 우리와는 거의 상관없다. 우리가 하는 펀드는 투자신탁이라 보면 된다.

6 | 시리즈

한 개의 펀드가 판매가 잘 되거나 덩치가 너무 커지면 2호, 3호 등이 나오게 된다. 장사 잘되는 식당이 체인점을 내는 것과 비슷하다. 별도로 번호가 붙지 않은 펀드는 그 집이 본점이다.

7 | 증권 종류

주식형, 채권형, 혼합형 중 어떤 스타일인가를 나타낸다. 주식 비중이 60%를 넘어가면 주식형, 채권 비중이 60%를 넘어가면 채권형, 반반이면 혼합형이다.

8 | 클래스

수수료 형태를 가리킨다. 수수료를 먼저 받는 선취수수료냐, 나중에 받는 후취수수료냐 등의 구분을 알 수 있다. 수수료에 대한 내용은 다음 장에 자세히 설명해놓았으니 참고하기 바란다. 미리 말하자면 1년 이상 투자는 선취수수료가 유리하고 단기 투자에는 후취수수료가 유리하다. 사례에 나오는 S-P를 보면, S는 온라인 전용이고 P는 연금저축 전용이다. 즉 온라인에서만 가입할 수 있는 연금저축 전용 펀드라는 뜻이다.

이름에서 가장 눈여겨봐야 할 부분

펀드의 이름을 구성하는 8개 항목 중 가장 중요한 것은 2번 '투자 전략'이다. 어디에 투자하는 펀드인지 설명해주기 때문이다. 다른 항목들은 나중에 생각해봐도 크게 문제없다.

토막상식

인기 있는 펀드는 시리즈가 된다

펀드의 이름을 살펴보면 클래스 말고도 '1호, 2호, 3호'처럼 번호가 붙은 것들이 있다. 바로 시리즈 펀드인데, 영화가 흥행에 성공하면 2편, 3편이 나오는 것과 비슷하다고 이해하면 된다. 펀드의 운용 총액이 너무 커져서 운용상 부담 때문에 같은 유형의 펀드를 만들거나, 해당 펀드의 인기가 좋아 원래의 것을 1호, 나중의 것을 2호로 이름 붙이는 경우다. 좀 심한 경우 수수료를 조금 더 높게 부과하기 위한 수단으로 2호를 만들기도 한다. A, B, C, D로 나뉘는 것들은 하나의 펀드로 운용되지만(일란성 쌍둥이) 1호, 2호는 각각 독자성을 가지고 투자된다고(이란성 쌍둥이) 보면 된다.

펀드에도 클래스가 있다!

> **세 줄 요약**
> 1. 펀드 수수료 체계는 펀드 수만큼이나 많다.
> 2. 선취와 후취만 구분하면 된다.
> 3. 같은 펀드라면 수수료 낮은 펀드가 좋다.

펀드명 마지막에 붙는 수수께끼 같은 영문자들은 펀드의 클래스, 즉 수수료 체계를 나타낸다. 같은 이름을 가진 펀드라 해도 어떤 것은 수수료를 먼저 떼는 선취수수료가 붙고, 또 어떤 것은 선취수수료가 없는 대신 나중에 후취수수료가 붙는다. 즉 몇 개의 알파벳으로 수수료를 어떻게 부과하는지 나타낸다.

클래스별 특징을 조금 더 상세하게 알아보자. 참고로 A, B, C, D는 선취수수료 또는 후취수수료에 대한 구분이고 E, S, J는 판매 경로에 의한 구분, F, G, H, I, W, T, P는 기타 분류에 해당한다.

수수료에 따른 구분

클래스	구분	특징
A	선취 판매수수료(+보수)	펀드 가입 시 수수료가 발생하지만, 연간보수가 낮음
B	후취 판매수수료(+보수)	펀드 해지 시 수수료가 발생하지만, 연간보수가 낮음
C	수수료 미징구(+보수)	별도 수수료가 없지만, 연간보수가 높음
D	선·후취 판매수수료(+보수)	우리나라에는 없는 클래스

- **클래스 A:** 선취수수료를 받는다. 수수료율이 1%라면 100만 원 투자 시 수수료 1%인 1만 원을 떼고 나머지 99만 원이 펀드에 입금된다.
- **클래스 B:** 후취수수료를 받는다. 수수료율이 1%인 경우, 100만 원을 투자해서 120만 원이 되었고, 이를 현금화시킬 때 1%인 1만 2,000원의 수수료를 받는 구조다.
- **클래스 C:** 사고팔 때 수수료가 없다. 대신 운용, 판매, 수탁, 일반 등의 유지비인 연간보수가 크다.
- **클래스 D:** 수수료 선후취인데 국내에는 거의 없다. 수수료를 한 번만 내도 아까운데 살 때, 팔 때 총 두 번을 내야 한다면 누가 좋아하겠는가.

판매 경로에 따른 구분

클래스	구분	특징
E	온라인 전용	증권사 HTS, MTS에서 선택할 수 있는 클래스, 오프라인보다 저렴함
S	온라인 슈퍼마켓 전용	우리투자증권(구 한국포스증권)에서 구입할 수 있는 펀드, 연평균 판매보수가 가장 저렴함
J	직판	자산운용사와 펀드구매자가 직접 거래, 펀드 수수료는 0%이지만 운용 수수료가 높음

- **클래스 E:** 인터넷 전용이다. 오프라인 창구가 아닌 온라인에서만 투자할 수 있다. 인건비를 줄이는 만큼 전체적인 수수료 부담이 적다는 장점이 있다.
- **클래스 S:** 우리투자증권(구 한국포스증권) 전용이다. 수수료 최저가로 판매하는 채널이라 별도의 알파벳이 사용된다. 앞서 보았던 클래스 E는 각 증권사 홈페이지와 앱을 통해서도 거래할 수 있는데, S는 오로지 우리투자증권을 이용해야 한다. 최저가의 수수료만 받는 펀드들이 즐비하니 펀드에 투자할 계획이라면 클래스 S를 눈여겨보자.
- **클래스 J:** 직판인데 거의 보기 힘들다. 대량 구매하는 도매업자들에게 파는 펀드라 보면 된다.

판매 형태에 따른 구분

클래스	구분	특징
F	기관 투자자 전용 펀드	금융기관 투자자만 가입 가능
G	창구 전용 펀드	실제 방문 후 창구에서만 가입 가능
H	장기주택마련저축 전용 펀드	비과세 혜택은 2012년 가입자까지 적용
I	고액 거래자 전용 펀드	기관 및 운용사별 기준에 따른 고액 거래자만 가입 가능
W	랩어카운트 전용 펀드	증권사가 고객 계좌의 돈을 주식, 채권, 펀드 등 다양한 자산에 투자
T	소득공제 장기 펀드	5년 이상 유지 시 납입금액의 40%를 소득공제
P	개인연금형 펀드	노후연금 수령이 목적 연 300만 원 소득공제에 55세 이후 연금소득세(최대 5.5%)만 부과해 절세 혜택

기타 분류로는 이런 게 있다는 것 정도만 알면 된다. 다른 클래스들은 우

리가 접할 일이 별로 없지만, P 클래스는 몇 번 마주칠 일이 있을 것이다. 연금저축펀드는 P 클래스가 대부분이기 때문이다.

그래서 어떤 펀드에 가입해야 할까?

일반 투자자가 가입하는 펀드는 대개 클래스 A나 C 또는 낮은 수수료율을 자랑하는 클래스 S다. 오로지 수수료만 따진다면 우리투자증권을 이용하는 것이 좋다. 우리투자증권에서는 같은 펀드라도 판매수수료가 3분의 1 수준으로 낮은 클래스 S 펀드를 판매한다. 일반적인 클래스 펀드의 연보수가 1.10%라면 클래스 S는 0.32%다.

토막상식

우리투자증권의 클래스 S

우리투자증권은 왜 클래스 S가 따로 있을까? 과거 회사명이 '펀드슈퍼마켓'이었던 한국포스증권이 우리투자증권과 합치면서 이름이 변경되었기 때문이다. S라는 클래스는 처음엔 펀드슈퍼마켓에서 수수료가 낮게 부여되는 펀드에 붙는 클래스였다. 클래스 S는 처음엔 펀드슈퍼마켓에서 한국포스증권으로 인수되고 다시 우리투자증권으로 주인이 계속 바뀌었다. 실력 있는 연예인의 소속사가 다른 회사에 합병되어도 해당 연예인의 클래스는 계속 유지되는 것과 마찬가지라 보면 된다.

펀드 수수료 총비용을 알아보자

펀드에 투자하면 2가지 비용이 들어간다. 수수료는 사거나 팔 때 발생하는 1회성 비용이고, 보수는 펀드에 투자하는 기간 계속 발생하는 비용이다. 우선 실제 펀드의 수수료와 보수를 분석해보자.

미래에셋디스커버리주식형5A의 수수료

클래스	구분	특징
수수료	선취 판매수수료	1.00%
	기본급	없음
	(중도)환매수수료	• 30일 미만: 이익금의 70% • 90일 미만: 이익금의 30%
보수	운용보수	0.80%
	판매보수	0.75%
	사무관리보수	0.02%
	수탁보수	0.03%
	기타비용	0.84%
	총 보수	2.44%

- **수수료:** 한 번만 떼는 돈이다.
- **선취 판매수수료:** 펀드 입금 시마다 납입액의 1%를 뗀다는 뜻이다. 나머지인 투입금의 99%를 펀드에 투자하게 된다.
- **후취 판매수수료:** 이 펀드는 선취 판매수수료가 있으므로 별도의 후취 판매수수료는 없다. 참고로 이름은 동일하지만 판매 채널이 다른 '디스커버리주식형5 종류 C-e'의 경우 선취판매수수료가 없는 대신, 종류 A의 판매보수인 0.75%보다 높은 1.45%의 판매 보수를 떼어간다.

- **(중도)환매수수료:** 계약 기간 이전에 환매할 때 내는 벌금성 수수료. 보통 3개월 정도이며, 베트남 펀드 중에는 5년간 환매가 금지된 경우도 있으니 주의해야 한다.
- **보수:** 펀드 가입 기간 중 계속 떼는 돈이다.
- **운용보수:** 돈을 굴려주는 대가로 자산운용사에 내는 돈이다.
- **판매보수:** 은행, 증권사 등 펀드를 판매한 회사들에 내는 돈이다. 판매할 때 한 번만 내는 게 아니라, 연 0.75%의 금액을 계속 떼어간다.
- **사무관리보수:** 펀드 관련 사무에 지급하는 돈이다.
- **수탁보수:** 돈을 보관해주는 대가로 수탁회사인 은행 등에 지급하는 돈이다.
- **기타비용:** 주식 매매 거래 비용 등 반복적으로 지출되는 비용이다.

비용에 관한 항목이 10가지나 된다. 계산이 복잡해서 혼란을 겪을 펀드 투자자들을 위해 최근 펀드 투자설명서는 직관적으로 이해하기 쉽게 표로 설명하고 있다. 같은 펀드라도 클래스에 따라 총보수가 적은 것과 많은 것이 있고, 총비용이 초기에는 적다가 나중에 늘어나는 경우도 있고, 반대인 경우도 있다. 이러한 점들까지 꼼꼼하게 따져보려면 투자설명서를 살펴보면 된다. 클래스별 수수료와 실제 투자했을 때의 비용이 하나의 표에 정리되어 있다.

수수료 체계를 보면 '투자 비용'이라는 항목으로 잘 설명되어 있다. 다음 표를 보면 1,000만 원 투자 시 총비용을 보면 맨 아래의 '수수료미징구-온라인(C-E) 클래스'가 3년까지는 가장 적게 비용이 들지만 5년부터는 바로 위의 '수수료선취-온라인(A-E) 클래스'보다 비용이 많이 든다. 만일 투자를 길게 하겠다는 계획이라면 이런 식으로 판매수수료와 총보수를 잘 따져보는 것이 좋다.

실제 펀드 투자설명서 내 '투자비용' 항목 예시

(단위: 천 원)

클래스 종류	투자자가 부담하는 수수료 및 총보수 (연 %)				1,000만원 투자시 투자자가 부담하는 투자기간별 총비용 예시(천 원)				
	판매수수료	총보수	판매보수	동종유형 총보수	1년	2년	3년	5년	10년
수수료선취-오프라인(A)	납입금액의 1.0% 이내	1,625	0.070	1,810	264	433	608	977	2,016
수수료미징구-오프라인-보수체감(C)	없음	2,225	1,300	1,950	266	438	634	1,002	2,036
수수료선취-온라인(A-E)	납입금액의 0.5% 이내	1,275	0.035	1,340	180	314	453	748	1,589
수수료미징구-온라인(C-E)	없음	1,425	0.500	1,560	145	296	452	781	1,715

*2022년 1월 기준

027 직장인에게 적립식펀드가 잘 맞는 이유

> **세 줄 요약**
> 1. 직장인의 월급과 매월 적립식으로 투자하는 펀드는 타이밍이 잘 맞는다.
> 2. 전문 투자자가 아니라면 묻어둔다는 생각으로 적립하면 좋다.
> 3. 꾸준한 적립식 투자는 위험 관리 효과도 함께 얻을 수 있다.

매월 일정한 금액을 저축하듯 펀드에 넣는 적립식펀드는 직장인의 재테크와 월급 관리에 잘 어울린다. 그 이유는 2가지가 있다. 첫째는 직장인의 월급 주기와 펀드 납입 주기를 1개월로 타이밍을 동기화시킬 수 있기 때문이고, 둘째는 '코스트 에버리지'라는 위험 관리법을 사용할 수 있기 때문이다.

첫째 이유: 타이밍 동기화

매월 급여를 받는 날과 펀드에 투자하는 날을 일치시키면, 급여가 들어옴과 동시에 펀드에 자동으로 투자할 수 있다. 특별히 날짜를 신경 쓰지 않아도 된다. 급여의 타이밍과 투자의 타이밍을 일치시킴으로써 내 월급날이 곧 펀드에 투자하는 날이 된다.

월급은 10일에 받는데 펀드 투자는 25일에 한다고 가정해보자. 월급이 내 통장에 들어온 10일부터 25일까지 무슨 일이 있을지 모른다. 타이밍을 동기화하면 '무슨 일'의 가능성을 줄일 수 있다.

둘째 이유: 위험 관리(코스트 에버리지 효과)

코스트 에버리지 효과를 알아보자. A와 B가 각각 80만 원으로 펀드에 투자한다고 했을 때, A는 80만 원을 한 번에 다 투자했고 B는 매월 10만 원씩 8개월에 걸쳐 투자했다. 당연히 8개월간 주식시장은 오르락내리락했다. 1,000원에서 출발한 펀드가 1,400원이 되었다가, 750원이 되었다가 결국 다시 처음의 1,000원으로 돌아왔다고 가정해보자.

투자 결과는 어떨까? 목돈을 한 번에 넣은 A는 '그나마 원금은 건졌네. 이 정도면 다행이야. 1,400원일 때 팔았으면 돈 좀 만지는 건데 아깝다'라고

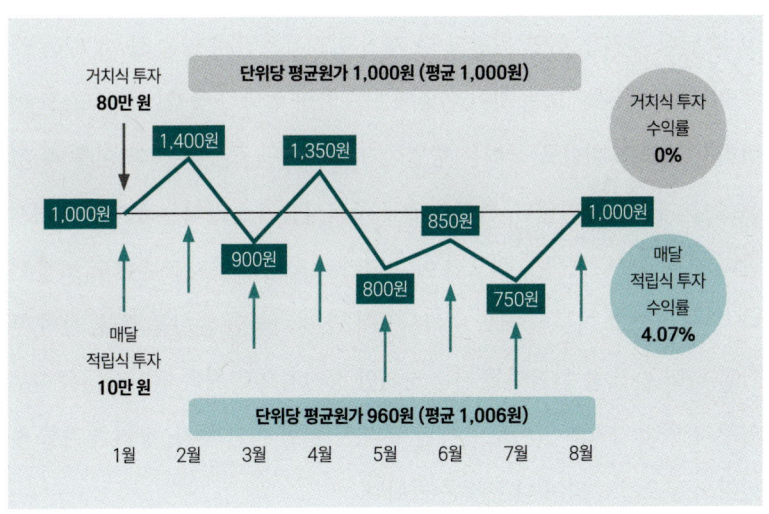

생각할 것이다. 반면 B는 '가격은 처음과 같은데 4%의 수익이 생겼네. 기쁘다'라고 생각할 것이다. 이와 같은 차이가 나는 이유는 같은 금액을 투자했지만 B는 비쌀 때 적게 사고 쌀 때 많이 샀기 때문이다.

심지어 A는 판매수수료와 보수를 고려하면 실제로는 약간 마이너스가 된다. A는 약간 마이너스, B는 약간 플러스, 이것이 바로 코스트 에버리지 효과의 기본 원리다. 내릴 때 조금 더 많이 사서 원래의 가격으로 올라가거나 원래보다 높은 가격이 되었을 때 이익을 많이 보는 방법이기도 하다. 이와 같은 이유로 적립식펀드는 직장인이 가격의 등락에 흔들리지 않고 매월 일정한 금액을 꾸준히 투자하면 결국 수익을 얻을 수 있는 시스템이다. 직장인에게 적립식펀드가 좋은 이유다. 꾸준히 투자하면서 위험을 분산하는 것은 적립식 투자의 가장 기본적인 위험 관리 기법이다.

펀드가 요술 지팡이는 아니다

적립식 투자를 하면 위험이 다 제거되고 무조건 수익을 볼 수 있는 것은 아니다. 이 세상 모든 것이 이렇게 단순하면 얼마나 좋겠는가. 코스트 에버리지 효과도 위험을 줄이는 방법이기는 하지만 무엇이든 다 이룰 수 있는 요술 지팡이는 아니다. 펀드도 결국 주식시장에 투자하는 것이니 주식시장이 전체적으로 하락을 겪으면 이에 따라 수익도 떨어지고 손해도 보게 된다. 분산 투자를 아무리 해도 주식시장이 다 하락하면 손실을 본다. 장기 투자를 하면 손실 볼 위험이 줄기는 하지만 장기적으로 계속 떨어지는 주식은 아무리 오래 가지고 있어도 손해만 본다. 이처럼 분산 투자, 장기 투자를 하더라도 무조건 수익이 나는 것은 아니다.

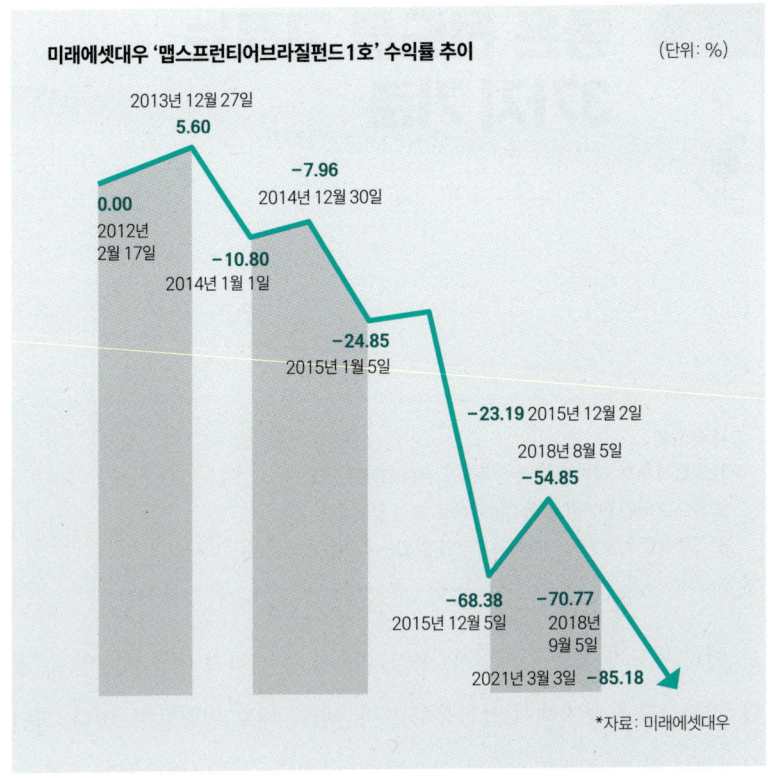

극단적인 사례를 들어보자면 미래에셋자산운용의 브라질 펀드는 10년간 투자자들에게 절망만 안겨줬다. 여기에 꾸준히 적립식으로 장기 투자를 했어도 수익은 기대하기 힘들다. 곳곳에 숨겨진 이런 위험한 펀드들을 주의하기 바란다.

028 좋은 펀드를 고르는 3가지 기준

> **세 줄 요약**
> 1. 적립식 투자, 장기 투자, 분산 투자도 손실 위험은 있다.
> 2. 앞으로 어떤 펀드가 잘 될지는 아무도 알 수 없다.
> 3. 그럼에도 믿을 만한 펀드인지 파악할 수 있는 기준은 있다.

어떤 펀드가 좋은 펀드인지, 수익과 손실 중 결과가 어떨지는 알 수 없다. 적립식으로 투자해서 안전장치를 마련한다 해도 위험할 수 있다. 과연 어떤 펀드가 당신에게 적절한 펀드일까? 아래에는 가장 기초적인 점검 포인트 세 가지를 정리해보았다. 펀드에 조금 더 익숙해지고 레벨이 올라가면 여기서 한 걸음 더 나아갈 수 있기 바란다.

기준 1: 자산운용사의 대표 펀드

아이돌 그룹에 센터가 있듯, 자산운용사마다 대표적인 펀드가 몇 개 있다. 이러한 펀드들은 그동안의 실적과 평판이 좋아서 대표 펀드가 된 것이고, 자산운용사는 이러한 대표 펀드들의 수익성으로 회사를 평가받으므로 항상 신경을 쓴다. 대표 펀드가 허술하다면 누가 그 자산운용사에 투자하겠는가? 각 증권사의 이름을 들으면 떠오르는 펀드 이름, 그게 좋은 펀드다. 대표 펀드의 덩치가 너무 커져서 부담스러운 경우 더 이상 신규 가입자를 받지 않기도 한다.

기준 2: 과거 운용 수익은 참고만

과거 운용 수익이 좋았다고 해서 앞으로도 계속 좋을 것이라고 보장할 수는 없다. 그전까지 수익률이 좋던 펀드가 어느 시점을 기준으로 갑자기 곤두박질치는 경우도 종종 있기 때문이다. 항상 1등 수익률을 기록하는 펀드는 없다. 미국의 〈포춘〉에서 발표하는 500대 기업 순위가 매년 바뀌는 것처럼 펀드도 계속 순위가 바뀐다. 그러므로 과거에 수익률이 높았다고 해서 지금도 그렇게 높은 수익률이 보장될 거라고 믿어서는 안 된다. 과거에 높은 수익률을 기록했다고 화려하게 광고하는 펀드에 현혹되지 않도록 하자.

기준 3: 그럼에도 꾸준한 모범생 펀드는 믿을 만하다

과거 운용 수익을 맹신해서는 안 되지만 참고할 부분은 있다. 매번 수익률에서 1등을 하는 펀드는 없지만, 매번 상위권에 드는 펀드는 있다. 3년 이상 수익률 상위권을 유지하고 있다면 가입할 만하다. 예상하지 못한 호재로 특정 펀드가 독보적인 수익률을 기록하더라도 그 수익률이 오랫동안 유지되지는 못한다. 꾸준하게 상위권을 유지하는 펀드를 고르는 것이 좋다.

토막상식

펀드 업계의 쿠팡, 우리종합금융

스마트폰이 없고 펀드 투자가 처음 도입되던 시절, 펀드 투자를 하려면 펀드를 판매하는 은행이나 증권사를 통해서만 가입이 가능했다. 그때는 화려하게 꾸며진 점포에 가서 우리보다 몸값이 높은 직원들의 안내를 받으며 펀드에 투자했다. 고급스러운 분위기와 대우받는다는 느낌을 받는 만큼 수수료와 유지비는 온전히 가입자의 몫이었다.

기존 펀드의 유통 비용을 최소화한 펀드업계의 쿠팡

앞서 설명한 것처럼, 수수료와 유지비를 최대한 낮추어 펀드에 가입할 수 있는 판매처가 있으니 바로 우리종합금융이다. 처음 ㈜펀드슈퍼마켓으로 출발해서 ㈜한국포스증권을 거쳐 ㈜우리종합금융과 합병했다.

우리종합금융에서 판매하는 펀드는 대부분의 판매수수료가 기존 상품 대비 3분의 1 수준이다. 국내 주식형 펀드의 경우 판매수수료가 1%인 것에 비해 우리종합금융에서는 0.35%만 납부하면 되니, 농수산물을 직거래하듯 중간 유통 마진의 거품을 많이 제거한 것으로 생각하자.

그러나 수익률이 높아진 것은 아니다

펀드의 수수료가 낮아졌다는 것은 분명히 좋은 일이지만, 단지 수수료만 낮아진 것이다. 다시 말하면, 직거래 펀드라고 해서 절대적으로 수익이 난다거나 경제 상황이 나쁠 때도 무조건 수익을 내는 것은 아니다. 우리종합금융은 수수료가 낮다는 장점이 있지만, 좋은 상품을 고르는 것은 언제나 자신의 책임이라는 점을 감안하자.

나에게 딱 맞는 펀드를 찾아보자

만약 그림 1처럼 A, B, C라는 세 개의 펀드 수익이 다음과 같다면 당신은 어떤 펀드를 고르겠는가? 아마 99%는 A펀드를 고를 것이다. 꾸준히 수익이 나는 것에 더해 다른 펀드들보다 성적도 좋으니까.

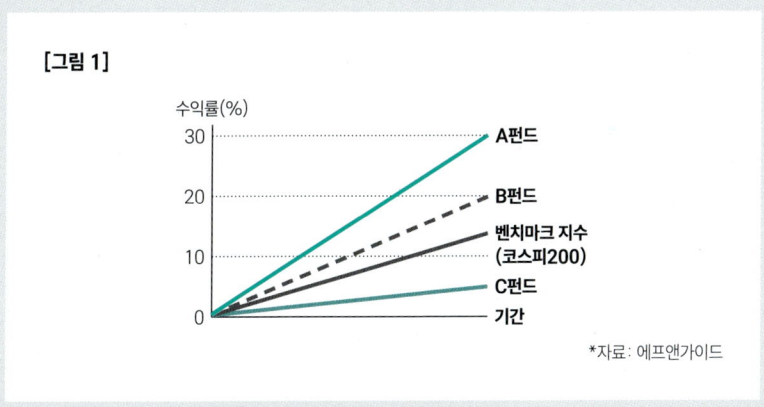

[그림 1]

그럼 다시 질문! 그림 2에서 당신은 어떤 펀드를 고를 것인가? D펀드는 결과적으로 수익률이 더 좋기는 하지만 등락이 심해 천국과 지옥을 오가는 모습을 보이고, E펀드는 소위 말하는 대박은 아니지만 그래도 꾸준히 좋은 수익률을 보인다. 어떤 펀드가 더 좋은 펀드일까?

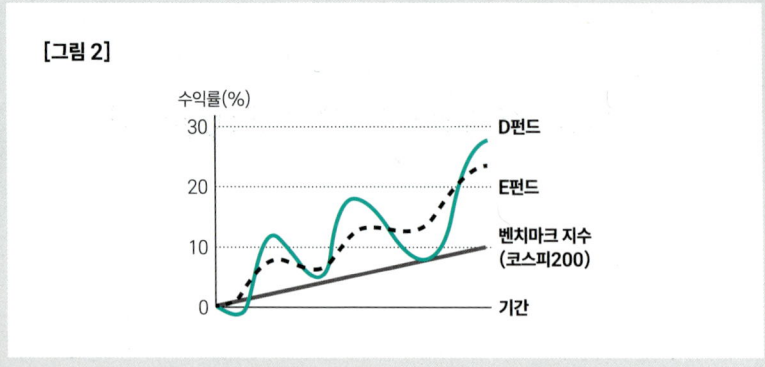
[그림 2]

D와 E 중 어떤 게 좋은지 묻는다면 사실 정답은 없다.
D펀드는 위험을 감수하더라도 고수익을 기대하고 투자하는 사람에게 맞는 상품이다. 그러나 원금 보존에 대한 욕구가 강하고 오르락내리락하는 수익률이 싫은 사람이라면 E펀드를 선택하는 것이 좋다. 문제는 펀드를 처음 선택할 때 이러한 결과를 미리 알기 어렵다는 것이다.

① 뜨는 산업과 유망한 시장에 따라 좋은 펀드는 달라진다

오늘 가장 좋은 펀드가 내일도 좋으라는 법은 없다. 반도체 시장이 좋을 때와 전기차 시장이 좋을 때의 수익률의 움직임은 모두 다르기 때문이다. 지난 몇 년간 주목받았던 4차 산업, 바이오헬스 테마처럼 기대를 받는 펀드는 그만큼 수익률이 위아래로 많이 흔들리게 된다.

② 소문에 의존하는 테마펀드는 위험하다

'테마 펀드'란 증권시장을 주도할 것으로 예상되는 특정 종목 그룹에 집중적으로 투자해서 높은 수익을 얻고자 하는 주식형 펀드를 말한다. 다양한 투자 종목을 선택해서 운용하는 일반적인 주식형 펀드와 달리 테마 펀드는 특정 주식에만 투자하는 위험성을 내포하고 있다. 철저한 시장 분석과 정보 없이 일시적인 소문과 수익률에만 급급해서 투자해서는 절대 원하는 결과를 얻을 수 없다.

029 숨겨진 비용, 환매수수료

> **세 줄 요약**
> 1. 환매수수료는 계약 위반에 대한 벌금이다.
> 2. 환매수수료를 없앨 수 있는 방법이 있다.
> 3. 90일이라는 인내의 기간을 버틸 수 있으면 된다.

펀드에는 숨겨진 비용이 있으니 바로 환매수수료다. 이 기회에 잘 정리해서 예상치 못한 환매수수료에 분노하는 일이 없도록 하자. 같은 수익률을 기록했는데 '환매수수료'라는 항목으로 수수료를 더 내면 뭔가 속았다는 느낌에 억울해진다. 섣불리 환매하다가 어렵게 달성한 이익금의 70%까지 수수료로 내야 하는 경우가 있기 때문이다. 환매수수료 없이 달성한 이익을 그대로 다 받으면 얼마나 좋을까? 이번 장에서는 환매수수료를 알아보고, 할인이나 면제를 받는 방법을 알아보도록 하자.

환매수수료는 일종의 벌금

우선 환매수수료가 무엇인지 살펴보고 피해 가는 법을 알아보자. 환매수수료는 계약 위반에 대한 위약금과 같은 성격을 가지고 있다. 배경은 이렇다. 펀드는 여러 투자자의 자금을 모아서 주식이나 채권에 투자한다. 중간에 펀드를 환매하여 빠져나간다는 것은 남은 투자자들을 남기고 떠나는 것이니 일종의 벌금 성격으로 수수료를 내야 한다.

대부분의 펀드를 보면 3개월 미만, 즉 90일 동안 발생한 수익금의 70%를 환매수수료로 부과하고 있다. 떠나고 싶으면 적어도 3개월의 시간을 주고 떠나라는 뜻이다. 바꿔 말하면, 수익금을 90일 동안 펀드에 묻어두었다면 환매수수료를 내지 않아도 된다.

적립식과 거치식의 환매수수료 전략이 약간 다른데, 우선 거치식은 가입 후 90일만 경과하면 환매수수료를 물지 않아도 된다. 적립식의 경우는 이와 좀 다르다. 매달 납입하는 적립식펀드는 최근 납입한 금액 중 환매 시점에서 90일이 지나지 않은 금액에서 발생한 수익금에 환매수수료를 부과한다. 여기까지 이해했다면 환매수수료를 피하는 방법이 눈에 들어올 것이다. 즉 환매수수료는 투자 원금 전체에 대한 이익금의 70%가 아니다. 환매수수료 부과 대상은 최근 3개월에 납부한 금액의 이익에 대해 최대 70%에 대해 환매수수료를 부과한다.

또 하나, 환매수수료는 일할 계산된다. 즉 10일이 되었든 20일이 되었든 3개월 안 지났으니까 무조건 수익의 70%가 부과되는 것이 아니라, 70%를 90일로 나누어 하루당 0.78%가 붙는다.

환매수수료 실전 계산법

2022년 1월 1일에 가입해서 매월 100만 원씩 적립한 A, B, C라는 펀드를 6월 1일에 환매할 때 발생하는 수수료를 계산해보자. 계산이 복잡해지니 30일, 31일은 생각하지 않는다. 환매수수료는 어차피 수익금에만 부과되는 항목이므로 원금이 얼마인지에 대해서는 생각하지 않아도 된다.

환매수수료 계산하기

납입일	A 펀드		B 펀드		C 펀드		환매일 기준 90일 미경과일수
	불입금	수익금	불입금	수익금	불입금	수익금	
1.1	100만 원	10만 원	100만 원	10만 원	100만 원	10만 원	0일
2.1	100만 원	10만 원	100만 원	10만 원	100만 원	10만 원	0일
3.1	100만 원	10만 원	100만 원	10만 원	100만 원	10만 원	0일
4.1	100만 원	10만 원	0원	0원	100만 원	10만 원	−30일
5.1	100만 원	10만 원	0원	0원	0원	0원	−60일
6.1	100만 원	10만 원	0원	0원	0원	0원	−90일

1 | A 펀드

90일이 경과한 1월에서 3월분은 생각하지 않아도 된다. 환매수수료 부과 대상이 되는 것은 90일이 경과하지 않은 4월 이후부터의 수익금 30만 원이다. 또 하나, 90일이 지나지 않은 수익금 전체에 70%를 부과하는 것은 아니다. 즉 30만 원의 70%인 21만 원이 아니라, 불입금이 페널티 기간을 지키지 못한 만큼 환매수수료를 부과한다. 계산해보면 14만 원쯤 발생한다.

$$10만 원 \times 70\% \times 30일 \div 90일 ≒ 23,333원$$
$$10만 원 \times 70\% \times 60일 \div 90일 ≒ 46,666원$$
$$+\ 10만 원 \times 70\% \times 90일 \div 90일 ≒ 70,000원$$
$$≒ 140,000원$$

2 | B 펀드

환매수수료가 부과되는 페널티 기간 동안에는 추가 불입하지 않았기 때문에 환매수수료 부과 없이 펀드를 환매할 수 있다.

3 | C 펀드

페널티 기간에 해당하는 것은 4월 불입금의 수익금 10만 원뿐이다. 10만 원에 대한 환매수수료는 2만 3,000원 내외다.

깔끔한 환매를 위한 기술

B펀드에서 알 수 있듯, 환매수수료가 3개월 이내 70%라고 했을 때, 4개월 전에 들어간 돈에 대해서는 환매수수료가 없다. 환매할 계획이 있다면, 사전에 미리 계획을 세워 돈이 필요한 시점의 4개월 전까지만 돈을 넣고 3개월 전부터는 넣지 않으면 환매수수료를 피할 수 있다.

토막상식

손실 난 펀드를 위한 환매수수료 통산제

펀드 투자자들의 환매 부담을 줄여주는 '환매수수료 통산제'라는 제도가 있다. 간략하게 설명하면, 실제 수익에 대해서만 수수료가 부과되는 것이다. 즉 총수익이 환매수수료보다 적다면 수익을 본 한도 내에서만 수수료를 내면 된다.

만기 이전에 펀드를 환매한다고 가정해보자. 10월부터 12월까지 매달 같은 금액을 투자했는데, 10월은 100만 원 수익, 11월과 12월에는 각각 200만 원, 100만 원의 손실이 났다. 결과적으로 3개월 동안 200만 원 손실을 입었다. 환매수수료 통산제에 따르면 환매수수료를 내지 않아도 된다.

만약 환매수수료가 총수익보다 많다면 환매수수료는 수익이 난 만큼만 내면 되는 것이다. 적어도 펀드 성과가 안 좋아서 손실을 볼 수는 있어도 환매수수료 때문에 손실을 보는 일은 없도록 하는 고마운 제도임에는 틀림없다.

030 인덱스펀드 예습하기

> **세 줄 요약**
> 1. 모든 주식을 하나씩 다 사면 그게 바로 인덱스펀드.
> 2. 한두 종목은 망할 수 있어도 시장 전체는 망하지 않는다.
> 3. 개별 종목보다 인덱스펀드가 오히려 더 성과가 좋았다.

보통의 펀드는 좋아 보이는 주식 종목을 골라 담는 방식임에 비해 인덱스펀드는 좋아 보이는 주식, 안 좋아 보이는 주식 가릴 것 없이 모조리 하나씩 다 담는다고 보면 된다. 기술적인 측면에서 조금 이야기가 달라질 수 있지만 크게 보면, 코스피 인덱스펀드는 우리나라 코스피 시장에 상장된 기업들을 모조리 하나씩 사는 것이고, 나스닥 인덱스펀드는 미국 나스닥 시장에 상장된 기업들을 하나씩 사는 펀드다. 같은 원리로 S&P500 인덱스펀드는 S&P500에 상장된 기업들을 모조리 하나씩 사는 것이라 보면 된다.

인덱스펀드의 기본 원리

인덱스는 지수(指數)를 가리킨다. 물가지수라는 말이 물가 수준을 수치로 나타내는 것처럼 코스피 지수는 우리나라 기업들의 성적표를 수치로 나타낸다. 어제 코스피 지수가 3,000이었는데 오늘 3,300이 되었다면 우리나라 기업들의 주가 수준이 10% 상승했음을 알 수 있다. 인덱스펀드는 이와 같이 지수의 움직임을 따라가는 펀드다. 지수를 따라가는 것을 '추종'한다고 표현한다. 즉 인덱스펀드는 특정 지수의 움직임을 추종하도록 설계된 펀드다.

한국/미국의 대표 지수 간략 설명

- **코스피**: 한국 증권거래소에 상장된 기업들의 주가성적표
- **코스닥**: 한국 코스닥시장에 상장된 기업들의 주가성적표
- **S&P500**: 미국 신용평가사 S&P Global이 선정한 상위 500개 기업의 주가성적표
- **다우존스**: 미국 전체 증권거래소 중 대형주 30개 기업의 성적표
- **나스닥**: 미국 나스닥 증권거래소에 상장된 3,000개 기업의 성적표

그렇다면 왜 펀드는 지수를 추종할까? 개별 주식이 가진 위험들을 줄일 수 있기 때문이다. 즉 삼성전자나 현대자동차라는 개별 기업은 망할 수도 있지만, 전체 회사들이 한꺼번에 잘못될 가능성은 적다. 학창 시절 성적표를 생각해보자. 개별 주식 종목의 성적은 국어, 영어, 수학 같은 개별 과목이고 주가지수는 평균 점수라고 하면, 한두 개 과목은 0점을 받을 수도 있지만 전 과목 0점이 아니라면, 평균 점수가 0점이 되지는 않는다. 마찬가지로 삼성, 현대가 망할 수도 있지만 LG가 망하지 않으면 코스피가 0이 될 일은 없다. 인덱스펀드는 평균 점수를 따라가는 것이기에 우리나라 기업 전체가 망하지 않는 이상, 펀드가 휴지 조각이 될 일은 없다.

실제 코스피 지수의 흐름을 보면 긴 시간 동안 꾸준히 오르는 모습을 보이지 않았던가. 더도 말고 덜도 말고 코스피가 오르는 만큼만 수익을 얻고

자 하는 펀드다. 따라서 인덱스펀드에 투자하면 거대한 주식시장의 흐름에 따라 수익률이 결정된다. 좋은 날도 있고 나쁜 날도 있지만, 긴 기간의 코스피와 나스닥 지수만 보면 크게 후회할 일은 없을 것이다.

인덱스펀드의 장점과 단점

인덱스펀드의 가장 큰 장점은 지속성이다. 쉽게 말해 망할 일은 없다는 뜻이다. 개별 회사는 망할 수 있지만 코스피 지수는 우리나라에 주식회사가 남아 있는 동안 적어도 0이 될 일은 없다. 코스피 지수를 따라가도록 설계된 인덱스펀드라면 어느 정도 손실을 볼 수 있지만 망할 일은 없다.

인덱스펀드의 또 다른 장점은 '낮은 수수료와 유지 비용'이다. 일반 주식형펀드의 수수료와 유지 비용(총보수)은 연 2~3%에 달하는데 인덱스펀드는 0.2~0.5% 정도로 낮다. 펀드매니저들이 직접 고민해서 펀드를 운용하는 게 아니라 지수를 그대로 추종하기 때문에 인건비를 아낄 수 있기 때문이다. 단점도 있다. 삼성전자나 현대자동차가 마구 오른다 해도 주식시장 전체가 마구 오르는 것은 아니다. 개별 주식 종목에 비해 움직임이 느려 조금 답답할 수 있다.

데이터는 인덱스펀드의 손을 들고 있다

이런 질문이 생길 수 있다.

'주가지수만 따라가는 펀드보다는 이것저것 고민해서 좋은 주식을 골라 담은 다른 펀드가 더 좋지 않을까? 그날그날 쫙쫙 오르는 주식을 고를 수 있

다면 답답하고 느린 인덱스펀드보다 더 좋은 결과를 얻지 않을까?'

데이터는 그렇지 않다고 대답한다.

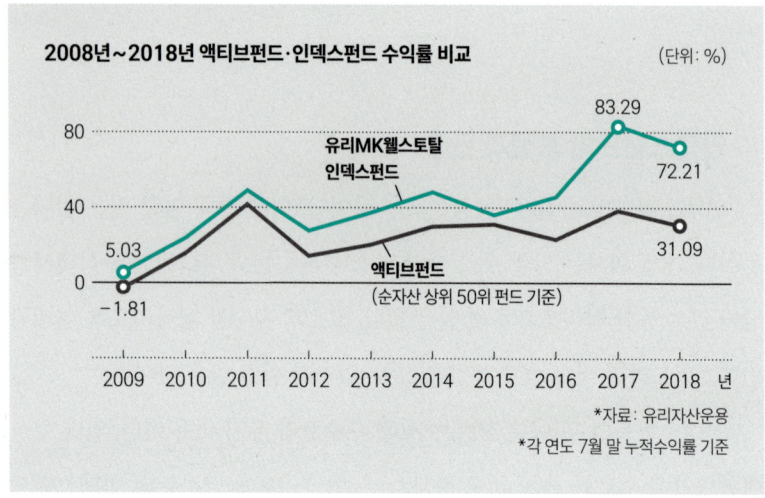

수익률을 기준으로 했을 때, 펀드매니저들이 적극적으로 종목을 발굴하는 액티브펀드에 비해 인덱스펀드의 수익률이 꾸준하게 더 높다. 인덱스펀드가 은근히 강한 펀드라는 것이다. '옛날에만 그랬던 거 아닌가' 싶을 텐데 그렇지 않다. 비교적 최근의 데이터도 같은 결과를 보여준다.

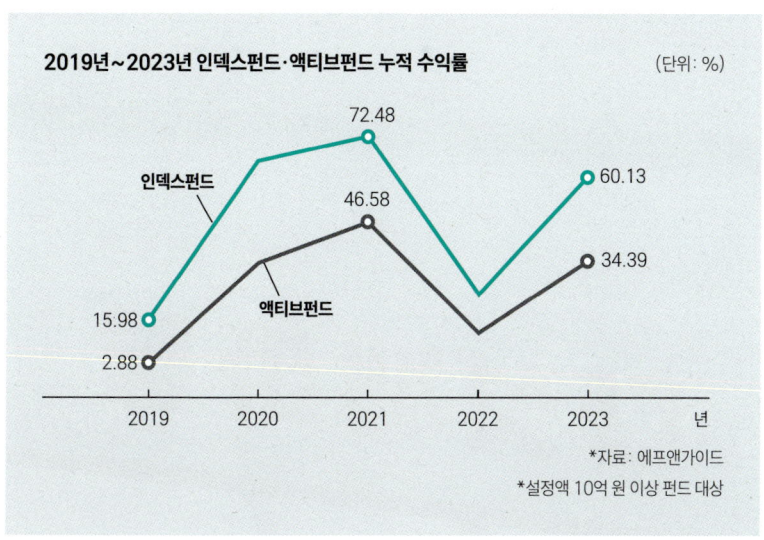

먼 옛날 내가 고등학생일 때 무서운 수학 선생님이 계셨다. 그분 말씀 중에 감명 깊은 것이 있었는데 옮겨보면 이렇다.

"너희가 지금 인수분해를 못하면 2차 함수를 풀 수 없어. 2차 함수를 못 풀면 대학에 갈 수 없으니까, 지금 잘 배워둬."

갑자기 고등학생 시절 이야기를 꺼낸 이유는, 인덱스펀드에 대해 잘 배워두면 ETF를 쉽게 이해할 수 있기 때문이다. ETF는 결국 인덱스펀드를 약간 변형한 것이기 때문이다. 인덱스펀드를 잘 익혔다면 이제 ETF를 알아보자.

다섯째 마당

Common Sense Dictionary
for Salaried

031 ETF 기본 개념 알아보기

> **세 줄 요약**
> 1. 인덱스펀드와 ETF의 기본 원리는 같다.
> 2. ETF는 인덱스펀드의 투자 방식을 주식 투자 형태로 바꾼 것이다.
> 3. ETF의 핵심은 '지수'를 따라간다는 것이다.

앞에서 인덱스펀드는 국내 시장의 코스피 또는 미국 시장의 S&P500이나 나스닥에 올라간 주식 종목을 다 하나씩 사들이는 펀드라는 것을 확인했다. 어느 순간 사람들은 '하나씩 다 모아서 사는 것은 알겠는데, 그게 꼭 펀드여야 해?'라는 의문을 가졌다. 펀드는 환매수수료도 있고, 유지비도 많이 들어가는 상품 아니던가. 이와 같은 의문에 대해 증권회사들은 ETF라는 상품으로 응답했다. 겉모습은 펀드인데 내용은 주식 거래와 똑같게 만든 것이다. ETF는 펀드라는 이름이 붙었지만 주식처럼 환매수수료도 없고 유지비도 특별히 들어가지 않는다. '그리 쉽게 망하지는 않는다'라는 인덱스펀드의 장점에 더해 주식처럼 거래비용을 낮춘 상품이라 할 수 있다.

ETF, 겉은 펀드인데 속은 주식

ETF는 'Exchange Traded Fund'의 줄임말로 상장지수펀드다. 사전적 정의는 '특정 지수를 모방한 포트폴리오를 구성하여 산출된 가격을 상장시킴으로써 주식처럼 자유롭게 거래되도록 설계된 지수상품'이다. 예를 들어 국어, 영어, 수학과 같은 개별 과목이 아니라 전체 평균 점수에 투자하는 것이다.

ETF는 코스피와 같은 전체 평균 점수에 투자한다. 코스피가 3,000일 때 ETF를 구매했고, 코스피가 3,300으로 10% 상승하면 ETF도 코스피 상승분과 동일한 10%의 수익을 얻게 된다. 어제 S&P지수가 5,000포인트였는데 오늘 5,500포인트가 되었다면? 마찬가지로 10% 수익을 얻게 된다. ETF는 개별 종목이 상한가나 하한가를 기록했는지 따지지 않는다. 오로지 평균만 본다. 매우 직관적으로 투자 결과를 확인할 수 있다는 장점이 있다.

간단하게 정리해보는 ETF의 종류

ETF의 개념은 간단하지만, 종류는 간단하지 않다. 특정 지수를 따라가도록 상품을 설계하기 때문에 코스피 지수 자체를 따르게 하거나 코스피 중에서 우량 종목 200개, 300개를 골라 따라가게 하는 식으로 얼마든지 변형이 가능하다. 심지어 인버스 ETF는 추종하는 지수가 하락할 때 수익을 얻기도 한다. 주식에 공매도가 있는 것처럼 ETF에는 인버스 ETF라 하여 지수가 내려가야 수익을 얻는 ETF도 있다.

대표적인 ETF 종류를 몇 개 살펴보자. ETF의 정체는 대부분 이름을 보면 알 수 있다.

1 | 시장 지수형

일반적인 지수를 따라가는 가장 기본적인 ETF다. 각 자산운용회사에서 코스피와 코스닥의 대표 종목 200개 또는 300개를 묶어서 ETF로 만든다. 예를 들어 'TIGER 200'이라는 ETF는 국내 상장된 주식 종목 중 200개를 선별하여 만든 ETF다.

2 | 스타일 인덱스형

조금 더 세부적으로 들어가서 가치주, 배당주, 대형, 중소형 등의 지수를 따로 만든 ETF를 가리킨다. 예를 들어 'TIGER 코스피대형주', 'KODEX 코스피대형주' 등은 주식 종목 중에서 대형 가치주를 모아놓은 ETF다.

3 | 테마 지수 인덱스형

녹색산업, IT산업 등 테마별로 주식을 묶어 ETF로 만든 상품이다. 예를 들어 'KODEX 삼성그룹'은 삼성전자를 필두로 각 삼성 계열사로 구성되고, 'KODEX 자동차'는 자동차 및 부품 회사로 구성된다. 이런 식으로 해당 업종의 등락에 수익률이 따라간다. 'KODEX 자동차'에 투자했다면 전체 코스피 시장이 좋다 해도 자동차 업종이 불황이면 손실을 볼 수도 있다.

4 | 인버스형(리버스형)

보통의 ETF는 추종하는 지수가 상승하면 그에 따라 수익을 보는 방식인데 인버스(리버스) 인덱스형 ETF는 이와 반대로 추종하는 지수가 하락하면 수익이 발생하도록 설계된다. '인버스'가 '거꾸로'라는 뜻이라는 점을 참고하면 상품의 손익 구조를 쉽게 이해할 수 있을 것이다.

예를 들어 'TIGER 인버스'라는 상품은 코스피200 지수에 음(-)의 1배수로 움직이도록 설계되었다. 즉 코스피200 지수가 10% 하락하면 오히려 10% 수익을 얻도록 설계된 상품이다. 지수가 하락할수록 수익을 얻는 상품이라는 점을 처음에는 쉽게 납득하기 어렵다. 지수가 하락하는데 오히려 수익을 본다고 좋아하는 상황이 되니 말이다. 구조가 상당히 복잡하니 이런 상품도 있다는 정도로 이해하자.

5 | 레버리지형

지금까지 설명한 ETF는 추종하는 지수와 1:1 대응을 기본으로 하는데 레버리지 ETF는 추종하는 지수의 움직임에 대해 2~3배의 수익 또는 손실이 발생하도록 한 상품이다. 예를 들어 'KODEX 200레버리지'는 추종하는 코스피200 지수가 10% 오르면 수익은 2배인 20%가 된다. 반대로 내려갈 때도 2배의 움직임을 보인다.

6 | 실물자산형

실물자산의 가격을 추종하는 ETF를 가리킨다. 'KODEX 골드선물(H)'은 미국상품거래소에 상장된 금 선물가격을 기준으로 산출된 S&P GSCI GOLD Total Return 지수를 추종한다. 즉 금값에 연동된 것이다. '(H)'는 헷지(Hedge)의 앞 글자로 환율의 영향 없이 최대한 실물자산 가격의 변동 자체만 추종한다는 뜻이다. 금, 원유, 구리, 농산물과 같은 실물자산 관련 ETF에도 가격이 내려가야 수익을 보는 ETF, 즉 '인버스'가 붙은 ETF가 있다.

처음 ETF에 입문하는 분에게는 우선 '시장 지수형 ETF'를 추천한다. 국내 시장과 미국 시장 전반에 대해 상승과 하락을 경험하면서 내공을 쌓은 뒤, 서서히 개별 시장에 투자하는 스타일 인덱스형 ETF를 경험하는 것이 좋겠다.

ETF와 인덱스펀드 비교

ETF와 인덱스펀드의 3가지 공통점

① 지수(Index) 추종

개별 회사가 아닌 '지수'를 추종한다는 것이 가장 큰 공통점이다. 이 공통점은 다른 투자 상품들과 가장 큰 차이점이기도 하다. 앞으로 잘될 것 같은 회사나 저평가된 회사를 찾는 과정이 필요 없다. 개별 종목이 아닌 지수에 투자한다는 점은 ETF와 인덱스펀드가 가진 가장 큰 특징이다.

② 다양한 상품 구성 가능

ETF와 인덱스펀드 모두 일단 '지수'이기만 하면 상품을 만들 수 있다. 코스피뿐만 아니라 미국 나스닥, S&P500, 다우존스에도 투자할 수 있다. 전체 지수가 좀 느리다고 느껴지면 150개, 100개 등 구성 회사의 개수를 줄인 상품에 투자할 수도 있다. 상품의 구조를 변경하여 지수의 2배, 3배의 움직임을 얻는 레버리지 상품도 있다. 만약 지수가 떨어질 것 같으면 인버스로 오히려 수익을 볼 수도 있다.

③ 뛰어난 가성비

인덱스펀드는 다른 펀드들에 비해, ETF는 다른 주식 거래에 비해 수수료가 낮다. 그도 그럴 것이 비교적 가만히 두기 때문이다. ETF도 거래할 때는 일반 기업의 주식을 거래하는 것에 비해 수수료와 비용이 적게 들어간다. 즉 가성비가 좋다는 것이 이들의 공통점이다.

ETF와 인덱스펀드의 4가지 차이점

① 환매수수료

펀드마다 정해진 규칙에 따라 비율이 달라지기는 하지만, 일반적으로 펀드는 대부분 환매에 따른 수수료가 붙는다. 이에 비해 ETF는 주식처럼 거래가 가능하기 때문에 환매의 개념이 없다. 그냥 주식을 가지고 있다가 파는 것과 같아서 별도의 환매수수료가 붙지 않는다.

② 분할 가능 여부

인덱스펀드에 투자를 해서 500만 원을 넣었다고 가정해보자. 갑자기 300만 원이 급하게 필요한 경우 인덱스펀드를 환매해서 돈을 융통해야 한다. 문제는 대부분의 인덱스펀드가 300만 원 어치만 분할해서 환매해주지 않는다는 것이다. 500만 원 전액 환매 처리하고 300만 원을 빼놓고 200만 원을 다시 넣어야 한다. 수수료는 다시 발생하고 혹시라도 환매에 소요된 기간 동안 주가지수가 올랐다면 그 상승분은 얻지 못한다. 이에 비해 ETF는 5만 원짜리 100주를 가지고 있는데 300만 원이 필요한 일이 생기면 60주만 매도하여 충당할 수 있다.

③ 유지비

펀드나 ETF를 사고팔 때 발생하는 판매수수료와 증권사 수수료는 제외하고 순수하게 '가지고 있을 때' 비용이 얼마나 발생하는지 보자. 실제 한 펀드의 보수 체계를 가지고 왔다. 대부분 이와 비슷하다고 이해하면 된다.

인덱스펀드의 수수료 체계 예시

구분		Class A	Class C	Class Ce
가입 자격		제한 없음	제한 없음	인터넷 전용
선취 판매수수료		납입금액의 1%	없음	없음
신탁보수	판매보수	0.24%	1%	0.755%
	집합투자보수	0.56%		
	기타보수	0.45%		
총보수		0.845%	1.605%	1.36%

인덱스펀드는 클래스에 따라 다르기는 하지만 연간 1% 내외의 유지비가 필요하다. 살 때 내는 판매수수료, 팔 때 내는 환매수수료를 제외하고도 연간 1%다.

반면 ETF의 유지비는 10분의 1에서 100분의 1 수준이다. 아래 표를 보자.

코스피200 ETF의 연간 총보수

ETF 이름	운용사	총보수
KODEX200 ETF	삼성자산운용	0.15%
TIGER200 ETF	미래에셋자산운용	0.05%
KINDEX200 ETF	한국투자신탁운용	0.09%
ARIRANG200 ETF	한화자산운용	0.04%
KBSTAR200 ETF	KB자산운용	0.045%
HANARO200 ETF	NH-Amundi자산운용	0.036%
KOSEF200 ETF	키움투자자산운용	0.13%

연간 총보수를 보면 어떤 ETF는 연간 0.15%로 인덱스펀드의 10분의 1 수준이다. 이 정도만 해도 충분히 유지비가 싸다고 느껴지는데 심지어 총보수가 연간 0.05%인 것도 있다. 인덱스펀드에 비해 유지비가 30분의 1 수준인 셈이다.

ETF와 인덱스펀드, 어느 것을 선택할까?

유지비, 환매비용을 고려하면 ETF가 인덱스펀드에 비해 장점이 많다. ETF의 최대 단점은 주식처럼 거래할 수 있다는 점이다. 팔고자 마음먹으면 주식처럼 쉽게 팔 수 있다. 거래가 간편하다는 점은 장점이자 단점이기도 하다. 더 오를 수 있는데 조금 올랐다고 불안해져서 ETF를 처분할 수도 있고, 내려갈 때엔 조금 더 기다리면 회복하는데 그 시간을 못 참아서 처분할 수도 있다.
이렇게 정리하자. 절대적인 숫자로 보았을 때는 ETF가 낫지만 자신의 매매 스타일에 따라 판단은 달라진다. 결단력이 있으면서 한번 결심한 것은 절대 뒤돌아보지 않고 실행하는 굳은 의지력의 소유자라면 ETF를 권한다. '이거 10년 투자할 거야'라고 결심하고 실행할 수 있을 테니까. 반대로 '난 좀 귀가 얇아', '난 좀 우유부단한 스타일이야'라고 스스로 평가한다면 인덱스펀드가 낫다. 환매 타이밍에 수수료 걱정하느라 환매를 못하면 오히려 장기투자에 도움이 되기 때문이다. 결론이다. 굳은 결심 가능하면 ETF에, 귀가 얇으면 인덱스펀드에 투자하자.

032 ETF, 이름만 보면 다 알 수 있다

> **세 줄 요약**
> 1. 펀드 이름 짓는 방법이 있듯, ETF도 이름 짓는 법이 있다.
> 2. ETF 이름의 핵심은 '어떤 지수를 따라가느냐' 하는 것이다.
> 3. 자유의 나라답게 미국 ETF는 이름 짓는 법이 따로 없다.

ETF는 이름을 지을 때 일정한 규칙이 적용된다. 이 규칙을 알면 ETF 이름만 보고도 어떤 특성이 있는지 금방 파악할 수 있다. 일명 ETF 작명법을 알아보자.

ETF 이름의 구성: 기초

ETF 이름은 크게 두 부분으로 되어 있다. 앞부분은 '어느 회사 상품인지'를 나타내고 뒷부분은 '어떻게 투자하는지'를 알려준다.

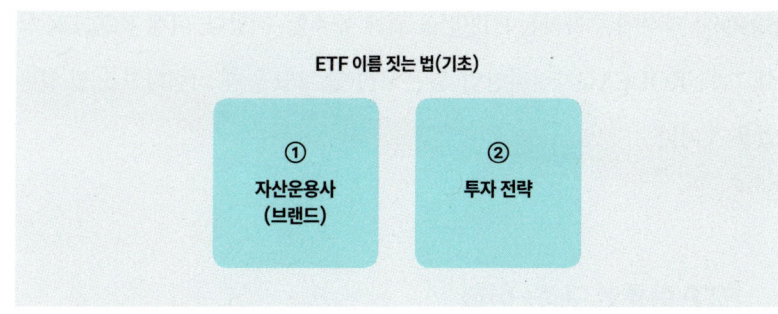

예를 들어보자. ETF 이름이 'KODEX 코스피'인 것은 무엇일까?

① 자산운용사(브랜드): 삼성자산운용(KODEX)
② 투자전략: 코스피 지수 추종

두 개를 합치면 삼성에서 출시한 코스피 지수에 투자하는 상품임을 알 수 있다.

참고로 우리나라에는 대략 20개의 자산운용사가 있는데 주요 브랜드를 정리하면 이렇다.

자산운용사	브랜드
삼성자산운용	KODEX
미래에셋자산운용	TIGER
신한자산운용	SOL(구 SMART)
한국투자신탁운용	ACE(구 KINDEX)
KB자산운용	RISE(구 KBSTAR)
하나자산운용	1Q(구 KTOP)

'TIGER 미국S&P500'이라는 ETF가 있다. 미래에셋에서 출시한 미국

S&P500 지수에 투자하는 ETF임을 쉽게 유추할 수 있다. 이제 'KODEX 삼성그룹', 'KODEX 2차전지산업' 같은 ETF를 보았을 때 어렵다고 느낄 일은 없을 것이다.

ETF 이름의 구성: 심화

기초적인 ETF 이름은 두 부분으로 비교적 간단하지만, 모든 ETF가 이렇게 간단하지는 않다. 특히 해외 기업에 투자하는 ETF는 조금 더 복잡해진다. 항목별로 나누어보자.

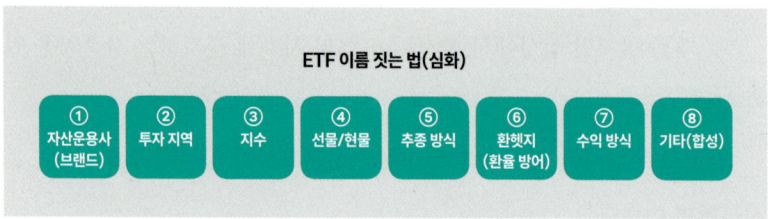

1 | 자산운용사(브랜드)

앞서 확인한 바와 같다.

2 | 투자 지역

어느 국가의 지수에 투자하는지를 나타낸다. 한국에 투자하는 ETF는 생략이 가능하다.

3 | 지수

어떤 지수를 따라가는지를 가리킨다. 코스피, S&P500, 나스닥 외에도 2차전지산업, 자동차, 반도체 등의 영역도 많이 활용된다.

4 | 선물/현물

기본값은 '현물'이고 '선물'인 경우 ETF 이름에 표기된다. '현물'은 투자하는 주식을 현재 시세로 거래하는 방식이고 '선물'은 미래의 어느 시점에 예상되는 가격으로 투자하는 방식이다.

5 | 추종 방식

기본값은 추종하는 지수가 오르는 만큼 수익을 얻는 1배수 방식(1:1 대응)이다. 2배수, 3배수가 되는 '레버리지' 상품이거나 지수가 내려가야 이익을 얻는 '인버스(리버스)' 상품인 경우에는 별도로 표기된다.

6 | 환헷지(환율 방어)

해외 시장에 투자하면 해당 국가의 지수 움직임과는 별도로 환율의 변동에 의해 수익과 손실이 결정되기도 한다. 환헷지 상품은 환율의 변동에 따른 위험을 최대한 줄인 것을 가리킨다. 환헷지가 장착된 상품은 이름에 알파벳 'H'가 표기된다.

7 | 수익 방식

주식에서 배당을 받듯 ETF에서도 분배금을 받는데, PR(Price Return) 방식은 중간중간 분배금을 받는 것이고 TR(Total Return)은 분배금마저도 다시 재투자하여 ETF 수익률에 반영하는 방식을 가리킨다. 참고로 2025년 하반기부터 해외주식형 ETF는 TR 방식이 금지된다.

8 | 기타(합성 여부)

ETF에서 합성은 일종의 '하청' 관계라 보면 된다. '합성'이 붙은 ETF는 자산운용사 자체에서 자산을 관리하는 것이 아니라 다른 증권사의 도움을 받는 ETF다. 일반적인 주식시장의 거래가 아닌 원자재 등을 대상으로 하는 ETF 상품에 합성이 많이 활용된다.

이제 실습을 해보자. 미래에셋자산운용에서 판매하고 있는 'TIGER 미국나스닥100레버리지(합성)' ETF를 부분별로 확인하면 이렇다.

---

① 자산운용사(브랜드) : 미래에셋자산운용(TIGER)
② 투자 지역 : 미국
③ 지수 : 나스닥100 지수 추종
④ 선물/현물 : 표기 없으므로 현물
⑤ 추종 방식 : 레버리지(2배)
⑥ 환헷지 : 표기 없으므로 환율 방어 상품 아님
⑦ 수익 방식 : 표기 없으므로 분배금 수령 방식
⑧ 기타(합성) : 미래에셋에서 직접 운용하지 않는 합성 상품

위 ETF는 연습용으로 가장 어려운 이름을 뽑아본 것이다. 다른 이름들은 이보다 간단하니, 이름만 보고도 특성을 쉽게 파악할 수 있을 것이다.

다만 한 가지 나쁜 소식이 있다. 지금까지 소개한 ETF 이름에 대한 설

명은 한국에서 만든 ETF에만 적용된다. 증권사를 통해 직구하듯 미국 ETF에 투자한다면 이야기는 달라진다. 예를 들어 S&P500에 투자하는 미국산 ETF는 이름이 'SPY'이고 나스닥 지수를 추종하는 ETF는 'QQQ'다. 나스닥 지수에 3배로 추종하는 ETF 명칭은 'TQQQ'다. SPY, QQQ, TQQQ 등 티커만 보고 어떤 곳에 투자하는지 쉽게 연상하기 힘들다. 미국산 ETF에는 따로 작명법 같은 것이 없으니 외우는 수밖에 없다.

033 한국 투자 ETF 실전 전략

> **세 줄 요약**
> 1. 한국의 대표 지수는 코스피, 코스피200, 코스피300 등이 있다.
> 2. 코스닥 지수도 있다.
> 3. 기타 업종별, 테마별 지수도 생산되어 절찬 판매중이다.

ETF는 요리를 만드는 것과 비슷하다. 코스피, 코스닥에 있는 2,400여 개의 회사를 재료로 어떻게 조합할지 결정하는 것이기 때문이다. 밀가루를 가지고 빵이나 라면, 국수를 만드는 것처럼, 주식시장의 종목을 어떻게 조합하느냐에 따라 ETF의 특징과 수익률이 달라진다.

지금부터 안내할 내용은 ETF별로 어떤 재료가 들어가는지를 정리한 일종의 레시피 모음이다. 대표적인 ETF 위주로 설명할 텐데, ETF는 어떤 회사가 운용하는지보다 어떤 지수를 추종하느냐에 따라 결과가 크게 달라지기 때문에 지수만 알면 나머지는 비슷하다고 보면 된다. KODEX인지 TIGER인지 하는 브랜드 구분보다 어떤 지수를 따라가느냐 하는 것이 더 중요하다는 뜻이다.

시장 대표 지수 ETF

1 | 코스피 지수 ETF

코스피 시장의 움직임을 그대로 따라간다. 코스피 지수가 오르면 그 상승률만큼 나의 수익도 늘어난다. 코스피가 하락하면 손실을 본다. 처음 시작하기 좋은 ETF다. 'KODEX 코스피' 등의 상품이 있다.

2 | 코스피200, 코스피300 지수 ETF

코스피 중에서 대표선수 격인 회사 200개 또는 300개로 만든 지수를 만들어 따라간다. 지수의 대상이 되는 회사는 한국거래소에서 정한다. 선정된 회사는 'KRX정보데이터시스템'에서 확인할 수 있다. 'TIGER 200', 'TIGER KRX300' 등의 상품이 있다.

3 | MSCI 코리아 지수

MSCI 지수란 세계적 투자은행인 모건 스탠리의 자회사인 모건스탠리 캐피털 인터내셔널(Morgan Stanley Capital International)에서 발표하는 주가지수로, 모건스탠리라는 일반 기업에서 발표하는 지수임에도 그 영향력이 매우 크다. MSCI에서 한국 주식시장을 분석하기 위해 지수를 만든 게 MSCI Korea Index다. 103개의 회사를 선정해 우리나라 주식시장의 85% 정도를 커버한다. 이러한 지수를 대상으로 만든 ETF가 'KODEX MSCI Korea'이다. MSCI KOREA에 편입된 기업 목록도 'KRX정보데이터시스템' 홈페이지에 있다.

4 | 코스닥150 지수

한국거래소가 발표하는 코스닥150 지수를 따라가는 ETF다. 코스피가 메이저리그라면 코스닥은 마이너리그라 할 수 있는데, 마이너리그 선수가 메이저리그 선수보다 훨씬 더 실력이 좋은 경우도 많다. 'TIGER 코스닥150' 등의 상품이 있다.

레버리지 ETF

레버리지 ETF는 오를 땐 2배로 오르지만, 내릴 때도 2배로 내리는 화끈한 ETF다. 이론적으로 따져보면 장기 투자를 했을 때 손실을 볼 확률이 더 높다. 예를 들어보자. 100만 원으로 2배 레버리지 ETF에 투자했다고 가정했을 때 지수가 10% 상승하면 원금 100만 원에 수익은 상승분의 2배인 20만 원이 되어 총 120만 원이 된다. 이후에 지수가 원래 자리로 내려와서 10% 하락하면, 원금 120만 원에서 하락분 12만 원의 2배인 24만 원의 손실을 입고 96만 원이 된다. 1배수였으면 10% 상승 시 110만 원, 다시 10% 하락 시 99만 원이 되었을 텐데, 2배 레버리지 상품을 이용하면 손실 폭이 더 커진다. 초보 투자자들은 레버리지 상품이라는 게 있다는 정도만 알아두면 된다.

1 | 코스피200 지수 2배 레버리지

코스피 움직임의 2배를 따라간다. 코스피가 10% 오르면 20%의 수익을 얻고, 10% 하락하면 20%의 손해를 보는 상품이다. 'TIGER 레버리지' 등의 상품이 있다.

2 | 코스닥150 지수 2배 레버리지

코스닥150 지수 움직임의 2배를 따라간다. 'TIGER 코스닥150 레버리지' 등의 상품이 있다.

3 | 코스피200 지수 2배 인버스

인버스는 추종하는 지수의 움직임과 반대로 수익과 손실이 결정되는 방식인데, 이 움직임의 크기를 2배로 만든 ETF다. 코스피200 지수가 10% 오르면 20%의 손실, 반대로 하락하면 수익 20%를 얻는 구조다. 가끔 경제 뉴스에서 '하락장에 인기 있는 곱버스(곱배기 + 인버스)'로 표현된다. 'KODEX 200 선물인버스 2X' 등의 상품이 있다.

업종 및 테마 ETF

그냥 지수만 따라가는 ETF를 매매하기는 아쉬운 사람들이 있을 것이다. 펀드가 성장주, 가치주에 해당하는 몇 개의 회사를 묶어서 투자하듯 ETF 중에도 그렇게 묶은 것이 있다. 대부분 이름을 보면 감이 온다. 삼성그룹, TOP10, 2차전지, 은행, 반도체, 헬스케어 등의 이름이 붙는다. 이 외에도 여행레저, 건설, 미디어·엔터테인먼트, 화장품 등의 ETF가 있다.

토막상식

전문가가 알아서 굴려주는 액티브 ETF

처음 ETF가 출시될 때엔 인덱스펀드의 주식 버전 정도였고, 한국과 미국의 주요 주가지수를 그대로 따라가는 상품이 대부분이었다. 이후 ETF는 진화를 거듭하여 증권회사들이 각자의 판단에 따라 좋아 보이는 주식들을 모아서 ETF로 출시하기 시작했다.

액티브 ETF에서 '액티브'는 적극적이고 능동적이라는 뜻이다. 증권사들이 열심히 종목을 발굴하고 연구한 다음 2021년 5월 대한민국에 8개의 액티브 ETF가 출시되었다. 이후 꾸준히 액티브 ETF가 출시되며 그 수가 점점 늘어나고 있다.

기존의 ETF들은 단순히 수동적으로 정해진 지수를 따라가거나 미리 정해진 업종에 투자하는 방식이었다. 액티브 ETF는 적극적으로 종목을 발굴하는 ETF다. 수수료는 0.5% 정도로 지수형 ETF의 5배쯤 된다. 개별 주식에 투자하고 싶다면 액티브 ETF에 속한 회사를 먼저 검토해보는 것도 좋은 투자 전략이다. 주식 공부를 많이 한 증권사 직원들에 의해 1차 검증된 후보들이기 때문이다.

2024년에 출시한 AI 관련 액티브 ETF

TIGER 미국테크TOP10+10%프리미엄	커버드콜 전략 결합
SOL 미국AI반도체칩메이커	AI칩 설계 원천기술 보유 기업으로 구성
TIGER 글로벌온디바이스AI	퀄컴 등 온디바이스 AI 기업 중심으로 구성
SOL 미국AI소프트웨어	AI 소프트웨어 기업 중심으로 구성
KODEX 미국AI테크TOP10+15%프리미엄	커버드콜 전략 결합
ACE 엔비디아밸류체인액티브	AI 반도체 산업의 대표기업 중심으로 밸류체인 구성
ACE 마이크로소프트밸류체인액티브	생성형 AI 산업의 대표기업 중심으로 밸류체인 구성
ACE 구글밸류체인액티브	클라우드 산업의 대표기업 중심으로 밸류체인 구성
ACE 애플밸류체인액티브	온디바이스 AI 산업의 대표기업 중심으로 밸류체인 구성

*자료: 에프앤가이드

표를 보면 2024년에 출시한 AI 관련 주요 액티브 ETF들이 정리되어 있다. 앞으로 AI 산업이 성장하면 수익률도 올라갈 것으로 예상된다.

토막상식

하락장에 대비하는 커버드콜

중간중간 '커버드콜'이라는 단어가 보이는데 간단하게 말해서 자산을 매수하는 동시에 콜옵션(팔 권리)도 동시에 매도하는 방법이다. 즉 살 때 팔 가격이 정해지는 거래 방식이다. 환율을 보호하기 위한 방법이 환헷지이듯, 자산 가격의 급락에 대비하는 방법이 커버드콜이다.

커버드콜 방식은 최근 '월 지급식 ETF'라는 이름으로 인기를 끌고 있다. 나중에 큰 수익을 받는 것보다 매달 수익을 나누어 받길 바란다면 관심 가져볼 만한 상품이다.

034 미국 투자 ETF 실전 전략

> **세 줄 요약**
> 1. 미국 지수 삼대장은 다우존스, S&P500, 나스닥이다.
> 2. 미국산 미국 지수 ETF, 한국산 미국 지수 ETF는 거의 동일하다.
> 3. 한국산 미국 지수 ETF가 저렴한 버전이라 생각하면 된다.

앞서 소개한 ETF가 대한민국의 주식을 묶었다면 지금부터 미국 주식도 ETF로 묶어볼 차례다. 기본 원리는 같다. 지수를 추종하거나 잘될 것 같은 기업 또는 업종들을 묶어서 ETF로 만든다. 우리나라에 코스피, 코스닥이 있듯 미국에도 크게 3개가 있다. 이를 추종하는 상품을 먼저 알아보면서 시작하자. 쉽게 이해하기 위해 미국 주가지수에 투자하는 ETF에 대해, 한국 자산운용사에서 판매하는 것을 '한국산 ETF', 미국 자산운용사에서 판매하는 것을 '미국산 ETF'로 구분하기로 한다.

한국에서 만든 미국 지수 투자 ETF

1 | 나스닥 지수

미국 벤처기업들 위주의 증권거래시장이며 2024년 8월 기준 3,334개의 회사가 등록되어 있다. 나스닥은 주요 기업으로 애플, 알파벳(구글), 아마존 등 쟁쟁한 종목을 많이 보유하고 있다. 나스닥에 투자하는 ETF에는 한국투자신탁운용의 'ACE 미국나스닥100' 등의 상품이 있다.

2 | 다우존스 지수

미국의 다우존스라는 회사에서 선별한 우량 기업 주식 30개 종목으로 지수를 만든 것이다. '다우 지수'라고도 하는데, 미국 주식시장의 흐름을 알려주는 대표 지수다. 'TIGER 미국다우존스30' 등의 상품이 있다.

미국 주식시장에는 1만여 개의 회사가 상장되어 거래되고 있는데 달랑 30개 회사의 움직임만으로 미국 주식시장의 흐름을 제대로 짚어낼 수 있는가 하는 비판이 있다. 그럼에도 다우존스 지수는 1896년 첫 발표 이후 100년 넘는 기간 동안 신기하게도 미국 주식시장의 흐름을 잘 보여주고 있다는 평가를 받고 있다.

토막상식

나스닥 & 나스닥100

나스닥은 IT 기업이 주축이 되어 3,000여 개의 회사가 거래되는 증권거래소다. 나스닥 지수를 정확하게 따라가려면 약 3,000개 회사 주식을 전부 사서 관리해야 하는데, 번거롭다. 나스닥100은 전체 나스닥 등록 기업 중에서 상위 100개를 추려서 지수로 만든 것이다. 나스닥100은 전체 나스닥과 움직임이 큰 차이가 없고 관리가 편하다는 장점이 있어 많이 사용되고 있다.

3 | S&P500

국제신용평가기관인 스탠더드앤푸어스(Standard&Poors)에서 만든 주가지수다. S&P500 지수는 나스닥과 다우존스에서 좋아 보이는 500여 개의 회사들을 선별해 지수로 만들었다. 'TIGER 미국 S&P500' 등의 상품이 있다.

미국에서 만든 미국 지수 투자 ETF

1 | 나스닥 지수

나스닥 지수를 따라가는 ETF 원탑은 QQQ다. QQQ와 QQQM은 나스닥에서 100개의 우량 종목을 골라서 투자하는 ETF다. 오리지널 나스닥 지수 ETF는 QQQ인데, 가격이 높고 운용보수도 높다보니 QQQ의 자산운용사인 인베스코라는 회사에서 QQQM이라는 자매품을 내놓았다. 운용 방법은 완전히 같은데, 차이가 있다면 값이 절반 정도이고 운용보수도 조금 더 낮다는 것이다(즉 보급형 ETF다). 다만 운용보수가 S&P500 지수에 투자하는 ETF에 비해 높다. S&P500에 투자하는 SPY ETF의 운용보수가 연간 0.09%인데 QQQ는 0.2%다. 단순히 비교하면 20배 정도의 차이다.

상품 코드	정식 상품명	운용보수(연간)	가격(달러)
QQQ	Invesco QQQ Trust Series 1	0.20%	514
QQQM	Invesco NASDAQ 100 ETF	0.15%	211

*2024년 11월 8일 기준

> **토막상식**
>
> **다우존스가 인정한 배당주, SCHD**
>
> SCHD는 Dow Jones U.S Dividend 100 Index 지수를 추종하는 ETF다. 즉 다우존스에서 인증한 '재무건전성이 높고 배당금을 잘 주는 100개 기업'에 투자한다. 재무건전성이 좋아 가격 상승을 기대할 수 있고, 고배당주라는 장점이 있다. 게다가 가격 (2024년 11월 8일 기준 29달러)과 수수료(연 0.06%)도 착해서 우리나라 사람들에게 가장 인기 있는 해외 ETF 중 하나다.

2 | 다우존스 지수

다우존스 지수를 추종하는 대표적인 ETF는 DIA다. 다우존스 지수는 단 30개 기업의 흐름을 가지고 미국 전체의 경제 상황을 제대로 읽어내고 있다.

상품 코드	정식 상품명	운용보수(연간)	가격(달러)
DIA	SPDR Dow Jones Industrial Average ETF Trust	0.16%	440

*2024년 11월 8일 기준

3 | S&P500 지수

S&P500 지수 투자 삼대장은 SPY, IVV, VOO다. 이들은 미국 S&P500 지수를 추종하는 대표적인 ETF다. 3개의 ETF는 S&P500이라는 똑같은 지수에 투자하는데, 유일한 차이점은 연간 운용보수다. 값은 좀 비싸게 느껴진다.

상품 코드	정식 상품명	운용보수(연간)	가격(달러)
SPY	SPDR S&P500 Trust ETF	0.09%	598
IVV	iShares Core S&P500 ETF	0.03%	601
VOO	Vanguard S&P500 ETF	0.03%	549

*2024년 11월 8일 기준

가격이 부담되는 경우 앞서 설명한 국내 ETF인 'TIGER 미국S&P500'를 사도 된다. 같은 지수를 추종하면서 가격이 20,594원(2024년 11월 8일 기준)으로 보다 저렴하다. TIGER ETF의 운용보수는 0.07%로 미국산 ETF에 비해 높은 편이다.

토막상식

월스트리트에서 사용하는 종목 코드, 티커

대한민국의 기업들에 각기 고유한 종목 코드가 있듯(예: 현대차 005380) 미국 주식이나 미국 ETF에도 고유한 코드가 있다. 이를 티커(Ticker)라 하는데 알파벳 한 글자부터 다섯 글자까지 자유롭게 정할 수 있다. 너무 자유로워서 기발한 이름이 많이 나온다. 일반적인 티커로는 애플(AAPL), 넷플릭스(NFLX), 테슬라(TSLA)처럼 알파벳이 기업의 이름과 직접 연결되는 경우도 있지만, 코카콜라(KO), 3M(MMM) 등 유쾌한 티커도 있다. SPY, IVV, VOO도 티커고 구글에서 'SPY 주가'라고 검색하면 바로 차트를 볼 수 있다.

재테크 비밀과외

다우존스, S&P500, 나스닥100에는 어떤 기업이 있을까?

미국의 상위 30개 기업을 모아놓은 다우존스 지수에 어떤 기업이 포함되는지, 신용평가사 S&P에서 선정한 500개의 베스트 기업은 또 어떤지, IT 기술주 중심의 나스닥에는 어떤 기업들이 자리하고 있는지 궁금할 것이다. 각 지수의 주요 기업을 살펴보자. 친숙한 기업이 많이 보일 것이다.

다우존스 전체 30개 기업(2024년 11월 기준)

S&P500 상위 30개 기업(2024년 11월 기준)

나스닥 상위 30개 기업(2024년 11월 기준)

그림을 보면 '애플은 왜 3개 목록에 다 들어가 있지?' 하는 궁금증이 생길 것이다. 지수를 어떻게 선정하는지를 살펴보면 이해하기 쉽다. 다우존스 지수는 미국 전체 기업 중에서 상위 30개를 선정한다. S&P500 지수도 미국 전체 기업 중에서 상위 500개를 선정한다. 나스닥 지수는 IT 기술주 위주다. 애플은 IT 주식이면서 동시에 미국 상위 기업 500위, 30위에 들어가기 때문에 세 지수에 모두 포함되는 것이다.

엔비디아, 마이크로소프트, 아마존 역시 세 지수에 모두 포함된다. 그만큼 탄탄하고 매력적인 투자처라는 의미다. ETF가 아닌 미국 개별 기업에 투자하고 싶다면, 이렇듯 다양한 지수에 동시에 포함되는 우량주를 선택하는 것도 좋은 방법이다.

035 미국 투자 ETF, 국내산 vs. 미국산

> **세 줄 요약**
> 1. 한국산 ETF와 미국산 ETF는 99% 같은 상품이다.
> 2. 한국산 ETF는 미국산에 비해 비교적 가격이 저렴하다.
> 3. 거금을 투자한다면 미국산 ETF가 세금 면에서 유리할 수 있다.

미국 증시를 따라가는 ETF에 투자하는 방법이 2가지 있다. 하나는 국내 증권사들이 만든 ETF에 투자하는 것이고, 또 하나는 국내 증권사를 통해 미국 증권사들이 만든 ETF에 투자하는 것이다.

일반적인 경우라면 가성비를 따져서 국내 ETF를 하는 것이 좋지만, 경우에 따라 직접 미국 ETF를 거래하는 것이 더 유리할 때도 있다. 한국 ETF와 미국 ETF에 대해 공통점과 차이점을 비교했으니, 자신에게 어떤 것이 더 적합한지 판단해보기 바란다.

공통점: 수익률은 같다

S&P500 지수를 따라가는 ETF에 투자한다고 했을 때, 한국에서 만든

S&P500 ETF나 미국에서 만든 SPY나 수익률은 같다. 같은 지수를 추종하므로 한국산이든 미국산이든 수익률이 같을 수밖에 없다. 즉 한국산 ETF와 미국산 ETF를 선택할 때 수익률을 비교할 필요는 없다.

차이점 1: 수수료와 운용보수

한국산 ETF와 미국산 ETF는 수수료와 운용보수 체계에서 차이가 있다. 수수료와 운용보수 모두 한국산 ETF가 더 낮은 편이다. 다만 운용보수는 한국산과 미국산 상품마다 차이가 있기 때문에 일괄적으로 판단하기에는 무리가 있다.

ETF 거래에 들어가는 수수료 비교

분류	한국산 ETF	미국산 ETF
매수수수료	0.015%	총 0.254% (매수수수료 0.25% + 유관기관수수료 0.004%)
환전수수료	없음	1달러당 1원
매도수수료	0.015%	총 0.25621% (매수수수료 0.25% + 유관기관수수료 0.004% + 매도거래세 0.00221%)
수수료 합계	0.03%	0.51%

표에 정리된 수수료 합계를 보면, 한국산 ETF는 사고팔 때 총 0.03%, 미국산 ETF는 0.51% 발생한다. 단순하게 보면 미국산이 15배쯤 더 수수료가 비싼 셈이다. 보이지 않는 비용인 환전수수료까지 추가되는 것을 감안하면 수수료 면에선 한국산 ETF가 더 경쟁력 있다.

다음으로 운용보수를 보면 S&P500에 투자하는 ETF를 비교할 때, 미국산 ETF인 SPY가 0.09%, QQQ는 0.2%이고 한국산 ETF인 'TIGER S&P500'은 0.07%, 'KODEX S&P500'은 0.0099%다. 투자에 들어가는 비용 면에서는 한국산이 유리하다. 그럼에도 고민되는 것은 바로 '세금' 때문이다.

차이점 2: 세금

세금은 아주 단순하게 생각해서, 국내산 ETF에는 15.4%의 세금이, 미국산 ETF에는 22%의 양도소득세가 발생한다. 이렇게만 보면 국내산 ETF가 유리하다. 그런데 이것으로 끝이 아니다. ISA를 이용하거나 IRP 또는 연금저축상품을 활용하면 비과세, 연말정산 혜택(세액공제), 손익통산 등 몇 가지 혜택을 추가적으로 얻을 수 있다. 즉 세금 측면에서만 보면 국내산 해외 ETF 상품이 훨씬 유리하다.

다만, 몇억 원씩 하는 거금을 굴리는 투자자에게는 오히려 국내산이 아닌 미국산 ETF가 더 유리할 수 있다. 이것저것 계산할 것 없이 딱 양도차익의 22%, 분배금 수익의 15%만 세금으로 내면 되기 때문이다. 미국산 ETF를 통해 얻은 수익은 종합소득세를 계산할 때 포함되지 않기 때문이다.

간단히 정리하면, 약 3억 원 이상의 목돈을 굴리는 ETF 투자자라면 미국산 ETF가 유리하다. 각자의 자금 사정에 따라 유리한 방법을 선택하자.

국내산 ETF와 해외산 ETF 투자 비교

구분		국내	해외
매매차익		배당소득세 15.4%, 손익통산 불가	양도소득세 22%, 손익통산 가능
분배금		배당소득세 15.4%	국가별 세율(미국 15%)
편의성		국내 거래시간, 원화 매수	해외 거래시간, 환전 후 매수
절세 계좌	IRP	• 과세 이연, 손익통산 가능 • 레버리지, 인버스, 위험자산 70% 투자 제한 • 중도 해지 시 기타소득세 16.5% • 세액공제 900만 원(IRP + 연금저축)	활용 불가
	연금저축 상품	• 과세 이연, 손익통산 가능, 담보대출 가능 • 레버리지, 인버스 투자 제한 • 중도 해지 시 기타소득세 16.5% • 세액공제 600만 원	
	ISA	• 과세 이연, 손익통산 가능 • 최대 5년까지 투자 제한 • 수익 200만 원까지 비과세(서민형은 400만 원)	

　해외에 투자하는 국내산 ETF에는 89쪽에서 설명한 이중과세 문제가 있다. ETF 투자로 얻는 배당소득세에 대해 해당 국가에 세금을 한 번 내고, 다시 우리나라에 세금을 또 내야 한다. 정부는 세금 크레딧을 도입해 세금 정산을 하겠다는데 근본적인 해결책은 아니다. 불행 중 다행은 배당소득세가 투자 수익에서 차지하는 비중이 높지 않다는 점이다.

재테크 비밀과외

일반 계좌, ISA, IRP, 연금저축펀드 비교하기

ETF 투자가 활성화되면서 다양한 계좌를 활용해 ETF에 투자할 수 있게 되었다. ISA, IRP, 연금저축펀드 같은 계좌마다 각각 세금 제도가 다르기 때문에 어느 것을 이용해야 최대의 이익을 얻을지 판단하기 어렵다. ETF 투자 시 계좌별 세금을 정리해보자.

① 일반 계좌

일반 계좌를 통해 ETF 투자를 하면 어느 나라에 투자하느냐에 따라 세금이 달라진다. 먼저, 한국 증권사에서 만들어 한국 기업에 투자하는 국내 상장 국내 ETF를 살펴보자. 국내 주식에 투자하는 것과 마찬가지로 세금이 거의 발생하지 않는다. 매매차익에 대해 비과세되기 때문이다. 배당소득세는 주식, ETF를 보유하는 동안 받는 배당소득에 대해 15.4%가 부과되는데 소소한 정도다. 이에 비해 외국 기업에 투자하는 ETF는 비과세 혜택을 기대하기 어렵다. 우선 KODEX, TIGER 등이 붙는, 국내에 상장된 해외 ETF는 매매차익에 대해서는 양도소득세, 배당소득에 대해서는 배당소득세로 15.4%의 세금이 동일하게 부과된다.

가장 세금이 높은 것은 해외에 상장된 해외 ETF다. 즉 SPY, IVV, VOO에 투자하는 경우 매매차익에 대해 22%, 배당소득에 대해 15.4%의 세금이 붙는다. 지금까지 설명한 내용을 표로 정리하면 다음과 같다.

일반 계좌 투자 시 세금 비교

구분	예시	매매차익 (양도소득세)	배당소득 (배당소득세)
국내 상장 국내 투자 ETF	KODEX 코스피 ETF	비과세	15.4%
국내 상장 해외 투자 ETF	KODEX S&P500 ETF	15.4%	
해외 상장 해외 투자 ETF	SPY, IVV, VOO	22% (기본 공제 250만 원)	

쉽고 확실한 ETF 투자

세율만 따져보면 우리나라 기업에 투자하는 ETF들이 유리해 보인다. SPY, IVV처럼 해외에 상장된 해외 투자 ETF들은 매매차익 세율이 가장 높다. 정부 입장에서는 해외에 투자해서 수익을 얻는 상황에 대해 세금을 할인하거나 면제할 이유가 없기 때문에 세율에 이러한 차이를 두고 있다.

② ISA 계좌(중개형)

ISA 계좌는 손익통산 시스템을 통해 이익과 손실을 합쳐서 계산한다는 점과 비과세 혜택이 있다는 점이 강점이다.

ISA 계좌를 활용하면 국내기업에 투자하는 ETF는 전액 비과세되고, 나머지 경우에는 비과세 및 분리과세가 적용된다. 손익통산 후 일정 수익(일반형 200만 원, 서민형 400만 원)까지는 비과세, 이를 넘어서는 수익금에 대해서는 일괄적으로 9.9%의 세금을 부과하는 것이다. 특히 국내에 상장된 해외 ETF에 대한 세율이 양도소득, 배당소득 모두 15.4%인 것을 감안하면 분리과세는 상당한 혜택이다. 향후 ISA의 비과세 혜택이 확대되면 더욱 큰 수익을 얻을 수 있을 것이다.

ISA 계좌 투자 시 세금 비교

구분	매매차익	배당소득
국내 상장 국내 ETF	비과세	일반형 • 수익 200만 원 이하: 비과세 • 수익 200만 원 초과: 9.9% 서민형 • 수익 400만 원 이하: 비과세 • 수익 400만 원 초과: 9.9%
국내 상장 해외 ETF	일반형 • 수익 200만 원 이하: 비과세 • 수익 200만 원 초과: 9.9% 서민형 • 수익 400만 원 이하: 비과세 • 수익 400만 원 초과: 9.9%	일반형 • 수익 200만 원 이하: 비과세 • 수익 200만 원 초과: 9.9% 서민형 • 수익 400만 원 이하: 비과세 • 수익 400만 원 초과: 9.9%
해외 상장 해외 ETF	투자 불가	투자 불가

③ IRP 계좌

IRP 계좌는 연간 세액공제 한도 900만 원을 ETF에 투자하는 경우, 납입할 때 세액공제와 세금 혜택을 얻을 수 있고, 수령할 때에도 일정 조건을 갖추면 소득세에서 또 한 번 세금 혜택을 받는 상품이다. IRP 계좌를 통해 ETF에 투자하면 55세가 넘어야 연금으로 수령할 수 있으므로 시간의 힘이 작용하는 높은 수익률을 기대할 수 있다. 세액공제를 통해 납입 금액의 13.2~16.5%의 세금 혜택을 얻을 수 있다는 장점도 있다. 단점은 필요할 때 쉽게 꺼내 쓸 수 없다는 것이다.

④ 연금저축펀드

연금저축을 통한 ETF 투자와 IRP 계좌를 통한 ETF 투자는 세금 혜택 측면에서 동일하다. 차이가 있다면 세액공제 한도가 IRP는 900만 원, 연금저축펀드는 600만 원이라는 점이다. 주의사항으로, 세액공제 한도는 합쳐지지 않는다. 즉 IRP와 연금저축펀드를 합쳐서 총 900만 원까지 세액공제가 적용된다. IRP에 900만 원을 넣어서 세액공제 혜택을 한도까지 다 받는다면, 연금저축펀드에는 얼마를 넣든 세액공제를 받을 수 없다. 또는 IRP에 300만 원, 연금저축펀드에 600만 원을 넣어서 900만 원의 한도를 채울 수도 있다.

연금저축도 IRP와 마찬가지로 혜택은 좋지만 55세 이후부터 연금을 수령할 수 있다는 점을 감안해야 한다.

036 ETN은 ETF의 증권사 버전

> **세 줄 요약**
> 1. ETN은 ETF와 같은 방식의 상품이다.
> 2. ETN은 ETF보다 더 많은 상품지수를 활용할 수 있다.
> 3. 다만 증권사 신용 상품이라 증권사가 망하면 투자자도 망한다.

증권이면서 채권인 ETN

ETN이란 'Exchange Traded Note'의 약자로 '상장지수증권' 또는 '상장지수채권'이라고도 부르는데, 증권으로도 채권으로도 불리는 특이한 상품이다. ETN의 수익 구조는 ETF와 동일하다. 즉 기초자산을 정해놓고 기초자산의 움직임에 따라 수익이 결정된다. 달러를 기초자산으로 정했다면 달러 값이 오르면 수익을 얻고 달러 값이 내려가면 손실을 입는다.

ETF와 다른 점은, ETF는 포트폴리오를 구성하고 자산을 매입하여 기초자산의 움직임을 따르지만, ETN은 실물자산 없이 기초자산의 움직임에 따라 채권을 발행한다는 것이다. 즉 증권사의 신용으로 기초자산의 변화만큼 투자자에게 투자금액을 정산해서 돌려주겠다는 채권이다. ETF는 주식에 직접 투자하는 방식인데 ETN은 직접 투자하지 않고 지수만 따라가는 상품이라고 생각하면 된다.

ETN이 출시된 것은 ETF로도 채울 수 없는 갈증이 있었기 때문이다. ETF는 기본적으로 주식을 활용한다. ETN은 구리값, 금값 심지어 달러값도 지수로 표현할 수 있다면 모두 투자 대상으로 할 수 있다. 금융회사 입장에서는 주식 외 다양한 지수에 투자하는 상품이 필요했고 결국 증권사가 자신의 책임으로 '지수'이기만 하면 투자할 수 있도록 만든 상품인 ETN이 탄생했다.

ETF와 ETN의 차이

구분	ETF	ETN
손익 과세	자산운용사가 자산운용을 통하여 지수수익률을 추적하는, 만기가 없는 집합투자증권(펀드)	증권회사가 자기 신용으로 지수수익률을 보장하는, 만기가 있는 파생결합증권
발행자의 신용위험	없음	있음
구성 종목 수	10종목 이상	5종목 이상
자산 운용 제한	있음	없음

*자료: 한국거래소

만일 증권사가 파산하게 되면 ETN 투자자들은 투자금을 돌려받지 못할 수도 있다. ETN을 증권이라고도 부르고 채권이라고도 부르는 이유가 여기 있다. 거래소에서 거래가 가능하기에 '증권'이라 할 수 있고, 동시에 증권사가 발행하는 채권이기 때문에 '채권'이라고도 한다.

다행히 ETN은 상품 설명이 매우 어렵기 때문에 초보 투자자가 쉽게 투자할 수 없다. 일종의 안전장치인 셈이다. 다음은 삼성 코스피 양매도 5% OTM ETN의 투자 전략이다.

'삼성 코스피 양매도 5% OTM ETN'의 투자 전략

매월 옵션만기일에 코스피200 지수의 95% 수준 행사가의 풋옵션 최근월물과 105% 수준 행사가의 콜옵션 최근월물을 매도하는 전략으로, 옵션만기일에 코스피200 지수가 전월 만기일 대비 ±5% 범위 이내일 경우 옵션 매도 프리미엄 수익이 적립되며, 옵션만기일에 코스피200 지수가 전월 만기일 대비 ±5% 초과해서 변동할 경우 벗어난 등락률의 1배수에 연동된 수준의 손실이 발생합니다. 옵션을 이용하는 전략으로, 증거금을 제외한 원금에 대해서는 CD 이자를 반영합니다.

*자료: 삼성증권 홈페이지

위의 투자 전략을 이해할 수 있는가? 금융 전문가도 쉽게 이해하기 어려운 내용이다. ETN 투자는 해당 투자 전략을 100% 이해할 수 있게 되면, 그때 도전해보자.

037 ELS, 주가지수로 하는 도박

> **세 줄 요약**
> 1. ELS는 오르지도 내리지도 않는 정체상황(박스권)에서는 유용한 상품이다.
> 2. 조금 내리면 위험이 방어되지만 더 내리면 손실을 막을 수 없다.
> 3. 다이내믹한 세계 경제 상황을 고려하면 위험한 상품이다.

ELS는 개별 주식 또는 주가지수와 상품의 수익률을 연결한 투자 상품이다. 펀드는 아니지만 언젠가 목돈 관리를 위해 당신이 접하게 될 증권사 상품이기에 예습하는 차원에서 미리 공부해보자.

ELS는 체계화된 복불복

ELS란 'Equity Linked Securities'의 준말로 '주가연계증권'이라는 뜻이다. ELS를 간단히 표현하면 '체계화된 복불복'이라 할 수 있다. 가장 일반화된 ELS인 조기상환형(스텝다운형)을 예로 들어보자. 이는 '기초자산인 두 개의 지수가 반 토막만 나지 않는다면' 또는 '두 회사의 주식이 60% 이상으로만 계속 있어 주면' 수익이 나는 상품이다. 금융공학이라는 포장은 그럴 듯하지만 결국 '2개의 지수가 이만큼까지 떨어질까요, 안 떨어질까요? 맞춰 보세요'의 구조라 할 수 있다.

ELS 핵심 용어 3가지

1 | 기초자산

기준이 되는 지수를 가리킨다. 기초자산은 코스피, 홍콩H 지수처럼 주가지수가 될 수도 있고 삼성전자, 현대차처럼 개별 주식의 가격이 될 수도 있다. 기초자산은 보통 2개 또는 3개를 묶어 기초자산으로 하는 것이 일반적이다. 이 기초자산이 오르는지 내리는지에 따라 ELS의 수익률이 결정되는데 주로 '○○% 밑으로 내려가지만 않으면'이라는 조건이 붙는다. 'ELS 상품이 50% 밑으로 내려가지만 않으면'인 경우라면 정해진 기초자산의 가격이 반으로 하락하지만 않으면 약속된 수익을 지급하겠다는 뜻이다.

2 | 만기와 상환주기

대부분의 ELS는 3년 만기로 출시되고 상환주기는 6개월이다. 즉 ELS는 6개월마다 중간 평가를 한다는 뜻이다. 이때 일정 요건이 충족되면 조기상환되는데 보통 1년 내 조기상환되는 경우가 많다. 만기, 즉 상품의 총 투자 기간은 3년, 상환주기(중간평가주기)는 6개월이라는 것만 알아두자.

3 | 낙인(Knock-in)

가장 중요한 용어다. 수익과 손실을 구분하는 기준이라 보면 되는데 앞서 본 '○○% 밑으로만 떨어지지 않으면'이라는 조건에서 가리키는 '○○%'

가 낙인이다. 상품의 생사를 가르는 생사 기준선이라 보면 된다.

삼성증권사의 'ELS제29676회' 상품을 예로 들어보자. 상품설명서에 표기된 내용을 요약하면 이렇다.

상품설명서 요약
- **기초자산**: POSCO홀딩스, LG화학 보통주
- **손익구조**: 6개월마다 기초자산이 모두 행사가격 이상인 경우
- **행사가격**: 6개월(85%), 12개월(85%), 18개월(80%), 24개월(80%), 30개월(75%)
- **수익률**: 연간 13.2%
- **하락한계**: 최초 기준가격의 45%

상품의 구성을 풀어보면 이렇다. POSCO홀딩스와 LG화학 주식에 대해 2024년 8월 6일 종가를 기준으로 잡고 6개월 지났을 때 해당 주식의 가격이 원래 가격 대비 85% 이상이면 6.6%의 수익을 지급하고, 원래 가격 대비 85% 미만이면 다시 6개월을 기다려서 12개월 차에 기준가격의 85%를 넘으면 13.2%의 수익을 지급하겠다는 것이 핵심이다. '하락한계'는 손실이 시작되는 기준이다. 혹시 시장 상황이 안 좋아서 해당 주식의 가격이 원래 가격의 45% 미만이 되면 그 비율만큼 손해를 본다는 내용이다.

요약하면, 두 회사의 주식이 8월 6일 종가에 비해 15% 미만으로 하락할 때까지는 이익을 볼 수 있다는 것이다. 주가가 떨어져도 어느 정도까지는 버틸 수 있다는 점이 참으로 고맙지만, 예상하지 못한 상황에 의해 하락한계(-45%) 밑으로 떨어지면 최대 100% 손실까지 가능한 무시무시한 상품이다.

ELS 판매 창구에서는 "주식이나 지수가 반토막 나지 않으면 이익을 보

> **토막상식**
>
> **2024년 홍콩ELS 사태 알아보기**
>
> 2024년 봄, 일명 홍콩ELS 사태가 발생했다. 예금을 하러 은행을 찾은 어르신들에게 ELS 상품을 '예금 같은 것'이라고 소개하면서 20조 원 규모로 가입시킨 것이다. 과연 어르신들이 ELS 상품의 구성이나 위험성 등을 미리 아셨을지 의문이다. 해당 상품은 홍콩의 주가지수(홍콩H 지수)로 복불복 게임을 했던 상품이다. 홍콩 지수가 반토막이 나면서 투자원금도 반토막 난 상황이었다. 은행의 '안전하다'는 설명을 믿었던 투자자들은 각 정부 부처와 은행 앞에서 시위를 하기도 했다. 그럼에도 손실액의 절반이라도 건진 고객은 고작 5%에 불과했다.

는 안전한 상품입니다"라고 이야기한다. 이론적으로 보면 맞는 말이다. 문제는 가끔 실제로 반토막이 난다는 것이다.

박스권이라면 괜찮은 상품

ELS의 최대 장점은 주가나 지수가 조금 떨어져도 수익이 날 수 있다는 점이다. 주식이나 펀드는 주가가 10% 하락하면 그만큼 손실이 나지만 ELS는 낙인 전이라면 괜찮기 때문이다. 따라서, 주가가 일정한 범위에서 등락을 반복하는 일명 '박스권 장세'에서는 좋은 투자 수단이 될 수 있다. 앞으로 주가가 떨어지기는 하겠지만 심하게 떨어지지는 않을 것 같다고 판단되면 해볼 만한데, 너무 떨어지는 경우가 한 번이라도 발생하면 큰 손실로 이어진다는 점은 감안해야 한다.

거치식만 가능, 적립식은 불가능

적립식이 아니라는 점이 매우 아쉽다. 주가가 떨어져도 수익을 얻는 상품이라면 차곡차곡 쌓아서 투자할 수 있게 해주면 참 좋을 텐데 ELS는 그렇지 않다. 적립식이 아닌 거치식이기 때문에 목돈이 만들어져야 할 수 있다. 최소 100만 원으로 시작하는 상품이 대부분이다.

토막상식

DLS는 안심해도 된다?

DLS는 ELS를 잘 알고 있으면 쉽게 이해할 수 있는 상품이다. DLS는 'Derivative Linked Securities'의 약자로 '파생연계증권'이다. 기초자산이 주가지수가 아닌 기타 상품까지 확대된 상품이다. ELS는 수익의 결정을 개별 주식의 주가 또는 코스피, 나스닥과 같은 시장 지수에 연계된 것이고 DLS는 금값, 원유값과 같은 실물자산 지수 또는 금리에 연결된 상품이다.

DLS 기초자산의 종류

신용	파산, 지급불이행, 채무조정 등 특정 기업의 신용사건
실물자산	원유, 금, 구리, 천연가스 등
금리	국고채 5년물, 국고채 3년물, CD 91일물 등
원자재 지수	S&P GSCI 상품지수 등
기타	달러화, 부동산, ETF, 탄소배출권 등

DLS 때문에 2019년 여름에 한바탕 난리가 났었다. 은행들이 안심하라며 판매했던 DLS라는 상품이 원금 전액 손실을 불러왔기 때문이다. 1억 원을 넣었더니 200만 원이 되어버린 것이다. 문제가 되었던 DLS 상품은 독일 채권값을 기준으로 했었고 수익률은 최대 연 4%, 손실은 원금 100% 손실까지 가능했던 상품이었다.

DLS는 ELS와 아주 비슷한 상품이다. 차이가 있다면 ELS가 주가지수를 기준으로 하는 것에 비해 DLS는 금값, 은값, 채권값 등 원자재처럼 실물을 기준으로 한다는 점이다. DLS든 ELS든 투자를 하고자 할 때는 얻을 수 있는 최대기대수익률과 잃을 수 있는 최대손실률을 비교해보는 것이 중요하다.

세 글자 상품 정리: ETF, ELS, DLS, ELD, ELF

금융상품은 세 글자 상품이 많다. 심지어 상품의 성격도 비슷해서 더욱 혼동되는 경우가 있다. 이번 기회에 세 글자 상품에 대한 기본 개념을 확실히 잡아서 더 이상 고통받는 일이 없도록 하자.

① ETF: 상장지수펀드(Exchange Traded Fund)

인덱스펀드를 주식처럼 거래할 수 있도록 만든 것. 주로 한국과 미국의 주가지수를 따라가는 상품이 대부분이다.

② ELS: 주가연계증권(Equity Linked Securities)

기초자산을 정해두고 가격 변동에 따라 미리 정해진 수익 구조에 의해 수익과 손실이 결정되는 상품. 대부분 2개의 회사 주가 또는 주가지수를 기초자산으로 하는 경우가 많다.

③ DLS: 파생결합증권(Derivatives Linked Securities)

ELS와 상품 구조가 유사하다. 차이가 있다면, ELS는 주가나 주가지수를 기초자산으로 하는 것에 비해 DLS는 원자재, 금, 채권 이자율 같은 기타 파생상품을 기초자산으로 한다.

④ ELD: 주가연계형예금(Equity Linked Deposit)

예금이라는 이름이 붙은 투자 상품이다. 투자원금의 95%를 예금에 넣고 나머지 5%를 주식이나 ELS에 자유롭게 투자한다. 투자한 ELS가 수익을 얻는다 해도 투자된 금액은 전체 금액의 5% 남짓이기 때문에 큰 수익을 기대하기는 어렵다. 투자 결과가 나쁘다 해도 전체 투자금에서 95%는 은행에 예금되어 있으므로 예금이자를 통해 적어도 투자원금은 보장받을 수 있다. 원금이 보장된다는 장점이 있으나 동시에 큰 수익을 기대할 수 없는 상품이다.

⑤ ELF: 주가연계펀드(Equity Linked Fund)

ELS에 투자하는 펀드. 펀드에 투자할 때 수수료 한 번, 그 금액을 다시 ELS에 투자할 때 또 한 번 중복으로 수수료가 나가는 상품이다. 굳이 할 필요는 없다.

여섯째 마당

내 집 마련을 위한 부동산 투자

Common Sense Dictionary
for Salaried

038 앞으로 집값은 오를까, 내릴까?

> **세 줄 요약**
> 1. 집값 하락의 근거: 인구 감소, 소유의식 약화, 대출 부담.
> 2. 집값 상승의 근거: 주택 공급 부족, 전통적 투기 심리.
> 3. 앞으로 50년 동안 상승과 하락의 근거는 변하지 않을 듯하다.

집값이 미쳤다. 미친 듯 오르더니 미친 듯 내려갔다가 다시 오르네 마네 하고 있다. 전셋값(전세가격, 전세보증금)도 제정신 아닌 듯하다. 앞으로 전셋값, 집값이 어떻게 될지 갈피를 잡기 힘든 세상이다. 우선, 부동산 가격이 오른다고 주장하는 근거와 내린다고 주장하는 근거를 간단하게 정리해보겠다.

집값 하락의 근거 3가지

1 | 인구 감소

지금 대한민국에서는 저출산과 고령화가 진행 중이다. 저출산으로 인구가 줄어들고, 고령화로 경제 활동을 할 수 있는 인구가 줄어들고 있다. 위로는 고령인구 증가, 아래로는 출산율 감소가 진행되는 상황이다.

인구가 줄어든다는 것은 주택 수요의 감소를 의미한다. 지금은 집값이 비싸지만 인구가 줄어 집을 필요로 하는 사람이 줄면 집이 남아돌게 될 것이라는 뜻이다. 물건이 남아돌면 비싸게 거래할 필요가 없어지기에 인구 감소는 집값 하락의 대표적인 근거로 제시된다.

2 | 소유 의식 약화

'꼭 집을 사야 하나?'라는 의문을 가져본 적 있을 것이다. 집을 사자니 비싸기도 비싸고 집값이 떨어지면 손해를 보게 될 텐데 집을 살 필요가 있을까 싶다. 특히 미혼인 젊은 세대를 중심으로 소유 의식이 많이 약화되고 있다. 무리해서 집을 사기보다는 그 돈을 다른 데 투자하거나 생활을 풍족하게 유지하겠다는 생각이다.

한편에서는 소유 의식이 약해진 것이 아니라, 집이 너무 비싸서 엄두가 나지 않기 때문이라고 한다. 그것도 맞는 말이다.

3 | 금리 상승

부동산뿐만 아니라 주식시장도 금리의 영향을 많이 받는다. 2022년 여름에 시작된 미국과 한국의 기준금리 인상은 대출의 원금과 이자 부담을 급작스럽게 올려놓았다. 집을 사고 싶어도 대출이자를 감당하기 어려울까봐 망설이게 된 것이다. 대출 부담이 계속된다면 집을 살 여력이 부족해지고 이에 따라 집값은 하락할 것이라 예상된다.

집값 상승의 근거 2가지

1 | 주택 공급 부족

대한민국 어디를 둘러봐도 아파트가 성냥갑처럼 빽빽하게 자리하고 있는데 '내 집'이라 부를 수 있는 아파트가 없다. 정부에서는 항상 주택 공급을 확대하겠다고 정책을 발표하는데 뭔가 눈에 보이는 성과는 없는 것 같다. 수요가 많은데 공급이 부족하다면? 가격이 오를 수밖에 없다. 2022년 8월, 정부는 앞으로 270만 호의 주택을 전국에 공급하겠다고 발표했다. 이 발표대로 주택 공급이 넉넉하게 이루어진다면 부동산 시장은 안정되겠지만 만일의 경우 집을 제때, 넉넉하게 공급하지 못한다면 사람들은 또다시 '미친 집값, 미친 전셋값'을 경험할 가능성이 높다.

2 | 전통적 투기 심리

부동산은 사두면 언젠가는 오른다는 인식이 많다. 특히 서울 강남 지역은 '강남 불패'라 불리지 않는가. 부동산을 매입하고자 하는 수요가 늘 있기 때문에 경기가 좋아지고 규제만 조금 풀리면 언제든 부동산은 상승할 수 있다는 주장이 지배적이다.

이렇게 들으면 이게 맞는 것 같고, 저렇게 들으면 저게 맞는 것 같다. 판단은 우리의 몫이다. 이 장에서는 '어디가 오를 것이니 어디를 사라!' 하는 이야기를 하지는 않는다. 부동산에 대해 기초적으로 알아두어야 할 내용을 정리했다. 적어도 부동산 사장님들에게, 못된 집주인들에게 당하지 않는 방법을 알 수 있을 것이다.

039 집값을 결정하는 공식과 변수

> **세 줄 요약**
> 1. 집값 = 전세값 + 기대치.
> 2. 전세값은 현재의 거주 가치를 '가격'으로 표시한 값.
> 3. 기대치는 미래의 상승 기대치를 '가격'으로 표시한 값.

집값을 결정하는 요인이 무엇인지, 학교의 교수들이나 현장의 전문가들이 연구하고 발표한 내용이 많지만 아직 정확하게 "집값은 이렇게 결정됩니다"라는 원칙은 없다. 과학과 수학의 힘으로 우주와 지구의 나이도 계산하고 지구 밖으로 로켓도 발사하는 세상인데 말이다.

경제학에서는 수요와 공급이 가격 결정의 가장 기본 요인이라 한다. 집값도 수요와 공급을 떼어놓고 이야기하기는 힘들다. 동시에 수요와 공급만으로는 설명하기 어려운 심리적인 요인도 작용한다. 현실에서 부동산 가격은 너무나도 복잡하게 결정된다. 누구도 쉽게 앞으로 부동산 가격이 오를지 내릴지를 예측하기 어려운 것은 수많은 변수가 작용하기 때문이다.

지금부터 말하는 내용은 전혀 과학적이거나 수학적이지 않다. 내가 지금까지 경험했던 실무, 책을 통해 공부한 이론적 배경을 합쳐서 내린 나름의 결론이다. 당연하게도 틀릴 수 있다. 그러나 집값의 흐름을 직관적으로 이해하고 예측하기 위한 간단한 방법이라 자신한다.

결론부터 말하면, 집값을 결정하는 요인은 전셋값과 기대치다. 수식으로 표현하면 다음과 같다.

집값 결정 요인

- 집값 = 전셋값 + 기대치

*전셋값 = 현재 가치

*기대치 = 미래 가치

집값의 결정 공식은 매우 간단하다. 전세가격을 기본으로 해서 여기에 기대치가 반영된다. 이 공식을 염두에 두면 집값에 대해 많은 것을 쉽게 이해할 수 있다. A아파트는 낡아서 금방이라도 쓰러질 것 같은데 왜 비싼지, B아파트는 왜 전세가격은 올라도 매매가격은 오르지 않는지 등을 파악할 수 있다.

전세가격은 해당 주택이 가지고 있는 현재의 가치를 나타낸다. 지하철과 얼마나 가까운지, 주거 환경과 생활 편의시설은 얼마나 좋은지가 '가격'으로 표시된다. 내가 2년 동안 살 전셋집을 알아본다고 가정해보자. 이 집이 5년 후에 재건축이 될 예정이라거나, 10년 후에 지하철이 개통될 것이라거나 하는 사실이 과연 전세가격에 영향을 미칠까?

'미래에 이 집이 이만큼 좋아질 것이다' 하는 것들은 전세가격에는 큰 영향을 미치지 않는다. 전세가격에 영향을 미치는 것은 이 집이 앞으로 어떻게 좋아질지가 아닌 '지금 당장의 상태', 즉 이 집이 남향인지, 몇 층인지, 학교와 학원은 얼마나 가까운지 하는 요소들이다. 2년이나 4년 후에 전세 기간 끝나면 이사를 가야 하는데 10년 후에 어떻게 좋아질지는 전혀 고려 대상이 아니다. 전세가격은 이 집의 현재 가치를 가장 정확하게 '가격'으로 표시해준다.

정리하면, 전세가격은 해당 주택의 세대 수, 편의시설, 교육 여건 등 '현재 상태'에 대한 가격이라고 보면 된다.

집값을 결정하는 다음 요인은 '기대치'다. 해당 주택이 앞으로 오를지 내릴지에 대한 기대감이 '가격'으로 나타난다. 앞으로 집 앞에 지하철이 개통된다면? 지금은 아니지만 앞으로 교통 여건이 개선되어 가치와 가격이 오를 것으로 기대할 수 있다. 지하철은 노선 발표와 착공, 준공까지 몇 년이나 걸리므로 실제 교통이 좋아지는 것은 한참 후의 일이지만, 노선 발표와 동시에 집값이 오르는 것은 '기대감'이 반영되기 때문이다. 가격이 올라가는 것은 미래에 대한 기대치가 높아지기 때문이라 이해할 수 있다.

반대인 경우도 있다. 기대치가 마이너스가 되기도 한다. 인플레이션을 잡기 위해 은행 대출금리를 올리겠다는 계획이 발표되거나 정부에서 부동산 투기를 억제하기 위해 주택 보유자들에게 무거운 세금을 물리겠다는 정책이 발표되면 향후 가격에 대한 기대감보다는 공포감이 더 강해진다. 기대치가 마이너스로 전환되면서 집값이 내려가게 된다. 기대치, 즉 미래 가치는 '이 집이 앞으로 어떻게 될 것'이라는 예상이 숫자로 표현된 것이다.

위의 공식을 참고하여, 매매가격이 상승하거나 하락하는 경우를 나누어 보면 이렇다.

1 | 매매가격이 상승하는 경우
- **전세가격 상승 & 기대치 상승:** 신축 아파트는 전세가격도 높게 형성

되고, 앞으로 지역이 더 발전할 것이라는 기대감이 반영되어 매매가격이 상승한다.

- **전세가격 하락 & 기대치 상승:** 재건축 대상 아파트. 아파트 재건축은 건축된 지 30년 이상이 지나야 추진이 가능하다. 즉 오래되어야 재건축이 가능하다는 것인데, 아파트가 오래되면 내부 시설이 노후되어 생활이 불편한 경우가 많다. 그럼에도 가격이 오르는 것은 재건축을 통해 새 아파트로 변신하면 집값이 많이 오를 것이라는 기대감이 계속 반영되기 때문이다.

2 | 매매가격이 하락하는 경우

- **전세가격 상승 & 기대치 하락:** 10년 이상 된 일반 아파트. 일반 아파트는 재건축 사업을 기대하려면 20년 이상 필요하기에 기대감이 반영되기는 힘들다. 전세가격이 상승해도 개발사업이나 교통 여건 개선에 대한 기대감이 없다면 가격은 하락한다. 2022년부터 2023년 부동산 시장의 하락은 특히 10년 이상 된 일반 아파트에 더 큰 영향을 미쳤다.
- **전세가격 하락 & 기대치 하락:** 비인기 지역에 위치한 20년 내외 노후 아파트. 비인기 지역이라 전세 수요가 많지 않은 아파트는 전세가격과 기대치가 모두 하락한다. 특히 경기 침체와 정부의 대출 규제가 심해지면 가장 큰 타격을 입는다.

040 전월세 계약 시 기본 체크리스트

> **세 줄 요약**
> 1. 사기를 피하는 첫 단계는 스스로 조심하는 것!
> 2. 체크리스트를 확인하자.
> 3. 계약 전에도, 계약할 때도 꼼꼼하게 살펴보자.

'깡통 전세' 때문에 소중한 목돈을 모두 잃게 되었다는 뉴스가 가끔 나온다. 불안감이 심해질 수밖에 없다. 최소한 이러한 사고가 일어나지 않도록 미리 알아두어야 할 것들을 정리해보았다.

마음에 드는 전셋집을 골랐다면 가장 중요한 계약이 남아 있다. 사람 좋아 보이는 공인중개사 사장님과 실장님이 "알아서 다 해줄 테니 염려 말라"고 해도 그 말을 다 믿어선 안 된다. 이 세상 모든 부동산 사장님은 계약자 편에서 뭘 해주지 않는다고 봐야 한다. 계약 시 주의 사항을 잘 확인해야 나중에 전세금을 돌려받지 못하는 불상사가 생기지 않는다.

계약 전 준비물: 등기사항전부증명서(구 등기부등본)

2011년부터 '등기부등본'이 '등기사항전부증명서'로 명칭이 바뀌었다. 여기서는 줄여서 '등기증명서'로 쓰겠다. 등기증명서는 쉽게 말하면 그 집의 이력서다. 즉 그동안 집주인(소유자)이 누구에서 누구로 바뀌었는지, 은행 대출은 얼마나 있는지가 모두 공개되어 있다. 대법원 인터넷등기소(www.iros.go.kr)에 접속하면 수수료 700원에 등기증명서를 열람하고 출력할 수 있다. 혹시 이 과정마저도 번거롭다면 부동산 중개업소에 찾아가서 부탁해도 된다.

계약 시 준비물

1 | 계약하러 나오신 분, 집주인 맞나요?

드라마를 보면 이런 장면이 자주 나온다. 한 집에 두 가족이 동시에 이사 와서 서로 자기가 계약했다고 우기고 싸우다가, 집주인이 와서 "저랑 계약한 그분은 어디 계시나요?"하고 물어보면 싸우던 두 사람이 망연자실하며 쓰러지는 모습 말이다. 당신이라고 그렇게 되지 말라는 법이 없다. 실제로 신분증까지 위조해서 집주인인 척하는 경우도 있다.

그렇게 되지 않기 위해서는 먼저 지금 당신과 계약하겠다는 사람(집주인 또는 임대인)이 등기증명서 표제부에 적힌 소유자와 동일인인지 반드시 확인해야 한다. 혹시 부동산 중개인이 "이분은 우리랑 오래 거래하신 분이라 걱정할 것 없다"고 해도, 만일을 위해 집주인의 주민등록증, 여권, 운전면허증을 보여달라고 해야 한다. 혹시 대리인이 와서 계약한다면 실제 소유자의 인감이 찍힌 위임장과 인감증명서를 갖고 왔는지 반드시 확인해야 한다.

2 | 대출 많은 전셋집은 우선 피하고 보자

등기증명서를 떼어보면 대출 금액과 채권자 현황이 나온다. 집주인이 해당 주택으로 누구에게 대출을 얼마나 받았는지 모두 공개되어 있다. 대출이 많은 전셋집은 위험하다. 집주인이 대출금을 갚지 못하면 집이 경매로 넘어갈지도 모르기 때문이다. 그러므로 전세 들어가기 전에 당신이 계약한 날짜보다 먼저 대출받은 내역이 있는지 꼼꼼히 확인해야 한다(이걸 어려운 말로 '선순위 근저당'이라고 한다).

대출이 있는 집에 전세로 들어갈 때 요령이 있다. '전세보증금을 받으면 대출을 먼저 갚아야 한다'라는 조항을 부동산 계약서의 특약사항에 넣는 것이다. 혹시 집주인이 '전세보증금은 전세보증금대로 받고, 대출은 그대로 두겠다'고 말한다면 고민할 것 없이 그냥 자리를 박차고 나오면 된다. 분명히 큰일 낼 집주인이다.

3 | 오피스텔도 전입신고는 필수

오피스텔 계약을 하다 보면 집주인이 부가가치세를 내기 싫어서 전입신고를 하지 않는 조건을 제시하는 경우가 있다. 그러나 전입신고는 집을 빌린 사람을 보호하기 위한 제도다. 주민센터에 '내가 이 집으로 이사 왔다'는 전입신고를 해야만 오피스텔이 경매로 넘어가도 주택임대차보호법에 따라 전세보증금을 돌려받을 수 있다.

4 | 필요한 경우 특별약관(특약)을 꼭 작성하자

특별약관을 줄여서 '특약'이라고 하는데 계약서에 별도로 협의해서 작성하는 내용을 말한다. 계약 전에 발견한 주택의 하자 부분을 집주인에게 수리해줄 것을 요청하는 내용을 명시할 수도 있고, 공과금과 세금 정산을 어떻게 할 것인지, 살면서 발생하는 수리는 누구 책임으로 할 것인지 등 중요한 내용을 꼼꼼하게 기재할 수 있다.

사회초년생이라면 전세보증금이 전 재산인 경우가 많다. 이런 소중한 전세보증금이 오가는 계약서를 작성할 때 애매한 항목이 있어서는 안 된다. 궁금하거나 확인해야 할 내용이 있다면 계약할 때 반드시 하나하나 체크하기 바란다.

마침 정부에서 전세, 월세 등 부동산 계약 시 주의사항을 정리해 배포했다. 다음의 QR코드를 통해 부동산 계약 체크리스트를 확인해보자.

부동산 계약 체크리스트

041 부동산 등기부등본 보는 법

> **세 줄 요약**
> 1. 표제부: 부동산의 주소와 면적 등 기본사항 확인하기.
> 2. 갑구: 부동산 소유자 확인하기.
> 3. 을구: 부동산의 권리 관계(대출 등) 확인하기.

사람에게 신분증이 있는 것처럼, 부동산에는 등기사항전부증명서(등기부)가 있다. 등기부를 보면 부동산 거래에 필요한 필수 정보는 대부분 확인이 가능하다. 개인의 신분증에 주소와 이름, 주민등록번호가 있는 것처럼 등기부에는 부동산에 대해 정확한 주소와 소유자, 대출 여부가 적혀 있다. 등기사항전부증명서는 총 3개의 부분으로 구성된다.

1 | 표제부: 해당 부동산의 주소 및 기타 기본사항

표제부는 해당 부동산의 기본사항을 나타낸다. 주소와 면적이 나온다. 총 몇 평의 땅에 지어진 건물인지, 주택의 내부면적은 얼마나 되고, 이 중 대지지분은 몇 평인지가 기록된다(대지지분은 해당 부동산이 가진 토지의 면적이다. 대지지분은 등기부등본의 대지권비율에서 자세히 설명한다).

2 | 갑구: 소유자 관계

갑구에는 해당 부동산의 처음부터 현재까지의 소유자가 기록된다. 2006년 이후의 거래는 실거래 가격까지 기록된다.

3 | 을구: 권리 관계

을구에는 권리 관계가 나타난다. 해당 부동산을 담보로 대출을 받았는지, 받았다면 누구한테 얼마를 빌렸는지 등이 나온다. 즉 소유자는 갑구에 기록되고 기타 사항은 을구에 기록된다.

등기사항전부증명서 보는 법

기본적인 구성을 알아봤으니 실제 어떻게 생겼는지 보기로 하자. 우선 표제부를 보면 이렇다.

1 | 표제부

❶ **문서 제목:** '등기사항전부증명서'라는 문서의 제목을 가리킨다. 괄호 속에 '말소사항 포함'이라고 되어 있는데 지금까지의 기록이 전부 표시된다. 과거 내역 없이 현재 상황만 보겠다면 등기부 열람시 '현재 유효사항'을 선택하면 된다. 발급가격에 차이는 없으니 웬만하면 말소사항을 포함하는 것이 낫다.

❷ **집합건물:** 아파트, 다세대주택 등 한 동의 건물에 여러 세대가 있다는 뜻이다.

❸ **주소:** 해당 부동산의 정확한 주소를 나타낸다. 주의할 것은 등기사항

등기사항전부증명서(말소사항 포함) ❶
- 집합건물 - ❷

고유번호

[집합건물] 서울특별시 ❸

【 표 제 부 】 (1동의 건물의 표시) ❹

표시번호	접 수	소재지번,건물명칭 및 번호	건 물 내 역	등기원인 및 기타사항
~~1~~ (전 1)	~~2000년11월17일~~	~~서울특별시~~	~~철근콘크리트조키와지붕5층~~ ~~아파트~~ ~~1층 1111.60㎡~~ ~~2층 1192.93㎡~~ ~~3층 1175.17㎡~~ ~~4층 1175.17㎡~~ ~~5층 1175.17㎡~~ ~~지하1층 28.92㎡~~	도면편철장 제3책제546장 부동산등기법 제177조의 6 제1항의 규정에 의하여 2001년 05월 17일 전산이기
2		서울특별시 [도로명주소] 서울특별시 ❺	철근콘크리트조키와지붕5층 아파트 1층 1111.60㎡ 2층 1192.93㎡ 3층 1175.17㎡ ❻ 4층 1175.17㎡ 5층 1175.17㎡ 지하1층 28.92㎡	도로명주소 2012년12월31일 등기 ❼

(대지권의 목적인 토지의 표시) ❽

표시번호	소 재 지 번	지 목	면 적	등기원인 및 기타사항
1 (전 1)	1. 서울특별시	대 ❾	20593.9㎡ ❿	2000년11월17일 부동산등기법 제177조의 6 제1항의 규정에 의하여 2001년 05월 17일 전산이기

[집합건물] 서울특별시

【 표 제 부 】 (전유부분의 건물의 표시) ⓫

표시번호	접 수	건물 번호	건 물 내 역	등기원인 및 기타사항
1 (전 1)	2000년11월17일	제5층 제508호	철근콘크리트조 84.93㎡ ⓬	도면편철장 제3책제546장 부동산등기법 제177조의 6 제1항의 규정에 의하여 2001년 05월 17일 전산이기

(대지권의 표시)

표시번호	대지권종류	대지권비율	등기원인 및 기타사항
1 (전 1)	1 소유권대지권 ⓭	20593.9분의 82.48 ⓮	2000년11월16일 대지권 2000년11월17일 부동산등기법 제177조의 6 제1항의 규정에 의하여 2001년 05월 17일 전산이기

전부증명서에 나오는 주소는 번지수가 나타나는 구주소 체계라는 것이다. 부동산 계약서를 작성할 때에도 구주소를 적어야 한다.

❹ **표제부(1동의 건물의 표시):** 해당 부동산이 속해 있는 동 전체에 대한 사항이라는 뜻이다. 집합건물(아파트)은 먼저 동 전체의 기본사항이 나오고 이후 해당 동호수에 대한 내용이 나온다.

❺ **해당 부동산의 도로명주소:** 구주소와 신주소가 함께 표시된다. 부동산 계약서 작성 시 거래 대상 부동산은 구주소를 써야 하는데, 계약 당사자 인적사항에 표기하는 주소는 신주소를 써야 한다.

❻ **철근콘크리트조, 기와지붕5층 아파트:** 건물에 쓰인 자재와 지붕의 형태를 가리킨다. 각 층의 바닥 면적도 함께 표기된다. 대부분의 건물은 철근콘크리트조인데, 가끔 빨간벽돌로 지어진 집이면 '벽돌조' 등으로 표기되는 경우도 있다.

❼ **도로명주소 등기:** 변동사항의 원인을 나타내는 비고(remark)란이다. 해당 부동산은 2012년 주소체계 변경에 따라 도로명주소를 추가했다.

❽ **대지권의 목적인 토지의 표시:** 아파트 단지 전체의 면적을 가리킨다. 대지권은 '건물을 세울 권리' 정도로 이해하면 되는데, 일반 주택에서는 크게 신경 쓸 것 없다. 시골 마을에서 허락 없이 남의 땅에 건물을 세우거나 할 때 대지권은 문제가 된다.

❾ **지목:** 우리나라 전체 토지는 28개로 토지 용도가 나뉜다. '대'는 집을 지을 수 있는 토지라는 뜻이다.

❿ **면적:** 해당 아파트 단지의 전체 면적. 해당 부동산은 20,593㎡로서 3.3으로 나누어 평으로 환산하면 대략 6,240평에 지어진 단지다.

⓫ **표제부(전유부분의 건물의 표시):** 해당 동호수에 대한 내용이라는 의미.

> **토막상식**
>
> **지목의 종류**
>
> 전, 답, 과수원, 목장용지, 임야, 광천지, 염전, 대(垈), 공장용지, 학교용지, 주차장, 주유소용지, 창고용지, 도로, 철도용지, 제방(堤防), 하천, 구거(溝渠, 작은 개천의 수로와 둑), 유지(溜池, 저수지), 양어장, 수도용지, 공원, 체육용지, 유원지, 종교용지, 사적지, 묘지, 잡종지(아직 용도 미정인 토지).

❷ **건물내역:** 해당 주택의 내부 면적을 가리킨다. 84.93㎡(25.73평)이 주택의 실제 내부 면적이다. 아파트에 대해 '30평형', '32평형' 하는 것은 주택의 내부 면적과 공용 면적(계단, 엘리베이터 등)을 포함한다. '평'과 '평형'의 미묘한 차이를 미리 알아두면 좋다.

❸ **대지권종류:** 대부분의 주택은 소유권대지권이다. 아주 드물게 '대지권미등기' 또는 'n분의1'이라고 표시되는 경우가 있다.

❹ **대지권비율:** 대지지분의 크기. 대지권비율은 '대지지분'이라 하여 부동산에 투자할 때 중요하게 보는 부분이다. 해당 주택에 포함된 토지의 크기를 나타낸다. 사례에서는 82.88㎡(25.1평)이므로 해당 부동산을 매입하면 서울 강북구에 땅 25평을 사는 것이라 할 수 있다.

2 | 갑구

❶ **등기목적:** 소유권보존이라는 것은 건물이 지어진 후 첫 소유자라는 뜻이다. 즉 사례에서는 강○○이 2000년에 아파트를 분양받은 첫 소유주라는 점을 알 수 있다.

❷ **소유권이전청구권가등기:** 사례에서는 2001년에 소유자가 강○○에서 이○○으로 바뀔 예정이었으나 계약 취소 등의 사유로 소유자가

【 갑 구 】 (소유권에 관한 사항)				
순위번호	등 기 목 적	접 수	등 기 원 인	권리자 및 기타사항
1 (전 1)	소유권보존 ❶	2000년11월17일 제75278호		소유자 강◯◯ 서울◯◯◯◯◯◯
~~2~~ ~~(전 2)~~	~~소유권이전청구권가 등기~~ ❷	~~2001년2월23일 제11784호~~	~~2001년2월20일 매매예약~~	~~권리자 이◯◯ 서울◯◯◯◯◯◯~~
				부동산등기법 제177조의 6 제1항의 규정에 의하여 1번 내지 2번 등기를 2001년 05월 17일 전산이기
3	2번가등기말소 ❸	2004년8월10일 제66881호	2004년8월9일 해제	

그대로 유지되었다. 글자에 취소선이 그어진 이유는 과거에 유효했으나 지금은 유효하지 않다는 뜻이다.

❸ **가등기말소:** 가등기를 하려다가 취소한 시점을 나타낸다. 사례를 보면 매매 예약을 해서 가등기를 한 것은 2001년 2월이고 가등기말소 시점은 2004년 8월이다. 즉 대략 3년 6개월 동안 가등기의 효력이 있다가 없어졌다.

3 | 을구

을구에는 다음과 같이 '기록사항 없음'이라고 적힌 경우가 있다. 부동산 담보 대출을 받지 않았다는 뜻이다.

토막상식

가등기란?

쿠팡에서 물건을 살 때 '장바구니 넣기' 또는 '찜하기' 기능과 같다. 임시라는 뜻으로 '가'라는 글자가 붙어 있으며 나중에 조건이 충족되면 본등기(실제 등기)로 이어진다. 가등기를 하는 이유는 미리 찜하여 순위에서 밀리지 않으려는 목적이 강하다.

【 을 구 】	(소유권 이외의 권리에 관한 사항)
	기록사항 없음
	-- 이 하 여 백 --
	관할등기소 서울북부지방법원 등기국

이번에는 복잡한 경우를 살펴보자.

순위번호	등기목적	접 수	등기원인	권리자 및 기타사항
~~1~~	~~근저당권설정~~	~~2022년2월23일 제26153호~~	~~2022년2월21일 설정계약~~	~~채권최고액 금60,000,000원~~ ~~채무자 이~~ ~~경기도~~ ~~근저당권자 주식회사애큐온저축은행~~ ~~110111-0126014~~ ~~서울특별시 강남구 선릉로 514, 3층, 6층,~~

순위번호	등기목적	접 수	등기원인	권리자 및 기타사항
				7층, 8층(삼성동, 성원타워)
2	근저당권설정	2022년7월8일 제100087호	2022년7월7일 설정계약	채권최고액 금162,000,000원 채무자 이 경기도 근저당권자 주식회사에스비아이저축은행 110111-0121981 서울특별시 중구 을지로5길 26,동관9층,10층,11층(수하동,미래에셋센터 원빌딩)
3	1번근저당권설정등기말소	2022년7월8일 제100230호	2022년7월8일 해지	
4	주택임차권	2023년7월26일 제109896호	2023년7월14일 서울북부지방법원의 임차권등기명령 (2023카임382)	임차보증금 금283,000,000원(2021년6월8일 금13,000,000원 증액) 범 위 제2층 제201호 전부 임대차계약일자 2019년6월27일(1차), 2021년6월8일(2차) 주민등록일자 2019년7월9일 점유개시일자 2019년7월9일 확정일자 2019년7월1일(금270,000,000원), 2021년6월11일(증액된 금13,000,000원) 임차권자 김 서울특별시
4-1				4번 등기는 건물만에 관한 것임 2023년7월26일 부기

-- 이 하 여 백 --

관할등기소 서울북부지방법원 등기국

뭔가 많이 쓰여 있다. 사례를 설명하면 집주인 이○○은 2019년부터 2021년까지 전세를 준 상태에서 2022년 2월에 A저축은행에서 6,000만 원을 빌렸다가 2022년 7월에 B저축은행에서 1억 6,200만 원을 빌려서 A저축은행 대출을 갚았다. 그런데 2023년 7월에 전세 세입자에게 보증금을 돌려주지 못해 법원에서 임차권등기명령이 된 집이다. 이처럼 복잡한 경우도 있다.

> **토막상식**
>
> **근저당권 설정과 임차권등기명령**
>
> 근저당권이란 은행에서 대출받을 때 등기부에 기록되는 항목이다. 기록되는 사항은 다음과 같다.
>
> - **채권최고액**: 대출금액. 보통 은행에서는 실제 대출금액의 120%를 표기한다. 앞 사례에 나온 금액은 1억 6,200만 원이므로 실제 대출금액은 1억 3,500만 원이라 유추할 수 있다.
> - **채무자**: 빚을 갚아야 하는 사람. 보통은 부동산 소유주다.
> - **근저당권자**: 돈을 빌려준 곳. 보통 ○○은행, ○○저축은행이 많다. 가끔 ○○캐피털도 있는데 무리해서 고금리로 대출받았다는 것으로 이해하면 된다.
>
> 임차권등기명령이란 쉽게 말해 '임대인이 전세보증금을 안 돌려준 상태이니, 임차인에게 전세보증금을 돌려주라고 법원이 내린 명령'이다. 전세 또는 월세 세입자가 계약 기간 만료되면 보증금을 돌려받고 집을 비워주어야 하는데 "다음 세입자가 구해지면 돌려줄게"라며 집주인이 보증금을 돌려주지 않을 때 법원에 신청한다. 말이 안 통하는 악덕 집주인을 참교육하는 좋은 방법이다. 임차권등기명령을 해도 집주인이 보증금을 돌려주지 않으면 피해를 입은 세입자는 해당 주택을 경매에 넘길 수 있다.

재테크 비밀과외

월세 계약서 작성 시 주의 사항

사회초년생이 되어 가장 먼저 하고 싶은 일은 바로 '독립'일 것이다. 부모님의 식사·숙박 제공 서비스를 선호한다면 경우가 다르겠지만, 당당하게 사회인으로 독립을 하고자 할 때 가장 먼저 하는 것이 작은 원룸이나 오피스텔을 얻는 것 아니겠는가.

재테크 관점에서는 독립을 응원하기는 어렵다. 주거비가 증가하므로 가처분 소득과 투자 가능 금액이 감소되기 때문이다. 그럼에도 사회인으로서 독립해보는 것은 인생 경험이라는 면에서 나쁘지 않다. 월세 계약 시 기본적으로 알면 좋을 주의 사항들을 확인해보자.

① 계약 기간 확인은 필수

계약서 작성 시 '월세 기간을 1년으로 하느냐, 2년으로 하느냐'는 중요한 문제다. 월세 계약 기간을 2년으로 했는데 1년 6개월 지나 다른 곳으로 이사해야 하는 상황을 가정해보자. 계약은 2년으로 되어 있으니 좋든 싫든 무조건 앞으로 남은 기간 6개월의 월세는 계속 내야 한다. 계약이 2년으로 되어 있으니 어쩔 수 없다. 다음 세입자를 구해서 나가야 하는데 이때 발생하는 부동산 중개수수료를 세입자가 부담해야 한다. 계약 기간을 채우지 못했기 때문이다. 억울해도 어쩔 수 없다. 따라서 계약은 1년이 유리하다.

단, 2년 꽉 채워서 거주할 수 있다면 계약 기간을 2년으로 하자. 1년으로 계약할 경우 2년 차에 집주인이 월세를 올리는 것이 법적으로 가능하기 때문이다. 각자의 상황에 따라 유리한 계약 기간을 생각해보자.

② 사업용이라면 부가세 포함 여부 확인

주택의 경우 전세든 월세든 부가세는 발생하지 않는다. 다만 오피스텔의 경우 사업용이면 월세에 더해 부가세를 추가로 내는 경우가 있다. 상가 월세에 부가세가 붙듯, 오피스텔도 주거용이 아닌 사업용으로 사용하면 부가세가 발생한다. 즉 단순히 거주를 목적으로 한다면 부가세는 신경 안 써도 되지만 혹시라도 부업이나 스타트업, 크리에이터 활동을 시작하려는 장소로 오피스텔을 계약

한다면 부가세 여부는 미리 집주인과 상의하는 것이 좋다. 분쟁의 소지를 없애고자 한다면 단순 거주용인 경우 '주거용 목적이며 부가세는 납부하지 않는다'라는 문구를 넣어달라고 하면 된다. 혹시 사업자 등록을 염두에 두고 있다면 '향후 사업자 등록을 하는 경우 부가세 10%는 계약된 월세 금액과 별도로 지급한다'라는 문구를 넣어달라고 하면 된다.

팁을 주자면, 오피스텔의 경우 매물 안내에 '사업자 등록 가능'이라고 적힌 경우가 있는데 이런 경우에는 사업자 등록에 문제없지만 그렇지 않은 경우 분쟁의 소지가 있으므로 오피스텔은 미리 '사업자 등록 가능' 여부를 확인하는 것이 좋다.

③ 관리비 및 공과금 정리

새로 내 방을 얻었는데, 전기료나 관리비가 밀려 있다면 유쾌한 일이 아니다. 새로운 세입자가 오기 전에 밀린 관리비와 공과금을 정리하는 것이 일반적인데, 가끔 어떤 집주인은 일반적이지 않은 경우가 있다. 분쟁을 피하려면 '입주 전 관리비와 공과금은 임대인이 정산을 완료해야 한다'라고 특약사항에 넣으면 된다. 물론 전문적인 자격증을 보유한 공인중개사들이 이러한 부분은 알아서 정리해주지만 아주 드물게 일반적이지 않은 집주인과 일반적이지 않은 공인중개사를 만나는 경우도 있을 수 있으니 미리 알아두자.

④ 주택 유지 비용 부담은 누가? 집주인 vs. 세입자

보일러가 터졌는데 수리 비용을 어떻게 해야 하느냐부터 샤워기 교체 비용까지, 크고 작은 비용은 누가 부담해야 할지 고민스러운 경우가 많다. 간략히 요약하면 크고 중요한 보일러와 누수 등은 집주인 부담이고, 샤워기, 전등 같은 소모품은 세입자 부담이다. 이에 더해 관례로 월세 계약의 경우 도배와 장판은 집주인이 부담해 세입자가 조금 더 산뜻한 집에 입주하도록 하고 있다. 계약서에 '도배·장판은 입주 전, 집주인 부담으로 처리한다'라는 문구가 들어가면 안심해도 된다.

⑤ 원상회복 의무

계약서에 기본적으로 들어가는 항목이다. 원상회복 의무는 '들어갈 때 상태 그대로 나가셔야 합니다'라는 뜻이다. 벽에 구멍을 뚫지만 않으면 크게 신경 쓸 것 없다. 에어컨 설치를 위해 벽에 구멍을 뚫어야 하는 경우 집주인과 미리 상의해서 허락받아야 한다.

⑥ 반려동물

집주인 입장에서는 세입자가 반려동물을 키우면 짖는 소리가 나고, 문이나 창틀을 긁어서 집이 손상된다는 이유로 반려동물을 꺼리는 경우가 대부분이다. 그럼에도 반려동물은 '반려동물 금지'

문구가 계약서에 있지 않으면 원칙적으로 가능하다. 혹시 반려동물을 키운다면 집을 알아볼 때부터 가능한 집을 찾는 것이 좋다. 그러면 혹시라도 계약 중간에 반려동물 때문에 계약이 안 되는 일을 막을 수 있다. 반려동물을 꼭 키워야 하는데 집주인이 반려동물을 키워선 안 된다고 하면, 반려동물로 인해 발생하는 모든 손상에 대한 수리 비용, 냄새에 대해 청소 및 소독 작업 비용을 지불하겠다고 협상해볼 수는 있다.

소중한 전세금을 지키는 3가지 방법

> **세 줄 요약**
> 1. 전입신고와 확정일자는 무료로 전세금을 지키는 방법.
> 2. 전세권 설정은 돈이 드는 전세금 지키는 방법.
> 3. 보증보험도 돈이 드는 전세금 지키는 방법.

우리가 사는 세상이 아름다운 동화 속 나라이거나 교과서대로 움직인다면 '전세금 지키는 방법'을 전혀 공부할 필요가 없다. 계약 기간을 정해 전세금을 맡겨놓고, 전세 기간이 끝나면 되돌려 받으면 된다. 이 얼마나 깔끔하고 간단한가. 슬프게도 현실은 동화와 같지 않다. 깡통 전세나 역전세로 전세금을 되돌려 받지 못하거나 전세금을 '먹튀' 당하기도 한다. 자, 소중한 전세금을 어떻게 지킬 수 있을까?

전입신고 & 확정일자

전세금을 지키기 위한 기본적인 안전 장치는 전입신고를 하고 확정일자를 받는 것이다.

1 | 전입신고

집주소를 옮겼다는 사실을 지자체에 신고하는 절차를 가리킨다. 온라인에서는 정부24를 통해, 오프라인에서는 이사한 곳의 주민센터에 방문하여 신청할 수 있다.

2 | 확정일자

전월세 계약이 있다는 사실을 나라에서 확인해주는 절차를 가리킨다. 지자체에 따라 계약서에 도장을 찍어주거나 별도의 서류를 발급해준다. 인터넷 등기소(www.iros.go.kr)에서 온라인으로 확정일자를 신청할 수도 있다.

3 | 전입신고와 확정일자가 중요한 이유

집이 경매에 넘어가면 등기부에 적힌 순서에 따라 집주인에게서 못 받은 돈을 돌려준다. 전입신고와 확정일자를 받는 것은 등기부에 따로 기록되지 않아도 국가에서 '순서'를 보호해주는 장치가 된다. 만일 세입자가 전입신고와 확정일자를 받지 않으면, 우선순위를 주장할 수 없기에 막대한 재산상의 피해를 입을 수 있다.

전세권 설정

전세권이란 등기서류에 '여기 전세 계약 했음' 하고 표시하는 것이다. 전세에 대한 권리를 서류에 적어놓음으로써 전입신고와 확정일자를 받지 않아도 동일한 효력을 얻는 방법이다. 그렇다면 전세 계약을 할 때 전세권도 함께 설정하면 번거롭게 주민센터(동사무소)에 가지 않아도 되는 것 아니냐 싶을 텐데, 전세권 설정에는 비용이 발생하니 주의하자. 여기에 덤으로 집주인의 허락도 받고 도장도 받아야 하는 수고로움도 들어간다. 비용은 이것저것 하면 전세금액의 0.2~0.3% 정도다. 2억 원 전세인 경우 50만 원 정도다. 이에 비해 앞서 소개한 전입신고와 확정일자는 무료다. 심지어 집주인에게 아쉬운 소리할 필요도 없다. 같은 법적 효력을 얻기 위해 집주인에게 아쉬운 소리하고 내 비용을 지출하는 것보다 주민센터 방문으로 모든 것을 해결하는 전입신고와 확정일자를 추천한다.

전세보증금반환보증

전세보증금반환보증은 집주인과 감정 상하기 싫을 때 편리하게 선택할 수 있는 방법이다. 집주인의 동의가 없어도 전세금 전액에 대해(수도권 7억 원 이하, 기타 지역 5억 원 이하) 신청할 수 있다. 보증료율은 전세금의

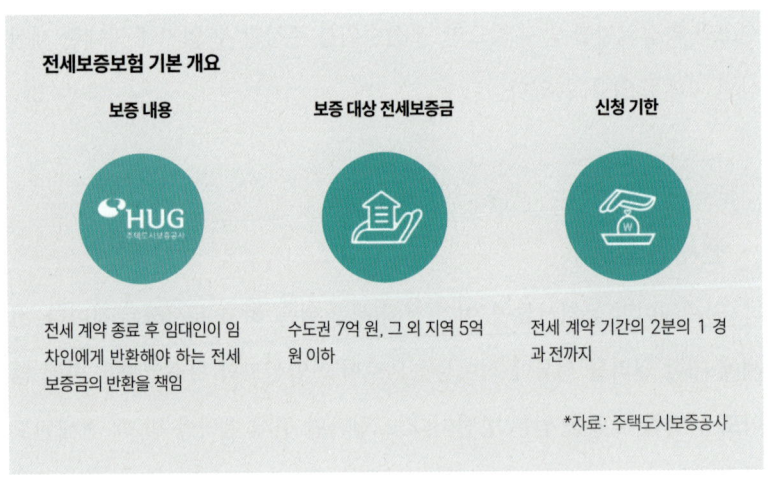

0.128%(아파트)이다. 즉 전셋값이 3억 원이라면 매년 39만 원 정도를 부담하면 된다.

전세보증금반환보증 보험상품 개요

구분	임차인용 보증상품
보증 신청 기한	신규 전세 계약: 잔금지급일과 전입신고일 중 늦은 날~전세 계약 기간의 2분의 1이 경과하기 전 갱신 전세 계약: 갱신 전 전세 계약 기간 만료일 이전 1개월~갱신 전세 계약서상 전세 계약 기간의 2분의 1이 경과하기 전
보증 대상	단독다가구, 연립다세대, 주거용 오피스텔, 아파트
보증 금액	보증한도(수도권 7억 원 이하, 기타 지역 5억 원 이하) 내 보증신청인이 신청한 금액
보증 기간	보증서 발급일~계약기간 만료일 후 1개월

*자료: 주택도시보증공사

앞서 예시된 보증보험료 금액은 정상 가격이고, 한부모가족, 신혼부부 등 신청자의 상황에 따라 추가 할인이 가능하다. 가입 전 주택도시공사 홈페이지를 방문하여 정확한 견적을 받아보자.

재테크 비밀과외

셀프로 내용증명 보내기: 방법, 양식

내용증명이란 '발송인이 수취인에게 어떤 내용의 문서를 보냈다'는 사실을 우체국이 증명하는 제도를 가리킨다. 내용증명을 보내는 이유는 간단하다. 상대방이 '난 당신에게 그런 말 들은 적이 없다'는 오리발을 내밀지 못하도록 하기 위함이다. 특히 부동산의 경우 월세 계약, 전세 계약이 만료되기 전 재계약 여부 또는 이사 나가는 날짜를 협의해야 하는데, 이때 상대방에게 자신의 뜻을 제대로 전달하지 않으면 손해 보는 경우가 많기 때문에 내용증명이 필요하다.

내용증명이 유용한 경우

① 집주인이 못 들은 척하는 것 방지
아무리 구두로 서로 협의했어도 증명할 수 없다면 집주인이 '난 세입자가 이사 간다는 이야기를 들은 적이 없다'고 주장할 때 반박하기 어렵다. 카톡이나 문자를 수차례 보냈어도 집주인이 그에 대해 응답하지 않았다면 역시 집주인은 '연락받은 적 없다'고 할 수 있다. 내용증명은 국가기관인 우체국에서 '세입자가 계약 끝나면 나간다고 분명히 이야기했습니다'라고 증명해주기 때문에 집주인이 못 들은 척하는 것을 방지할 수 있다.

② 보증금 반환의 특효약
집주인이 다음 세입자를 구할 때까지 보증금을 돌려주지 못한다고 하면, 마음씨 약하거나 경험 없는 사회초년생 전세·월세 세입자는 '그런가보다' 하고 기다려야 하는 것으로 생각한다. 그렇지 않다. 보증금을 잘 보관했다가 세입자가 이사 나갈 때 돌려주는 것은 집주인의 의무다. 집주인이 다음 세입자를 구해야 보증금 돌려주겠다고 하면 '계약 기간이 끝날 때 이사 나갈 것이고, 만일 돌려주지 않으면 임차권등기명령 하겠습니다' 하는 내용증명을 보내 단번에 문제를 해결할 수 있다.

내용증명 양식

① 전세·월세 계약 종료 시 이사가고 싶을 때

내용증명서(임대 계약 종료에 따른 재계약 거절 의사표시에 관한 건)

발신 : ○○○ (주민번호 ○○○○○○-○○○○○○○) / 전화번호 010-○○○○-○○○○
주소 : 서울 ○○구 ○○동 ○○○-○○○

수신 : ○○○ (주민번호 ○○○○○○-○○○○○○○) / 전화번호 010-○○○○-○○○○
주소 : 서울 ○○구 ○○동 ○○○-○○○

1. 귀하의 무궁한 발전을 기원합니다.

2. 발신자는 20○○년 ○○월 ○○일 현재 서울시 ○○구 ○○동 ○○○-○○○에 소재한 주택 ○○○호에 대해 아래와 같이 임대차 계약을 체결하여 현재까지 거주중입니다.

- 아래 -

*보증금　 : ○○○○만 원 (일금 ○○○,○○○,○○○원)
*임대 기간 : 20○○년 ○○월 ○○일부터 20○○년 ○○월 ○○일까지

3. 이에 따라 현재 유지되고 있는 임대차 계약에 대해 연장할 의사가 없음을 말씀드립니다.

4. 이에 따라 계약상 임대차 만료일을 20○○년 ○○월 ○○일로 하여 전세보증금 반환을 요청 드립니다.

5. 본 내용증명은 귀하와 향후 법적 분쟁이 있을 경우를 대비하기 위한 단순한 목적을 가지고 있습니다. 향후 귀하와 발신자가 상호 분쟁 없이 임대차 계약이 종료되기를 희망합니다.

6. 다시 한번 귀하의 무궁한 발전을 기원합니다.

20○○년 ○○월 ○○일
위 발신자 ○○○ (인)

② 집주인이 전세보증금을 안 돌려줄 것 같을 때

내용증명: 임대차 계약 만료 및 보증금 반환요청

수신 : 임대인 원○○ (주민번호 : ○○○○○○-○○○○○○○)
주소 : 서울특별시 ○○구 ○○로 ○○○-○○ (제○○○호)
연락처 : 010-○○○○-○○○○

발신 : 임차인 김○○ (주민번호 : ○○○○○○-○○○○○○○)
주소 : 서울특별시 ○○구 ○○로 ○○○-○○ (제○○○호)
연락처 : 010-○○○○-○○○○

1. 귀하의 발전을 기원합니다.

2. 임차인 김○○은 임대인 원○○에게 임대차 계약의 해지를 통보하며, 계약 종료일은 20○○년 ○○월 ○○일로서 임대차보증금의 반환을 요청하고자 내용증명서를 보냅니다.

3. 귀하와의 임대차 계약 내용은 아래와 같습니다.
   - 해당 주택 : 서울시 ○○구 ○○동 ○○○-○○ 제○○○호
   - 보증금 : 금 삼억 원 (금 300,000,000원)
   - 월차임 : 금 사십만 원 (금 400,000원)
   - 계약 기간 : 20○○년 ○○월 ○○일 ~ 20○○년 ○○월 ○○일

4. 임차인 본인은 위 임대차 계약의 해지를 통보하며, 위 임대차 계약 종료일(20○○년 ○○월 ○○일)에 부동산을 인도할 예정이니 임대차보증금을 반환해 주시기를 요청합니다.

5. 임대인은 해당 주택에 대해 '다음 세입자를 구하여 임대차보증금을 반환하겠다'라고 하였으나 다음 세입자를 구하는 것은 임차인의 의무가 아니며, 다음 세입자의 유무와 관계없이 임대인은 임대차보증금을 반환해야 할 의무가 있다는 것을 이미 잘 아시리라고 봅니다.

6. 그럼에도 불구하고 임대차보증금의 반환이 늦어지는 경우, 임차인 본인은 부득이하게 법적인 조치를 취할 것이며 소요되는 제반 비용도 청구할 수밖에 없습니다.

7. 현재 검토 중인 법적인 조치는 임차권등기명령, 가압류, 보증금반환소송 및 경매 신청입니다. 법적인 조치에 소요되는 제반 비용은 임대인의 부담이 된다는 것도 잘 아시리라 봅니다.

8. 관련 사항을 입증하기 위해 아래와 같이 증거를 첨부합니다.

증거 1. 부동산 임대차 계약서
증거 2. 전입신고 및 확정일자 증명서류

- 끝 -

내용증명 보내는 법

① 오프라인(직접 방문)

내용증명을 보내려면 같은 서류를 총 3부 만들어야 한다. 1부는 본인 보관, 1부는 상대방에게 발송, 나머지 1부는 우체국에서 보관한다. 내용증명 사본 3부를 미리 준비해 창구에 가면 도움을 받을 수 있다.

② 온라인(인터넷)

인터넷 우체국(www.epost.go.kr)에 방문하여 상단 메뉴 중 '우편 - 증명서비스 - 내용증명' 순으로 클릭한다. 내용증명 양식도 다운로드 받을 수 있고, 직접 화면에서 내용을 작성할 수도 있게 되어 있어 편리하다.

043 임대차 3법을 알아보자

> **세 줄 요약**
> 1. 계약갱신 요구권: 계약 연장을 무조건 1회 할 수 있는 세입자의 권리.
> 2. 전월세 상한제: 재계약 시 일정 한도(연 5%) 내에서만 금액을 올릴 수 있다.
> 3. 전월세 신고제: 임대차(전세, 월세) 계약을 하면 나라에 신고해야 한다.

임대차 3법은 2020년 7월 말 전세 및 월세 계약에 적용되기 시작한 법이다. 세입자의 주거 안정을 위해 주로 전세나 월세 세입자에게 유리한 방향으로 정해졌다. 세입자를 위한 법이니 잘 알아두면 나쁜 집주인에게 대항할 수 있는 좋은 무기가 되어줄 것이다.

계약갱신 요구권

말 그대로 계약을 갱신하는 것, 즉 재계약을 세입자가 요구할 수 있다는 뜻이다. 이전까지 전세 계약 기간은 최대가 2년이었다. 세입자가 전세를 재계약하고자 해도 집주인은 거절하고 다른 세입자를 더 비싼 전셋값으로 받을 수 있었다.

집주인 입장에서는 기존 전세 세입자가 2년 거주하다가 다시 2년을 재계약하면 최대 5%까지만 올려 받을 수 있었는데, 아예 새로운 세입자를 받으면 원하는 전셋값으로 더 올릴 수 있었다. 그래서 전셋값이 오르는 시기에는 집주인들이 2년이 지나면 기존 세입자에게 무조건 나가라고 하고 새로운 세입자를 받는 경우가 많았다. 이러한 전세 난민을 보호하기 위해 법에서는 계약갱신 요구권을 통해 2년의 전세 계약이 끝날 때 기존 세입자가 2년의 계약 연장을 요구할 수 있도록 권리를 보장해주고 있다. 특별히 세입자의 잘못이 없으면 전세 계약은 기본 4년이라 보면 된다.

계약갱신 요구권이 거절되는 경우

계약갱신 요구권이 거절되는 상황도 있으니 유의하자. 가장 대표적인 것이 바로 임대인(임대인의 직계존속, 직계비속을 포함한다)이 목적 주택에 실제 거주하려는 경우다. 다시 말해 '집주인이 직접 들어와 살아야 하니 나가주세요'라고 요구하는 게 가능하다는 뜻이다.

집주인이 진짜로 들어와 산다면 이해할 수 있지만, 직접 거주할 생각이 없으면서 다른 사람에게 전세를 놓기 위해 기존 임차인에게 퇴거를 요구할 수도 있다. 법에서는 '정당한 사유 없이 제3자에게 목적 주택을 임대한 경우 임대인은 갱신 거절로 인하여 임차인이 입은 손해를 배상하여야 한다'라고 정해놓았다. 즉 거짓말하지 말라는 뜻이다. 만약 부당하게 전셋집을 나가야 하는 상황이 되면 법의 도움을 받을 수 있으니 꼭 기억하자.

전월세 상한제

상한제라는 말이 의미하듯, 가격을 올리는 한도가 있다는 뜻이다. 세입자와 재계약을 할 때 기존 전세 또는 월세를 5% 이상 올리지 못하도록 하는 것이 핵심이다. 예를 들어 전세를 4억 원에 2년 계약하고 만기 시 다시 재계약할 때 집주인은 그 재계약을 정당한 사유 없이 거절하지 못한다. 이때 집주인이 전셋값을 터무니없이 큰 금액으로 올리면 안 되니까 상한선을 정해둔 것이다. 전셋값이 4억 원인 경우 상한액은 2,000만 원(4억 원×5%)이다.

단 주의 사항이 있다. 이렇게 상한제가 적용되는 것은 기존 세입자와 집주인 간의 재계약에 해당되고, 새로운 세입자와 전세 계약을 하는 경우에는 상한제가 적용되지 않는다. 바로 이 점 때문에 집주인들이 기존 세입자를 내보내려는 것이다.

전월세 신고제

임대차계약을 하게 되면 그 내용을 정부에 신고해야 한다. 전세보증금이 6,000만 원을 초과하거나 월세가 30만 원을 넘으면 신고 대상이다. 의무가 면제되는 일부 지역이 있기는 하지만 전국이 대상이라 보면 된다.

신고는 임대인과 임차인 중에서 누가 해도 무방하다. 만약 금액 변동 없이 재계약만 하는 거라면 신고 의무가 면제된다. 금액이 변경된다면 신고 대상이다. 신고는 국토교통부 부동산거래관리시스템 홈페이지(rtms.molit.go.kr)에서 할 수 있다.

044 청약가점제, 내 점수는?

> **세 줄 요약**
> 1. 청약가점제 주요 항목: 무주택 기간, 부양가족, 청약저축 가입 기간.
> 2. 식구 많이 딸린 무주택 어르신이라면 만점도 받을 수 있다.
> 3. 젊은 세대에게 불리한 것이 사실이다.

나라에서는 청약 과열을 해소하고 정말 집이 필요한 사람들이 당첨될 수 있도록 몇 가지 장치를 마련했는데, 그중 가장 대표적인 것이 청약가점제다.

청약가점제는 '얼마나 절실하게 집이 필요한가?'를 알아보는 기준이다. 첫째로 얼마나 집 없는 설움을 겪었는지(무주택 기간), 둘째로 얼마나 식구가 많은지(부양가족), 마지막 셋째로 얼마나 오래 당첨을 꿈꾸어왔는지(청약저축 가입 기간) 등을 수치화해서 점수를 매기는 것이다.

아파트 청약의 필수템, 청약저축

아파트를 분양받으려면 청약저축 가입은 필수다. 웬만한 아파트는 무조건 청약저축 보유자를 대상으로 하기 때문이다.

청약가점제 항목별 배점

항목	배점	총 배점
무주택 기간	1년 미만(2점)~15년 이상(32점)까지 - 1년 단위로 2점씩 부과	32점
부양가족 수	부양가족 0명(5점)~6명 이상(35점)까지 - 1명당 5점씩 부과	35점
청약 통장 가입 기간	6개월 미만(1점)~15년 이상(17점)까지 - 1년 단위로 1점씩 부과	17점
합계		84점

기준은 크게 무주택 기간, 부양가족 수, 청약 통장 가입 기간 3가지다. 무조건 84점 만점을 받아야 하는지 걱정이 될 텐데 꼭 그렇지는 않다. 2022년 하반기와 2023년 서울에서 분양된 아파트들의 당첨자 평균 점수를 확인해보자. 대략 50점 근처라면 기대해볼 수 있다.

서울 아파트 청약 당첨 최저 가점

2022년	하반기	37.3점
2023년	상반기	57.5점
	하반기	55.3점
2024년	상반기	58.2점
	하반기	60.4점

*자료: 리얼투데이, 한국부동산원 청약홈

내 청약 점수는 몇 점?

자, 우리의 청약 점수는 몇 점일까? 항목 하나하나 점수를 계산해보자.

1 | 무주택 기간

무주택 기간은 총 32점 만점이고 1년 단위로 2점씩 더해진다. 만 30세가 된 날을 기준으로 하는데, 만일 만 30세 이전에 결혼했다면 혼인신고일부터 계산을 시작한다. 현재 미혼이면서 만 30세 미만이라면? 그렇다. 0점이다.

2 | 부양가족 수

부양가족 수에 따른 가점은 본인을 제외한 부양가족 수가 기준이다. 0명인 경우 5점부터 시작해서 부양가족 1명이 늘어날 때마다 5점씩 점수가 더해진다. 부양가족이 6명이면 35점 만점이다. 청약 신청자의 직계존속(부모님, 조부모님)과 배우자의 직계존속이 부양가족으로 인정되기 위해서는 주민등록등본상에 3년 이상 동거인으로 함께 기재되어 있어야 한다. 또 자녀와 손자, 손녀 등 직계비속 중 만 30세 이상 미혼 자녀는 1년 이상 주민등록등본에 동거인으로 함께 기재되어 있어야 한다. 자녀가 많지 않다면 배우자의 부모님을 모시는 것으로 추가 점수를 받을 수 있다.

부양가족 수 항목에서 만점을 받으려면 어떻게 해야 할까? 결혼해서 배우자가 있고 아이가 2명 있고, 여기에 부모님 두 분을 모시고 살면 5명이 된다. 그렇다. 청약 점수가 만점인 사람들은 자녀가 최소 3명 이상일 거라 예상할 수 있다.

3 | 청약 통장 가입 기간

마지막 항목은 청약 통장 가입 기간이다. 1년 단위로 1점씩 올라가며 1년 이상이면 3점, 2년 이상이면 4점, 이런 식이다. 총 15년 이상 가입해야

17점 만점이 된다. 갈 길이 너무나도 멀게 느껴진다. 일단 우리가 당장 할 수 있는 것은 하루라도 빨리 청약저축에 가입하는 것이다.

청약가점제 점수표

항목	상한	구분	점수	구분	점수
무주택 기간	32점	1년 미만	2	8년 이상~9년 미만	18
		1년 이상~2년 미만	4	9년 이상~10년 미만	20
		2년 이상~3년 미만	6	10년 이상~11년 미만	22
		3년 이상~4년 미만	8	11년 이상~12년 미만	24
		4년 이상~5년 미만	10	12년 이상~13년 미만	26
		5년 이상~6년 미만	12	13년 이상~14년 미만	28
		6년 이상~7년 미만	14	14년 이상~15년 미만	30
		7년 이상~8년 미만	16	15년 이상	32
부양가족 수	35점	0명	5	4명	25
		1명	10	5명	30
		2명	15	6명 이상	35
		3명	20		
청약 통장 가입 기간	17점	6개월 미만	1	8년 이상~9년 미만	10
		6개월 이상~1년 미만	2	9년 이상~10년 미만	11
		1년 이상~2년 미만	3	10년 이상~11년 미만	12
		2년 이상~3년 미만	4	11년 이상~12년 미만	13
		3년 이상~4년 미만	5	12년 이상~13년 미만	14
		4년 이상~5년 미만	6	13년 이상~14년 미만	15
		5년 이상~6년 미만	7	14년 이상~15년 미만	16
		6년 이상~7년 미만	8	15년 이상	17
		7년 이상~8년 미만	9		
합계 84점					

*자료: 국토교통부

젊은 세대에게 불리하지만 포기할 수 없다

청약가점제 내용을 살펴보면 사회초년생이나 미혼인 직장인들에게 어느 것 하나 유리한 조건을 찾아볼 수 없다. 나라에서도 이왕 집을 공급할 때 무주택으로 고생하고 부양가족이 많은 사람에게 더 많은 혜택을 주겠다는 것이니 받아들일 수밖에 없기는 하지만 뭔가 억울하다.

사회초년생의 경우를 시뮬레이션해보자. 이제 만 30세가 된 미혼인 5년 차 직장인 A씨가 직장생활을 시작하자마자 청약저축에 가입해서 현재 가입 기간이 5년이라면 점수는 얼마일까? 무주택 기간에 의한 점수가 1년 미만으로 2점, 부양가족 수가 0명이므로 5점, 가입 기간에 따른 가점이 5년 이상으로 7점, 다 합해보면 청약가점은 14점이다.

5년 후, A씨가 결혼하여 아이를 한 명 낳았다면 점수는 몇 점일까? 만 35세 A씨의 무주택 기간 점수는 6년 미만으로 12점, 부양가족이 2명으로 15점, 가입 기간이 10년 미만으로 11점, 총 38점이다.

다시 5년이 지나 40세가 된 A씨는 점수는 몇 점일까? 무주택 기간 점수 22점, 부양 가족 점수 15점, 가입 기간 16점으로 총 53점이다.

53점이면 2023년에 서울 아파트 청약에 당첨된 최저 가점과 비슷한 점수이니 서울에서는 운이 따라주면 당첨을 기대해볼 수 있고, 기타 지역에서는 높은 확률로 당첨이 가능할 것이다. 여기에 더해 2024년 3월부터는 청약 통장 가입 기간 계산 방식이 일부 변경되어 점수 부스터 기능이 추가되었다. 본인과 배우자가 모두 청약 통장에 가입한 경우라면 40세가 되기 전에도 당첨되기에 충분한 청약 점수를 받을 수 있다.

> **토막상식**
>
> **점수 부스터: 배우자 청약 통장 가입 기간 50% 합산 가능**
>
> 2024년 3월부터는 본인과 배우자의 청약 통장 가입 기간을 합해서 점수를 받을 수 있다. 단 배우자의 청약 통장 가입 기간은 50%만 합산한다. 즉 나의 청약저축 가입 기간이 10년이고 배우자도 10년이라면 부부 합산하여 청약저축 가입 기간은 15년(나 10년 + 배우자 5년)으로 청약 점수를 받는다.

045 대출 규제: LTV, DTI, DSR, 스트레스DSR

> **세 줄 요약**
> 1. 대출 규제는 집값을 안정시키고자 하는 정부의 규제 수단이다.
> 2. 과거엔 '집값'을 기준으로 대출 규제를 했다.
> 3. 이제는 대출받는 사람의 '능력(신용도, 기타 대출 금액)'까지 본다.

부동산 대출 규제는 마치 '톰과 제리'처럼 쫓고 쫓기는 상황이다. 투기를 잡기 위한 정부의 노력과 규제를 피하려는 투자자들의 머리싸움이 계속 이어진다. 부동산 대출 관련하여 항상 나오는 용어를 이 기회에 정리해보자.

LTV(담보인정비율)

LTV란 'Loan To Value'의 약자로 담보인정비율을 가리킨다. 집값의 몇 %를 대출받을 수 있는지를 나타낸다.

LTV 80% 적용 시
- 5억 원 주택: 5억 원 × 80% = 4억 원 대출 가능
- 8억 원 주택: 8억 원 × 80% = 6억 4,000만 원 대출 가능

대략 10년 전엔 대출액을 정할 때 다른 것은 하나도 안 보고 오로지 집값이 얼마인지만 따졌다. LTV가 80%라면 집값의 20%만 준비하면 나머지는 대출로 해결해서 집을 살 수 있었다. 5억 원짜리 집을 산다고 할 때, 80%인 4억 원은 대출로 해결할 수 있으니 매수자는 1억 원만 준비하면 집을 살 수 있었다.

LTV의 문제는 대출받은 사람들이 이자를 갚을 수 있느냐 하는 것에서 생겨났다. 4억 원을 연 3%로 대출받은 경우 연간 1,200만 원의 이자를 내야 하는데 이는 매달 100만 원을 내야 한다는 뜻이다.

가계대출이 늘어나고, 소득이 없는 사람들도 오로지 집값만 보고 대출을 받아 부동산 가격이 계속 오르는 데 문제가 있다고 판단한 정부는 새로 DTI를 시행했다.

DTI(총부채상환비율)

정부는 부동산 수요 감소를 위해, 대출 심사할 때 부동산 가치가 아닌 돈을 빌리는 사람의 소득을 평가하여 '빚을 잘 갚을 수 있나?' 하는 기준을 제시했다. 바로 DTI가 그것이다. DTI는 'Debt To Income'의 약자로 주택담보대출 연간 원리금 상환액을 연간소득으로 나누어 계산된다. 즉 부동산 대출을 받은 다음 원금과 이자를 잘 갚아나갈 수 있느냐를 대출 가능 여부를 판단하는 기준으로 적용했다.

4억 원을 연 3%로 부동산 담보 대출을 받을 때, 원금과 이자를 합쳐 매달 386만 원을 갚아야 하고, 연간으로는 4,632만 원이다. 이때 DTI 50%가 적용되는 경우를 생각해보자.

DTI 50% 적용 시

- 연봉 5,000만 원: 4,632만 원 ÷ 5,000만 원 = 93%로 50%를 넘어 대출 불가
- 연봉 1억 원: 4,632만 원 ÷ 1억 원 = 46%로 50%를 넘지 않아 대출 가능

즉 DTI는 자신의 연간소득에서 몇 %까지 부동산 대출의 원리금 상환액으로 쓸 수 있느냐를 보는 기준이다. 그럼에도 부동산 대출 규모는 계속 늘었다. DTI를 합법적으로 빠져나갈 수 있는 구멍이 생겼던 것이다.

대출 기간을 길게 늘리면 연간 갚아야 할 금액이 줄어든다는 점을 이용했다. 어떤 사람이 5억 원을 대출받아야 한다고 했을 때 10년 만기로 대출받으면 갚을 원금은 단순히 계산했을 때 연간 5,000만 원이다. 그런데 기간을 30년으로, 아니 40년으로 늘린다면? 5억 원을 40년간 갚으려면 대략 연간 1,250만 원만 갚으면 된다. 대출을 많이 받기 위해 대출 기간을 늘리는 꼼수가 있었다. 정부가 가만히 있을 수 없었다. DTI를 업그레이드했다.

신DTI(신총부채상환비율)

정부는 DTI의 허점을 보완하여 이른바 신DTI를 도입했다. 기존의 DTI가 연간소득과 부동산 대출 원리금 상환액, 이렇게 2가지만 봤다면 신DTI는 기타 대출이자까지 확인한다. 카드론의 이자까지 더했다고 보면 된다.

$$\text{기존 DTI} = \frac{\text{부동산 담보 대출 연간 원리금 상환액}}{\text{연간소득}}$$

$$\text{신DTI} = \frac{\text{부동산 담보 대출 연간 원리금 상환액 + 기타 모든 대출이자}}{\text{연간소득}}$$

부동산 대출 원리금 상환액에 기타 대출이자를 더한 금액이 연소득의 특정 비율을 넘지 않아야 한다.

DSR(총부채원리금상환비율)

신DTI는 부동산에 더해 기타 대출의 이자까지 더해서 계산하는데, 이를 좀 더 규제하기 위해 모든 대출의 원리금 납부액을 포함하는 기준이 새롭게 마련됐다. 바로 DSR이다. DSR은 'Debt Service Ratio'의 약자로 모든 대출의 원리금 납부액을 더해 계산한다. 부동산뿐 아니라 카드론의 원금과 이자, 자동차 할부금, 마이너스 통장 한도액까지 모두 계산한다. 모든 대출을 기준에 포함시켜 더 이상 빠져나갈 수 없도록 촘촘히 규제의 그물을 마련했다.

$$신DTI = \frac{부동산\ 담보\ 대출\ 연간\ 원리금\ 상환액\ +\ 기타\ 모든\ 대출이자}{연간소득}$$

$$DSR = \frac{부동산\ 담보\ 대출\ 연간\ 원리금\ 상환액\ +\ 기타\ 모든\ 대출\ 원리금\ 상환액}{연간소득}$$

예를 들어보자. A씨의 연소득이 1억 원인 경우 DSR 60%가 적용되면, 1년간 갚아야 하는 모든 대출의 원금과 이자는 1억 원 × 60% = 6,000만 원을 넘을 수 없다. A씨가 갚아야 하는 모든 대출의 원금과 이자가 한 달에 500만 원을 넘지 않아야 대출이 가능한 것이다.

이때 만약 A씨가 자동차 할부금, 카드론 등을 합쳐 200만 원의 대출금이 있다면 부동산 대출을 받을 때 매달 원금과 이자가 300만 원을 넘으면 안 되는 것이다. 정부는 '모든 대출을 포함해 대출 규제를 시행하니 이제 부동산 가격은 안정될 것이다'라고 생각했다. 그러나 결과는 달랐다. 부동산 가격이 계속 올랐고 정부는 DSR을 업그레이드했다. 이름은 '스트레스DSR'이다.

스트레스DSR(스트레스총부채원리금상환비율)

정부는 부동산 시장의 과열을 막기 위해 DSR보다 계산이 조금 더 복잡한 스트레스DSR을 도입했다. 즉 스트레스 가산금리라 하여, 앞으로 금리가 더 올라도 버틸 수 있는지를 따지는 것이다. 기존 DSR은 대출받는 실제 금리를 기준으로 계산하고, 스트레스DSR은 대출받는 금리에 스트레스 금리를 추가로 더해서 원리금을 계산한다.

- **1단계 스트레스 가산금리:** 0.38%p(2024년 상반기까지)
- **2단계 스트레스 가산금리:** 0.75%p(2024년 하반기부터)
- **3단계 스트레스 가산금리:** 1.50%p(2025년 하반기부터)

현재 은행의 대출금리가 4%라면, 스트레스DSR에서는 4%에 2025년 하반기 기준 스트레스 금리인 1.50%p를 더해 연 5.50%로 대출받는 것으로 계산한다. 2025년 9월 기준, 지역에 따라 3단계까지 적용하고 있다. 스트레스 금리는 부동산 시장 상황에 따라 정부에서 올릴지 내릴지 결정할 예정이다. 몇 단계까지 조정할지는 정부의 선택에 달렸다. 부동산 대출을 받을 때 스트레스 가산금리가 어느 정도 붙는지 은행에서 별도로 확인해야 한다.

046 부동산 경매 핵심 요약

> **세 줄 요약**
> 1. 경매는 시세보다 저렴하게 살 수 있는 방법이다.
> 2. 그런데 시세보다 더 비싸게 사는 경우도 있다.
> 3. 그래서 경매는 반드시 공부한 뒤 도전해야 한다.

부동산 경매는 돈을 빌린 사람(채무자)에게서 돈을 돌려받지 못할 때 공권력으로 부채를 돌려받도록 해주는 제도다. 부동산 경매는 일반 경매와 원리가 같다. 일반적 경매(auction)의 경우, 사람들이 모여 있다가 물건이 나왔을 때 마음에 들면 손을 드는 과정을 반복해서 가장 비싼 값을 부른 사람이 낙찰받는다. 부동산 경매도 법원 내 일정한 장소에 모여 가장 비싼 값을 쓴 사람이 낙찰된다.

경매가 인기 있는 3가지 이유

1 | 시세보다 저렴하다

경매의 가장 큰 장점은 부동산 가격이 시세보다 훨씬 싸다는 점이다. 물건이 한 번씩 유찰될 때마다 최초 감정가액에서 20%씩 떨어진 가격에서 다시 경매가 시작되니, 두 번 유찰되면 최초 감정가의 64%가 되는 것이다.

2 | 권리 관계를 국가가 정리해준다

일반적인 부동산 거래에서는 등기부상에 복잡하게 얽혀 있는 권리도 그대로 인수받게 된다. 그러나 경매에서는 부동산에 대한 권리 관계를 공권력이 깨끗하게 정리해준다. 다만, 법원에서 해결해주지 않는 몇 가지 권리 관계가 있어서 '권리분석'이라는 과정이 필요하다.

3 | 부동산 거래 사고가 비교적 일어나지 않는다

경매는 모든 과정을 관련 법령이 정한 절차에 따라 진행한다. 경매 절차를 위반했거나 미흡한 경우에는 문제가 된 부분을 시정하거나 보완한 후에 입찰을 실시하므로, 부동산 거래 사고가 비교적 발생하지 않는다.

경매할 때 조심해야 할 3가지

1 | 시세보다 높은 가격에 살 수도 있다

낙찰받고 싶은 욕심이 앞서 입찰금액을 높이면 처음에 생각한 가격보다 비싸게 부동산을 매입할 가능성이 있다. 경매는 가장 높은 가격을 쓴 사람에게 낙찰시켜주는 것이므로, 시세보다 비싸게 산다고 해서 법원이 굳이 막지는 않는다는 점을 명심하자.

2 | 입찰금을 손해 볼 수도 있다

경매에 참여하기 위해서는 부동산 감정가액의 10%를 법원에 입찰금으로 미리 내야 한다. 만약 낙찰을 받고 보니 문서로는 파악되지 않은 중대한 결함이나 문제가 있다면 눈물을 머금고 입찰금을 포기해야 하는 경우가 생긴다. 낙찰이 되지 않았을 경우에는 당연히 입찰금을 돌려준다.

3 | 권리 관계가 복잡한 경우가 있다

경매에 나온 물건은 부동산 문제에 대해 당사자끼리 원만하게 해결하지 못한 것이다. 다시 말하면, 정상적인 거래로는 해결하지 못해서 법으로 해결하려는 것이다. 그러므로 일반적인 부동산보다 권리 관계가 훨씬 복잡할 수 있다. 특히 문서에 나타나지 않는 권리 관계에 더욱 주의해야 한다.

유치권을 예로 들 수 있는데, 이는 공사 대금을 받지 못한 건축업자가 해당 건물이나 주택에 들어가 있으면서 밀린 돈을 받지 못하면 나갈 수 없다고 버티는 것이다. 불행히도 이러한 유치권은 문서에는 나타나지 않는다.

무턱대고 덤비면 큰코다치는 부동산 경매

경매는 양날의 검과 같다. 잘 쓰면 전쟁에서 승리할 수 있지만, 잘못 쓰면 자기가 다치기도 한다. 법률 관계가 복잡하게 얽혀 있으므로 자칫 잘못하면 손해만 볼 수 있다. 경매만 하면 무조건 돈 번다는 단순한 생각에서 벗어나 철저하게 공부한 다음 조심스럽게 임한다면, 경매는 시세보다 낮은 가격으로 부동산을 장만할 수 있는 훌륭한 수단이다.

047 실전 경매 4단계

> **세 줄 요약**
> 1. 대법원 웹사이트에 들어가면 경매 정보를 확인할 수 있다.
> 2. 서류상 기본 내용도 무료로 제공받을 수 있다.
> 3. 경매 물건은 항상 많으니 조급해할 필요 없다.

경매에는 '강제경매'와 '임의경매'가 있다. 강제경매는 말 그대로, 법원에서 강제로 진행하는 경매다. 복잡한 내용은 다 패스하고, 대부분의 경매는 강제경매라고 보면 된다.

또한 우리나라의 부동산 경매는 아무도 모르게 각자 값을 적은 다음 가장 높게 가격을 쓴 사람이 낙찰받는 방식이다. 그러다 보니 제대로 된 가격을 써내는 것이 무엇보다 중요하다. 무턱대고 욕심이 앞서 손해 보지 말고, 경매 물건이 대체 어떤 상태인지를 제대로 파악하는 것이 먼저다.

1단계: 대법원 법원경매정보 사이트 방문하기

제일 먼저 내가 원하는 부동산이 경매에 나왔는지, 가격은 얼마인지를 확인해보자. 어렵게 생각하지 않아도 된다. 대법원 법원경매정보(www.courtauction.go.kr)에 들어가면 실시간으로 업데이트되는 경매 정보를 확인할 수 있다. 메뉴가 알기 쉽게 배치되어 있어 효율적이다. 그럼 본격적으로 내가 원하는 부동산 정보를 찾아보자.

2단계: 물건의 기본 정보 확인하기

경매 물건은 대법원 사이트에서 '경매물건 - 물건상세검색'을 통해 쉽게 찾을 수 있다. 클릭하면 아래와 같이 상세한 정보를 볼 수 있다.

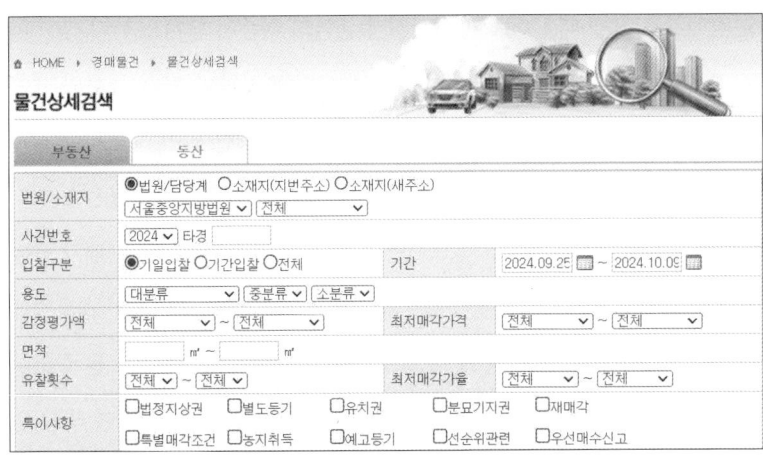

여기에서 몇 가지 선택하고 검색하면 아래와 같이 화면이 나온다. 내가 임의로 하나 골라본 결과는 이렇다.

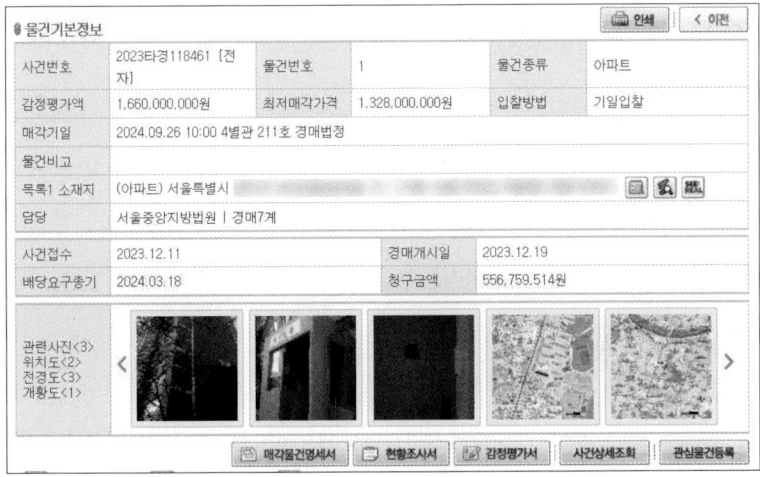

어려운 단어가 많지만 천천히 살펴보자. 우선 감정평가액을 보자. 감정평가액이란 감정평가사들이 정한 해당 부동산의 최저 매각가격이다. 그리

고 경매가 시작될 때 1차로 부르는 최저 금액의 기준이 되기도 한다.

다음으로 최저 매각가격을 보자. 앞서 감정평가액이 최저 금액의 기준이라고 했는데, 이 물건의 감정평가액은 16억 6,000만 원이고 최저 매각가격은 13억 2,800만 원이다. 무슨 상황일까? 이는 한 번 유찰되었음을 의미한다. 즉 첫 경매에서는 16억 6,000만 원이 최저 가격이었는데 거래가 불발되어 새로 열린 두 번째 경매에서는 20% 할인된 13억 2,800만 원부터 경매가 시작된다는 뜻이다. 이렇게 계속 경매가 불발되면 이론적으로는 끝없이 가격이 떨어질 수 있지만 그런 일은 거의 없다. '이 정도 가격이면 해볼 만하다'라고 판단하는 다른 입찰자들이 있고, 가격이 너무 낮게 낙찰되었다고 판단되면 법원에서 경매를 취소하는 경우도 있기 때문이다.

3단계: 권리분석하기

경매의 꽃은 권리분석이다. 권리분석이란 해당 부동산을 샅샅이 뒤져서 문제 될 것이 없는지 미리 검토하는 것이다. 앞서 본 물건기본정보 화면을 보면 '매각물건명세서', '현황조사서', '감정평가서', '사건상세조회', '관심물건등록' 등의 메뉴가 있다. 권리분석을 꼼꼼하게 할 수 있는 충분한 정보를 제공하는 것이다.

그중 법원경매에서 권리분석의 기준이 되는 조서는 매각물건명세서다. 이 문서를 통해 소멸되거나 인수되는 권리를 판단할 수 있다. 만약 매각물건명세서가 아닌 등기사항전부증명서와 기타 서류만 보고 낙찰을 받았다면 이후에 문제가 생겼을 때 입찰보증금을 포기하거나 인수 권리를 떠안아야 하는 경우도 생긴다. 반대로 매각물건명세서를 확인하고 문제가 없어서 낙찰을 받은 후에 문제가 발생하면 낙찰불허가 신청을 해서 보증금이나 잔금을 되돌려 받을 수 있다. 그러므로 소중한 내 돈을 어이없게 잃지 않기 위해서는 반드시 매각물건명세서를 기준으로 권리분석을 해야 한다.

서울중앙지방법원								2023타경118461	
매각물건명세서									
사건	2023타경118461 부동산임의경매		매각물건번호	1	작성일자	2024.09.11	담임법관(사법보좌관)	윤○○	
부동산 및 감정평가액 최저매각가격의 표시	별지기재와 같음			최선순위 설정	2020.10.08.근저당권		배당요구종기	2024.03.18	
부동산의 점유자와 점유의 권원, 점유할 수 있는 기간, 차임 또는 보증금에 관한 관계인의 진술 및 임차인이 있는 경우 배당요구 여부와 그 일자, 전입신고일자 또는 사업자등록신청일자와 확정일자의 유무와 그 일자									
점유자의 성명	점유부분	정보출처 구분	점유의 권원	임대차기간 (점유기간)	보증금	차임	전입신고일자·외국인등록(체류지변경 신고)일자·사업자등록신청일자	확정일자	배당요구여부 (배당요구일자)
조사된 임차내역없음									
※ 최선순위 설정일자보다 대항요건을 먼저 갖춘 주택·상가건물 임차인의 임차보증금은 매수인에게 인수되는 경우가 발생 할 수 있고, 대항력과 우선변제권이 있는 주택·상가건물 임차인이 배당요구를 하였으나 보증금 전액에 관하여 배당을 받지 아니한 경우에는 배당받지 못한 잔액이 매수인에게 인수되게 됨을 주의하시기 바랍니다.									
등기된 부동산에 관한 권리 또는 가처분으로 매각으로 그 효력이 소멸되지 아니하는 것									
매각에 따라 설정된 것으로 보는 지상권의 개요									

4단계: 입찰하기

입찰 대상에 대해 권리분석 등을 통해 꼼꼼하게 검토하였다면 이제는 본격적인 법원경매 입찰 단계에 돌입한다. 절차는 그리 어렵지 않다. 정해진 양식에 내용을 기재하여 제출한 뒤, 발표를 기다리면 된다. 하지만 경매법원에 처음 가는 경우 당황할 수 있으니 다음 순서를 익혀두는 것이 좋다.

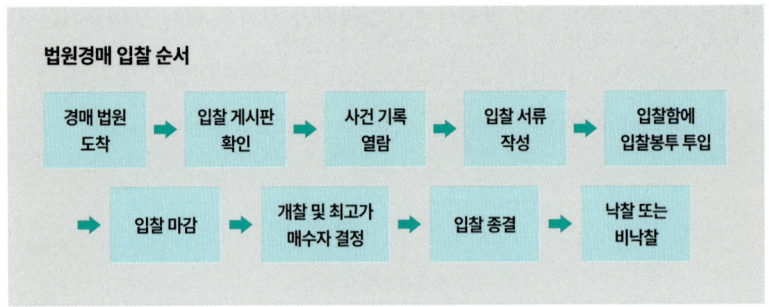

나한테 예뻐 보이는 물건은 남한테도 예뻐 보인다

우리가 찾는 그 부동산, 앞서 설명했던 것처럼 권리 관계가 깨끗하고 낙찰받아서 들어가 살든가 세를 마음껏 줄 수 있는 물건은 나도 원하고 모두가 원한다. 그렇지만 많은 사람이 이 물건을 노린다는 소문, 다른 사람도 내가 응찰하려는 부동산에 관심을 보이는 것 같다는 심리적 압박감에 값을 높이 써내지는 말자. 이번이 아니라도 기회는 얼마든지 있다.

048 재건축, 재개발, 상가 투자란?

> **세 줄 요약**
> 1. 재건축: 낡은 아파트만 허물고 다시 짓는 사업.
> 2. 재개발: 낡은 동네를 새롭게 다시 짓는 사업.
> 3. 리모델링: 아파트 뼈대는 두고 살을 다시 붙이는 사업.

서점에 가보면 오만 가지의 부동산 투자서들이 '경매로 몇 채를 샀다', '상가로 얼마를 벌었다'라며 아우성이다. 재건축, 재개발, 상가 투자 등 다양한 부동산 투자 방법을 소개한다. 아직은 좀 더 공부해야겠지만, 우리의 재테크 지식을 업그레이드한 후에 내 성향에 맞는 투자법을 적용해보자.

재건축 투자

'서울 강남 재건축이 어쩌고저쩌고' 하는 내용의 경제 뉴스를 많이 접했을 것이다. 재건축은 30년 이상 된 노후 아파트를 몽땅 허물고 그 위에 새로 아파트를 짓는 과정을 가리킨다. 아파트가 새로 지어지면 값을 비싸게 받을 수 있기에 사람들은 재건축 투자에 관심이 많다.

서울 지역에서는 아파트를 새로 지으면 웬만하면 값이 올랐으니 재건축 투자는 지금도 꾸준히 인기가 있는 투자 방법이다. 서울 강남 은마아파트와 잠실 주공5단지가 매번 뉴스에 나오는 이유가 있다. 이 단지들은 일종의 풍향계 역할을 한다. 부동산 시장이 앞으로 상승하는 바람이 불지, 반대의 바람이 불지 실시간으로 알려준다.

정부는 부동산 대책을 통해 서울 강남의 재건축 아파트들이 더 이상 가격이 오르지 않도록 하는 것에 집중하고 있다. 앞으로도 정부의 강력한 부동산 대책은 당분간 유지될 것으로 예상된다.

갭 투자

전세가와 매매가 사이의 차이(갭)만 부담하여 투자하는 방식이다. 전세를 안고 집을 사는 부동산 투자 방법이라 보면 된다. 예를 들어 매매 시세가 4억 원인 아파트가 전세 3억 원에 나와 있다면 차이 분인 1억 원만 부담하고 부동산을 매입할 수 있다. 혹시 나중에 아파트 시세가 올라서 4억 5,000만 원이 된다면 1억 원 투자에 5,000만 원 시세차익이라는 아주 훌륭한 결과를 얻을 수도 있다.

반대 경우도 있다. 시세가 4억 원에서 3억 5,000만 원으로 떨어진다면 투자 금액 1억 원 중 5,000만 원을 잃을 수도 있다. 심한 경우 '깡통 전세'라 하여, 전세가격 밑으로 매매가격이 하락하기도 한다. 시세 4억 원, 전세 3억 원으로 시작했는데, 시세가 하락하여 2억 5,000만 원이 된다면 최악의 경우 집을 팔아도 세입자의 전세금을 마련해주지 못하는 것이다. 갭 투자도 무조건 작은 돈으로 큰 수익을 얻는 방법이 아니라는 점을 미리 알아두어야 한다.

재개발 투자: 빌라(다세대주택)

재개발 사업은 빌라와 연립 등 소형 주택들이 밀집한 노후 주거지역을 다 허물고 그 자리에 아파트를 새로 짓는 것을 가리킨다. '뉴타운'이라는 이름이 붙기도 했다. 재개발에 투자하는 방법은 재건축과 비슷하다. 사업이 잘되면 내가 샀던 허름한 낡은 주택이 크고 넓은 아파트로 변신하여 값을 잘 받을 수 있지만, 사업이 잘 안 되면 첫 삽도 못 뜨고 세월만 흘러가는 경우도 있다. 세부적으로 들어가면 분양 자격이 있어 누구는 아파트를 배정받을 수 있고 누구는 없다는 식으로 구분이 되기도 하고, 지분 쪼개기 등의 편법 때문에 기대했던 수익을 얻기 힘든 경우도 있으니 참고하기 바란다.

오피스텔 투자

오피스텔을 사서 월세를 받는 것이 오피스텔 투자의 핵심이다. 그리고 그게 끝이다. 입지가 좋아서 나중에 값이 오른다거나 교통 호재 때문에 시세가 상승하는 일 같은 건 없다. 월세 잘 받는 것으로 만족해야 하는 것이 오피스텔 투자다. 재건축이나 재개발 같은 것도 없다. 오피스텔은 무조건 월세만 받는다는 생각으로 투자해야 한다.

상가 투자

상가 투자도 오피스텔 투자와 크게 다르지 않다. 월세를 잘 받으면 끝이다. 다만 상가는 입지와 상권에 따라 임대료를 올리고 월세 상승분만큼 매매가격도 올라갈 수 있다. 반대로, 세입자를 구하지 못해 몇 달 동안 공실로 비워놓아 손해를 입을 수도 있다. 가장 좋은 상가는 월세가 오르고 가격도 올라가는 상가라 할 수 있는데, 이런 상가는 모두에게 인기가 많아서 구하기가 어렵다.

일반적으로 상가는 수익률이 안정적인 경우와 나중에 가격이 오르는 경우 둘 중 하나를 선택해야 한다. 서울 및 수도권 지역은 월세가 높지는 않아도 나중에 상가 자체의 가격이 올라갈 것이라는 기대로 투자하고, 기타 지역은 상가 자체 가격이 많이 올라갈 것 같지는 않지만 월세를 꾸준히 받을 수 있다는 기대로 투자할 수 있다.

토지 투자

토지 투자는 경우의 수가 너무 많다. 속아서 산 줄 알았는데 나중에 보니 진짜로 대박이거나, 좋다고 해서 샀는데 망하는 경우도 비일비재하기 때문이다. 주의할 점만 짚어보도록 하겠다. '맹지'와 '기획 부동산' 2가지 종류만 피하자.

먼저, 맹지는 해당 토지에 도로가 접하지 않은 경우를 가리킨다. 건물을 올리거나 집을 짓는 것이 법적으로 불가하고 농사만 지을 수 있는 땅이다. 예상치 못하게 내가 산 맹지에 도로가 뚫리면 수익을 얻을 수도 있지만 극히 드문 일이다. 일부 부패한 권력자들이 맹지를 싸게 사서 그 땅에 도로를 개통시키는 경우가 있다고는 하지만 우리처럼 평범한 직장인에게 그런 일은 거의 없다.

다음으로 주의해야 할 경우가 바로 기획 부동산이다. 맹지를 싸게 사서 순진한 사람들에게 '좋은 땅'이라고 속여 비싸게 파는 경우다. 법적으로는 문제가 없기 때문에 조심하는 수밖에 없다.

　이처럼 토지 투자는 조심, 또 조심하는 수밖에 없는 복불복 게임이다. 그리고 당신이 그 게임에서 이길 확률은 거의 없다. 아파트나 빌라는 최악의 경우 실거주라도 할 수 있는데, 땅은 어떻게 활용할 방법이 없다. 땅 자체의 시세가 오른다고 해도 사려는 사람이 없다면 10년 넘게 팔지 못하고 그저 소유하면서 세금만 꼬박꼬박 낼 수밖에 없다.

일곱째 마당

보험, 똑똑하게 활용하기

Common Sense Dictionary
for Salaried

049 보험은 재테크의 안전벨트

> **세 줄 요약**
> 1. 보험은 비싸고 가성비가 안 좋다.
> 2. 게다가 재테크 상품이라고 하기도 어렵다.
> 3. 하지만 필요하다.

보험은 참 애매하다. 비싸게 느껴지는데 오랫동안 내야 한다. 보험에 가입하려고 살펴보면 보통 10년납, 20년납처럼 아주 오랫동안 돈을 내야 한다. 매달 10만 원씩 10년을 납입한다면 1년이면 120만 원, 10년이면 자그마치 1,200만 원이다. 그 돈이면 사고 싶은 것도 사고, 가고 싶은 곳에 여행을 몇 번이나 다녀올 수 있다. 보험은 SNS에 자랑하기도 어렵다. 보험에 가입했다고 건강이 좋아지거나 사고 위험이 줄어드는 것도 아니다.

하지만 보험은 안전벨트와 같아서, 싫어도 해야 한다. 안전벨트를 하면 옷도 구겨지고 답답하지만, 혹시 모를 대형 사고에서 목숨을 구해주기 때문이다. 보험은 우리에게 일어날 수 있는 큰 질병과 사고에 대비해주는 고마운 상품이다. 안전벨트를 좋아하는 사람은 별로 없다. 하지만 안전벨트로 목숨을 구한 사람은 아주 많다. 보험도 그렇다.

가성비가 안 좋아도 꼭 해야 하는 상품

보험은 많은 사람이 기피하고 싶어 한다. 보험회사만 배 불리고 돈만 날리는 게 아닌가 싶고, 보험 혜택을 받을 상황이 오더라도 제대로 보장받을 수 있을지 의심스럽기 때문이다. 우산은 맑은 날에는 필요하지 않다가도 비가 오면 갑자기 귀해진다. 보험도 필요성을 느낄 때는 이미 늦어서 가입이 거부될 수 있다. 최소 비용으로 최대 효과를 보고 싶다면 아직 보험료가 저렴할 때, 가입이 가능할 때 미리 가입하는 것이 좋다.

보험은 가성비가 나쁠 수밖에 없다. 가성비가 가장 좋으려면 사고 나기 직전에 가입하는 방법 외에는 없기 때문이다. 보험은 가성비 따지고, 나중에 얼마 돌려받고 하는 계산을 하는 대신, '내가 혹시 모를 일을 겪었을 때, 적어도 지금보다 가난해지지 않게 해주는가?'를 생각해봐야 하는 상품이다. 오해를 막기 위해 덧붙이자면, 가성비를 무조건 따지지 말라는 말은 아니다. 내 상황에서 최선의 선택을 하기 위한 가격 비교는 환영이다. 다만 '그 돈이면 다른 걸 할 수 있는데 왜 돈 아깝게 보험을 드냐' 하는 생각을 하지 않기 바란다.

보험은 재테크 상품도 아니다

당신의 재테크를 축구에 비유해보자. 재테크에서 주식이나 펀드는 화려하게 골을 넣는 스트라이커이고, 목돈이 필요하고 긴 계획이 필요한 부동산은 중간 수비수라 할 수 있다. 보험은 당신의 재산 관리에서 골키퍼 같은 존재다. 만일 선수 11명을 모조리 공격에 투입하면 어떻게 될까? 공격 기회는 많아지겠지만 수비는 취약해질 것이다.

힘들게 주식, 펀드, 부동산 투자로 재테크에 성공했는데, 생각지도 못한 역경으로 공든 탑을 무너뜨릴 수는 없지 않은가? 보험으로 재테크를 하기는 어렵다. 생각해야 할 것은 보험이 없을 때 어떻게 될 것인가의 문제다. 보험은 어디까지나 '보장 내용'이 핵심이다. 골키퍼에게 공격력을 기대하기는 어렵듯이, 보험을 통해서는 일단 '지키기'에 중점을 두는 것이 좋다.

당신이 나중에 부자가 되어 자녀에게 재산을 물려주어야 한다거나, 세금을 줄여야 한다거나 하는 '테크닉'이 필요한 시점이 되면 보험은 '비과세' 등의 혜택으로 재산을 지켜주는 역할을 하게 될 것이다. 사회생활을 시작하고, 월급을 관리하는 동안에는 '신체 보호' 목적의 보험을 주로 하는 것이 좋고, 어느 정도 목돈이 쌓이면 '재산 보호' 목적으로 업그레이드하는 것이 맞다.

> **토막상식**
>
> **마지막 환불 기회: 청약철회제도**
>
> 보험에 가입할 때는 필요하다고 느꼈는데 조금 시간을 두고 생각해보니 자신의 경제 상황이나 인생 계획에 맞지 않은 경우가 있다. 이럴 때를 위해 '청약철회제도(Cooling-off System)'라는 것이 있다. 이는 보험계약자가 청약을 한 날 또는 1회 보험료를 납입한 날로부터 15일 이내에 그 계약을 철회할 수 있는 제도다. 말 그대로 머리 식히는 기간을 15일간 보장해주는 것이다. 계약 후 15일 안에는 특별한 사유가 없어도 계약을 철회할 수 있다. 그러나 냉각 기간인 15일이 지나면 철회가 불가능하다는 점을 명심해야 한다.

재테크 비밀과외

어려운 보험 용어 총정리

보험이 더욱 어렵게 느껴지는 것은 들어도 알 수 없는 각종 어려운 보험 용어 때문이다. 다음은 보험 가입하기 전에 반드시 알아야 하는 보험 용어를 가나다순으로 정리한 것이다. 이 중에서도 '계약자', '수익자', '피보험자'는 헷갈리기 쉬우니 꼭 알아두는 것이 좋다.

필수 보험 용어

가입 연령	생명보험 계약 체결 시 가입하는 사람의 나이. 만 나이를 따지며, 주민등록상의 생일 기준으로 앞뒤 6개월을 만 나이의 범위로 본다.
거절체	중요 질병이 발생했거나 정신지체자 등 보험 가입 요건이 성립하지 않아 보험 가입이 거절된 사람을 말한다.
계약자	보험 계약을 한 사람. 보험회사에 돈을 내는 사람을 말한다.
납입 기간	보험료를 내는 기간. 보험 만기와는 다를 수 있다. 예를 들어 '80세 만기 10년납'이면 보장 기간은 80세까지이고, 지금부터 10년 동안 보험료를 납입하는 조건이다.
만기	정해진 보험 기간이 경과해서 끝나는 때, 즉 보장 기간을 말한다. 1·5·10·20년, 60·70·80세 등 다양하다. 종신보험의 만기는 사망할 때다.
만기보험금	생명보험 계약에서 만기가 도래했을 때 피보험자가 생존해 있으면 받을 수 있는 보험금을 말한다.
무배당	보험회사의 수익을 고객에게 나누어주지 않는 조건. 그 대신 보험료가 저렴해진다. '무배당 보험'이란 말은 배당금을 주지 않는다는 말이다.
배당금	보험회사가 수익을 냈을 때 고객에게 공평하게 분배하는 돈. 과거에는 배당금을 주는 조건이 많았으나 요즘에는 배당보험을 찾아보기 힘들다. 보험상품 앞에 '유배당', '무배당'이라고 친절히 표기되어 있다.
법정상속인	피보험자 사망 시 보험금을 상속받는 사람. 특정인을 지정할 수 있으며, 지정하지 않았다면 민법상 상속 순위에 따라 보통 직계가족에게 공평하게 돌아간다.

보험금	보험회사가 계약자에게 지급하는 금액으로, '거액의 보험금을 노리고'라고 할 때의 보험금이 바로 이것이다. 보험료와 보험금은 의미상 차이가 있으므로 구별해주는 센스가 필요하다.
보험료	보험에 가입한 뒤 계약자가 보험회사에 지불하는 금액을 말한다.
사망보험금	말 그대로 사망했을 때 지급되는 보험금. 일부 보험의 경우, 신체 부위의 합산 장해가 80% 이상, 즉 신체의 기능이 80% 이상 상실되면 사망으로 보고 보험금을 지급하는 경우도 있다.
수익자	보험 사고가 발생했을 때 보험금을 타는 사람. 가족을 수익자로 지정하는 것이 일반적이지만 기부보험이라고 해서 사회단체를 수익자로 정하기도 한다. 한 집안의 가장이 자신이 다칠 경우를 대비해서 계약자와 피보험자를 자신으로 하고, 수익자는 가족으로 하는 것이 대표적이다.
약관	보험 계약의 전반적인 내용을 설명해놓은 책. 가입 안내장과 함께 반드시 설명을 받아야 한다. 보험 사고가 발생했을 때 보장은 약관에 의거하므로 잃어버리지 않도록 잘 보관해야 한다.
약관대출	주택담보 대출이 집을 담보로 대출을 해주는 것처럼, 보험을 해약할 경우 받게 되는 해약환급금을 담보로 대출해주는 제도. 보통 해약환급금의 70~90%까지 대출받을 수 있다.
자필 서명	말 그대로 자필로 하는 서명을 말한다. 보험설계사가 대신 사인하는 것을 막기 위해 보험 계약 시 보험계약자가 자필로 서명하도록 의무화되어 있다. 이 절차를 생략하거나 보험설계사에게 대필을 시키면, 보장받지 못할 수도 있으니 주의하기 바란다.
주계약	보험 보장의 주된 계약을 말한다. 종신보험에서는 사망 부분, 건강보험에서는 질병 부분, 암보험에서는 암 보장 등이 되겠다.
책임개시일	보험 보장이 시작되는 시점. 보험에 가입했다고 해서 바로 보장이 시작되는 것은 아니다. 사고와 일반 질병은 가입하는 순간부터 보장되며(보험료를 납입하지 않았어도 계약서에 사인하는 순간부터 효력 발생), 병원에서 암 진단을 받고 암보험에 가입하는 사람들을 막기 위해 암은 가입 후 91일부터 보장이 시작된다.
특별계정	보험료 중 일부 금액을 따로 떼어 펀드에 투자하기 위해 마련한 계정을 말한다.
특별계정투입 보험료	보험료 중에서 펀드에 얼마나 투자되었는지 보여주는 금액을 말한다.
특별약관	주계약만으로는 보험의 보장 내역이 부족하다고 느낄 때 추가로 가입하는 보험 내역이다. 보험 가입 시 주계약과 함께 '질병에 걸리면 얼마, 사고로 다치면 얼마'로 표시된다. 예를 들어 종신보험의 주계약은 사망 시 몇억 원이지만 특약으로 암 진단 시 3,000만 원, 질병으로 입원 시 하루 5만 원 지급 등의 내용이 포함될 수 있다.

피보험자	실제로 보험 내용의 보장을 받는 사람, 실제로 보험의 대상이 되는 사람을 말한다. 계약자와 피보험자가 다를 수도 있다. 예를 들어 부모님이 당신의 보험료를 내주고 있다면, 부모님은 계약자이고 보험의 대상인 피보험자는 당신이 된다.
할증	사고가 자주 발생했거나 위험 직종에 종사하는 경우, 혹은 과거 질병 재발 확률이 있는 경우에 보험료를 올리는 것을 말한다. 자동차보험의 경우 사고를 내지 않았어도 벌점이 높으면 할증되기도 한다. 안전 운전과 양보 운전이 보험료를 낮춘다는 것을 기억하라.
해약	보험 계약을 중도에 파기하는 것. 보험은 해약하면 무조건 손해이므로 가입할 때 신중해야 한다.
해지·실효	보험료를 납부하지 않았다면 보험회사에서는 일정 기간(보통 2개월)까지 기다려보다가 1개월 후부터 보험료를 청구하지도 않고 보장도 해주지 않는다. 이 조치를 '해지'라고 하며, 보장이 효과를 잃은 상태를 '실효'라고 한다. 만약 해지·실효되기 전에 사고가 발생하면 약정한 보험금을 지급해준다.
환급금	보험 계약을 해약했을 때 돌려받을 수 있는 금액. 해약 시 돌려받는 해약환급금은 그동안 꾸준히 넣어온 금액에 비해 적을 수밖에 없다. 보험회사도 공짜로 일해주는 것은 아니니 말이다.

050 보험 상품 구분하는 법

> **세 줄 요약**
> 1. ○○생명은 생명보험: 비싼데 필요함.
> 2. ○○화재, ○○손해는 손해보험: 안 비싸고 필요함.
> 3. 둘 다 하는 게 가장 좋은 조합이다.

보험은 종류가 너무나도 많다. 22개 생명보험사와 32개 손해보험사 해서 총 54개 보험회사에서 각각 상품을 출시하기 때문이다. 메뉴판이 빼곡한 식당에 가면 선택이 더 어려워지듯, 나에게 맞는 보험이 어떤 것인지 고민될 수밖에 없다.

보호 대상에 따른 구분: 생명보험 & 손해보험

생명보험은 생명이나 신체에 관한 사고에 대비한 보험으로 종신보험, 질병보험이 대표적이다. '생명', '라이프'라는 이름이 붙은 생명보험회사에서 판매한다.

손해보험은 재산에 관한 경제적인 손해를 보상하는 보험으로 화재보험,

자동차보험, 운송보험 등이 있다. '화재', '해상' 등의 이름이 붙은 손해보험 회사에서 판매한다.

동시에 손해보험회사에서는 '실손보험'이라고 해서 의료비를 보장해주고 다쳤을 때 보험금을 지급하는 상품을 판매한다. 실손보험은 사람 자체의 건강이 아니라 그 사람이 당하게 되는 재산상의 손실(의료비 지출 등)을 보장해준다. 더불어 하이브리드 보험이 출시되면서 생명보험의 탈을 쓴 손해보험도 있고, 손해보험의 기능을 그대로 구현하는 생명보험도 있다.

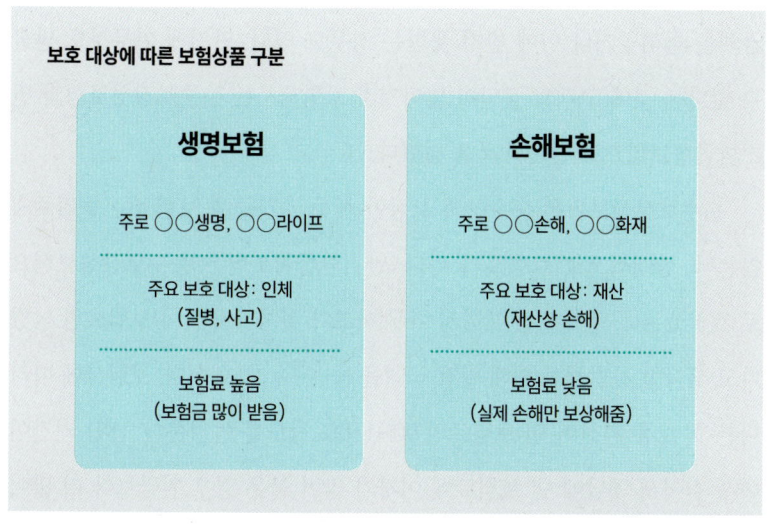

생명보험은 말 그대로 '생명'에 관련될 정도의 무거운 상황에 적용된다. 생명을 잃거나(사망), 생명이 위독할 정도의 중대한 질병(암)에 걸리는 경우 보험회사에서 약속한 목돈을 주는 것이 일반적이다. 손해보험은 '재산'을 지켜주는 역할이 크다. 매월 납입하는 보험료가 비교적 저렴한 동시에 보험금도 '실제 발생한 손해'를 산정하여 지급한다. 병원에 며칠 입원했다면 병원비 일부를 지급하는 식이다.

보험의 용도에 따른 구분: 보장성보험 & 저축성보험

보장성보험은 다치거나 사고가 나면 미리 약정해놓은 보험금이 나온다. 위험 보장에 중점을 두며, 우리가 아는 보험 본래의 기능에 충실하다. 손해보험회사에서 출시하는 대부분의 암보험, 상해보험이 대표적이다. 사고가 났을 때는 보상 범위가 크지만, 보험 만기 후에는 이미 낸 보험료보다 적은 금액을 돌려받거나 아예 받지 못하는 경우도 있다. 만기에 아무것도 받을 수 없다는 것에 고객의 불만이 많아지자 보험회사는 순수보장성보험과 만기환급형보험으로 선택의 폭을 넓혔다.

순수보장성보험은 순수하게 보장만 해주고 나중에 보험료는 돌려주지 않는다. 상대적으로 보험료가 싸다. 만기환급형보험은 순수보장성보험으로 계약했는데 만기가 될 때까지 아무 사고가 일어나지 않아 보험료만 날렸다고 생각할 사람들을 위해 일정 금액을 돌려주는 보험이다. 보험사에 따라 다른데, 보통 자신이 낸 보험료의 90~110% 정도를 돌려준다. 납입 기간이 아주 길어서 옛날에 낸 보험료에 이자가 많이 붙은 경우 원금보다 더 많이 받을 수도 있다.

저축성보험은 위험에 대한 보장보다는 저축 기능이 강화된 상품이다. 은행의 정기적금과 같다고 생각하면 된다. 만기 시 자신이 낸 보험료 원금은 물론 이자까지 받는다. 연금보험과 변액유니버셜보험이 대표적이다.

용도에 따른 보험상품 구분

보장성보험

생명보험 중 정기보험, 종신보험, 손해보험. 대부분의 보험상품

주 목적: 사망·질병 시 보험금 수령

만기 시 납입한 보험료 환급 없음 (단기환급형은 일정 금액 돌려줌)

저축성보험

생명보험 중 연금보험, 변액유니버셜 보험

주 목적: 투자, 저축 및 비과세 연금

만기 시 납입 원금과 수익을 지급받음

토막상식

저렴한 납입료가 매력적인 저해지보험과 무해지보험

보험은 좋은 상품이지만 가격 부담이 항상 있기 때문에 경제 상황이 어려워지면 보험 해약율이 높아지기도 한다. 보험회사에서는 이러한 고객의 부담을 줄여주고자 저해지보험, 무해지보험 등의 상품을 내놓았다. 이러한 상품의 원리는 고객이 보험 계약을 중도에 해약하는 경우 고객에게 돌려주어야 할 해지환급금을 아주 낮게 또는 아예 없도록 설정해놓고 그만큼 보험 자체의 납입료는 적게 받는 것이다. 예를 들어 같은 생명보험이라 해도 무해지, 저해지 상품은 가격을 아주 낮게 판매하는 대신 나중에 계약 해지할 때 돌려받을 금액이 없도록 설계되어 있다.

11가지 주요 보험 상품

① 종신보험

몸(身)이 끝나면(終), 즉 사망하면 보험금이 나오는 보험이다. 주로 가족을 책임지는 가장이 만일의 사태에 대비해 준비하는 보험이다.

② 정기보험

처음 계약을 할 때 기간을 정해서 그 기간 동안에는 사망이나 질병, 사고를 보장해주는 보험이다. 종신보험은 사망 시 무조건 보험금을 지급하는 데 비해, 정기보험은 정해진 기간 동안만 보장해주기 때문에 상대적으로 보험료가 저렴하다.

③ 질병보험(CI보험)

암, 심근경색 등 치명적인 질병(Critical Illness)에 대비하는 보험이다. 고액의 치료비와 간병비가 들어가는 질병을 보장한다. 기본 보험에 더해 추가로 가입하는 경우가 많다.

④ 상해보험

신체에 부상(傷)이나 해(害)를 입는 경우를 대비하기 위한 보험이다. 각종 사고로 인한 사망, 수술, 입원, 골절 등을 보장하며, 주로 교통사고와 각종 안전사고에 대비하기 위한 것이다. 생명보험회사에서는 미리 약속해둔 금액을 전액 지급하고, 손해보험회사에서는 실제 치료하는 데 들어간 비용만을 지급한다는 차이점이 있다.

⑤ 연금보험

노후를 대비하기 위한 저축성보험이다. 미리 약정된 금액을 사망 시까지 받거나 일정 기간까지만 받을 수 있도록 정할 수 있다. 국민연금, 공무원연금 등 기본적인 노후 제도 외에 노후를 풍족하게 하거나 미래의 불확실한 상황을 제거하고자 할 때 주로 가입한다.

⑥ 변액보험

액수가 변(變)한다는 뜻으로, 보험료의 일부를 펀드에 투자하는 보험상품이다. 기존의 보험상품들이 물가 상승을 따라잡지 못해 가입 시점보다 낮아진 화폐 가치로 보험금을 지급하는 것에 대한 보완책으로 고안된 상품이다. 변액연금보험과 변액유니버셜보험이 있다.

⑦ 변액연금보험

펀드의 투자 기능을 활용한 연금보험이다. 보험 기간 동안 납입한 보험료를 펀드에 투자하고 연금 수령 기간에 따라 다양한 형태의 연금으로 지급한다.

⑧ 변액유니버셜보험

종신보험의 보장 기능과 중도 인출 기능에 펀드의 투자 기능을 결합한 상품이다. 일정 기준을 충족하면 보험으로 얻은 수익에 대해 비과세된다는 장점이 있다.

⑨ 자동차보험

자동차를 살 때 의무적으로 들어야 하는 보험이다. 자동차보험 없이 운전하다 적발되면 벌금(과태료)이 부과된다.

⑩ 운전자보험

자동차를 몰면서 발생한 사고로 인해 사망 및 상해를 입으면 이에 대한 비용을 지급하는 상품이다. 특히 교통사고에서 내가 '가해자'가 되는 경우 발생할 수 있는 비용을 보장해준다. 그러나 운전자보험만 믿으면 안 된다. 고의에 의한 사고 또는 중과실 사고이거나, 운전할 때 음주를 했거나 마약에 취했다면 보장을 받을 수 없다.

⑪ 실비보험

실제(實)로 드는 비용(費)이라는 뜻으로, 실제 발생한 손해를 일정 부분 보장받는 상품이다. 병원비, 약값 등의 지출을 80% 정도 보장받을 수 있다.

토막상식

보험 특약의 종류

보험은 주계약과 특약으로 이루어지는데 특약을 잘 활용하면 보험을 효율적으로 이용할 수 있다. 종신보험의 경우 주계약은 '사망보험금'이 되고 나머지 사항들이 특약이 된다. 살아가면서 사망 외에도 대비해야 할 위험이 많으므로 주요 보험 특약을 간략히 살펴보자.

- **재해사망**: 재해로 사망하는 경우 사망보험금을 지급하는 것. 주계약에서 사망보험금이 지급되는 것과는 별개로 지급한다.
- **재해상해**: 재해로 상해를 입는 경우에 보험금이 지급된다.
- **정기특약**: 주계약은 사망까지 보장하는 데 비해 정기특약은 정해진 기간까지만 보장한다. 집중적으로 사망에 대해 보장받아야 하는 기간을 정해 특약으로 사망보험금을 추가로 책정할 수 있다.
- **암치료특약**: 암 진단비, 암 수술비, 암 입원비 등을 보장해주는 것. 암이 가장 위험한 사망 원인임을 고려할 때 생명보험에는 필히 따라와야 하는 특약이기도 하다.
- **수술·입원특약**: 재해나 질병으로 입원을 하거나 수술을 받는 경우 수술 종류를 구분해서 수술비를 지급하는 특약이다.
- **특정질병진단비·수술비**: 성인병 위주로 진단받거나 수술받는 경우를 보장한다.

051 연금보험과 연금저축상품 비교

> **세 줄 요약**
> 1. 그냥 보험회사의 연금은 연금보험.
> 2. 정부에서 출시한 상품은 연금저축상품.
> 3. 연금보험은 나중에 비과세 혜택, 연금저축상품은 세액공제 혜택을 받는다.

연금 관련 상품으로 대표적인 것은 연금보험과 연금저축상품이 있다. 두 상품은 '노후를 위한 연금 준비'라는 공통점이 있지만 연말정산 세금 혜택에서 큰 차이가 있다. 이 두 개의 상품을 정확하게 비교해봄으로써 나에게 더 잘 맞는 상품을 골라보자.

이 세상에 나쁜 개는 없듯, 이 세상에 나쁜 보험은 없다. 반려견 주인이 잘못 교육시키는 것이 문제이듯, 보험도 용도를 잘못 알고 가입하는 것이 문제일 뿐이다. 편의를 위해 보험회사의 일반 연금보험상품을 '연금보험'으로, 정부에서 연말정산 혜택을 주는 연금상품을 '연금저축상품(연금저축펀드)'이라 한다. 혹시 연금저축펀드가 어떤 상품인지 기억이 희미하면 223쪽을 다시 보면 된다.

일반 보험회사의 연금보험

일반적으로 보험회사에서 판매하는 상품이다. 일반적인 보험과 비슷한 특성을 가지며, 일정 기간 동안 정해진 금액을 받을 수 있는 보험이라고 보면 된다. 은퇴 후 필요한 생활비를 마련할 수 있는 상품이다. 국민연금의 민간 버전이라 생각하면 이해하기 쉽다.

상품의 특성을 보면, 은행 이자보다 통상 1~2%p 높은 이율로 적립되고, 금리가 아무리 낮아져도 '최저보증이율'이라는 마지노선 덕분에 안정적인 연금 수령을 원하는 사람에게 적합하다. 이후 45세 이상이면 연금을 받을 수 있어 효과적인 노후 설계는 물론 은퇴 후 소득 공백기에도 유연하게 대처할 수 있는 상품이다. 국민연금처럼 매월 일정한 금액을 넣는 방법도 있고 목돈을 한꺼번에 넣어놓고 기다렸다가 연금을 받는 방법도 있다.

연금보험의 상품별 특징

1 | 거치형연금

보험료를 납입한 후 일정 기간이 지나서 연금을 받는 상품이다. 한 번에 납입하는 일시납과 기간 및 금액을 조정하는 월납 형태로 구분되는데, 본인의 상황에 맞는 상품을 선택할 수 있다. 월납 형태가 일반적이다.

2 | 일시납 즉시연금

일시납(一時納)이란 한꺼번에 납입하는 것을 가리킨다. 즉 목돈을 넣어두고 기다렸다가 때가 되면 연금을 받는 상품이다.

3 | 변액연금

　내가 보험료를 매월 납입하면 그 돈으로 보험회사가 투자하는 상품이다. 투자의 결과가 좋으면 기대했던 것보다 많은 보험금을 받을 수 있다. 즉 보험회사의 운용수익 실적에 따라 총액이 달라지는 금융상품이다. '투자'이기 때문에 예금자보호법이 적용되지 않는다. 운용 결과에 따라 수익이 높아질 수도 있고, 낮아질 수도 있다. 상품의 수수료가 높다는 점을 감안하여 장기간 운용할 수 있을 때 가입하는 것이 좋다.

4 | 종신보험의 '연금전환 특약'

　'연금전환 특약'이라는 기능을 이용해 종신보험을 연금으로 전환하는 방법이 있다. 하지만 보통의 연금보험보다 연금으로서의 기능이 미약하기 때문에 많이 권하지는 않는다.

연금보험과 연금저축상품의 차이

　보험회사, 증권사, 은행 등에서 취급하는 연금저축상품은 납입액에 대해 600만 원까지 세액공제가 가능해서 연말정산에 유리하다. 연금보험과 연금저축상품의 차이는 크게 2가지인데 첫째는 세금, 둘째는 수령 시기다. 연금저축상품은 정부에서 만든 상품답게, 납입할 때에도 세금 혜택 연금을 받을 때에도 세금 혜택을 받을 수 있다.

　연금저축상품은 연말정산 시 납입액의 16.5% 또는 13.2%의 세금을 돌려받을 수 있다. 이에 비해 연금보험은 이러한 세금 혜택이 없다. 연금보험은 연말정산 혜택이 없는 대신 연금을 수령할 때 세금이 붙지 않는다. 보험

구분	연말정산 혜택	수령 시 세금		수령 연령
연금저축상품	납입액의 16.5% 또는 13.2% 세액공제 (600만 원 한도)	80세 이상	3.3%	55세부터
		70세 이상 80세 미만	4.4%	
		55세 이상 70세 미만	5.5%	
연금보험	없음	비과세		45세부터

금을 납입하는 기간에 보험상품에 이자가 붙거나 투자 수익이 발생해도 비과세 처리된다는 뜻이다. 반면 연금저축상품(연금저축펀드, 연금저축신탁 동일)은 돈을 납입할 때는 연말정산에 유리하지만, 연금 수령 시에는 세금을 내야 한다.

또 다른 차이점은 수령 시기다. 연금저축상품은 55세 이후에 수령할 수 있다. 이에 비해 연금보험은 연말정산 혜택이 없는 대신 45세부터 연금을 수령할 수 있다.

그래서 나에게 맞는 것은?

연금저축이 어떻고 연금보험이 어떻고 하는 이야기를 들어도 '그래서 어떤 걸 선택하라는 말이냐' 싶을 것이다. 어떤 상품을 선택하면 좋을지 대략 정리해보았다. 정답은 없다. 자신의 상황에 맞는 것을 선택하기 바란다.

1 | 장기간 안정적인 직장생활이 가능하다면 '연금저축상품'

해고의 두려움이 없는 직장인의 경우에 유리하다. 연금저축상품은 중도에 해약하면 가혹한 불이익이 기다리고 있기에 최소 5년간은 상품을 유지할 수 있어야 한다. 아직 젊고 최소 직장생활을 10년 정도는 무난하게 할 수 있는 사람이라면 연금저축상품에 가입하는 것이 유리하다.

2 | 장기간 직장생활이 어렵거나 의지력이 부족하다면 '연금보험'

연금을 일찍 받고 싶다면 연금보험이 유리하다. 다른 연금상품은 적어도 55세부터 받을 수 있는데 연금보험은 45세부터 받을 수 있기 때문이다. 지금 만 35세 이하라면 눈 딱 감고 10년 연금보험에 가입해서 45세부터 연금을 받을 수 있다. 45세가 된 시점에도 계속 직장에서 근무 중이라면 수령한 연금으로 적립식펀드에 가입할 수도 있고 은행 대출이자를 갚을 수도 있다. 돈이 없어지는 것이 문제이지 빨리 들어오는 것이 문제는 아니다.

당신이 능력은 좋은데 직장 환경이 해고의 두려움을 주는 곳이라면 연금보험이 좋다. 해고되면 납입을 일시정지할 수도 있으니 말이다. 혹시 자신의 낮은 실행력이 걱정된다면 '깨면 손해'인 연금보험을 선택하기 바란다. 손해를 싫어하는 인간의 심리가 강하게 작용하기에 '손해 보기 싫어서'라도 연금보험을 계속 유지할 것이다.

052 생명보험: 종신보험과 정기보험 비교

> **세 줄 요약**
> 1. 생명보험은 큰 아픔을 크게 보상해주기 때문에 좀 비싸다.
> 2. 생명보험이 너무 비싸면 정기보험으로 가성비를 챙길 수 있다.
> 3. 우선 정기보험을 들고, 월급이 오르면 생명보험을 들자.

생명보험은 기본적으로 '사망 시 얼마 지급해드립니다' 하는 상품이다. 기존의 사회 시스템에서는 가족을 부양하는 가장은 신변에 이상이 있을 경우 남은 가족이 경제적인 어려움을 겪지 않도록 생명보험을 든든하게 들어놓는 것이 일종의 '국룰'이었다. 지금은 1인 가구가 많은 비중을 차지한다. 다시 말하면 내가 죽으면 나를 위해 슬퍼할 가족이나 부양해야 하는 가족이 없다는 뜻이다. 1인 가구에 과연 비싼 생명보험이 필요할까?

생명보험의 양대 산맥: 종신보험과 정기보험

종신보험은 사망 시까지 보장해주는 상품이고, 정기보험은 일정한 기간 동안만 보장해주는 상품이다. 용어를 풀어보면 종신(終身)은 '몸이 끝날 때'

까지, 즉 죽을 때까지를 의미하고, 정기(定期)는 '기간을 정해놓는다'는 의미를 가진다. 과거엔 생명보험 하면 무조건 종신보험이었다. 가장이 사망해도 남은 가족을 위해 목돈을 남겨두는 것이 당연했기 때문이다. 지금은 그렇지 않다. 차라리 70~80세까지만 보장을 받는 정기보험을 많이 선택한다.

가격을 비교해보면 같은 보험금이 책정된다 하더라도 종신보험이 더 비싸다. 확률 때문이다. 종신보험은 이론적으로 보험회사가 보험금을 지급할 확률이 100%다. 사람은 누구나 죽으니까 말이다. 반면 정기보험은 보험회사의 보험금 지급 확률이 낮다. 80세까지 보장 기간을 정한 사람들이 80세 이전에 무조건 사망하는 것은 아니기 때문이다. 종신보험이 더 비쌀 수밖에 없다. 비교하면 다음과 같다.

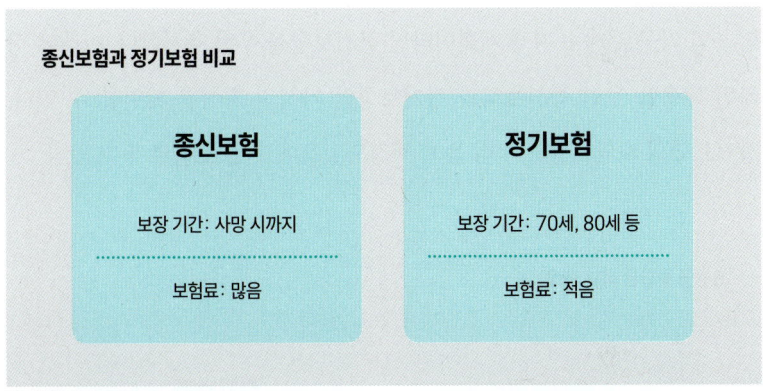

종신보험의 실속 있는 하위 버전, 정기보험

굳이 종신보험에 가입할 필요 없는 사람에게는 정기보험이 좋은 선택이다. 보장 내용은 종신보험과 동일한데 보장 기간을 따로 정한다는 차이가 있을 뿐이다. 80세 이후에 사망하면 보험금을 받을 수 없기에 상대적으로 더 저렴한 비용으로 보험에 가입할 수 있다.

종신보험과 정기보험 중 고민 중이라면?

어떤 보험을 선택할 것인가는 전적으로 당신의 판단에 맡길 수밖에 없다. 자금 여유가 충분하다면 당연히 종신보험을 선택하여 평생 든든한 보장을 받는 것이 좋지만 지갑 사정이 항상 여유로울 수는 없다. 정기보험은 얇은 지갑 사정을 고려한 고마운 상품이라 할 수 있다.

지금 젊다면 우선 정기보험으로 시작하라. 나중에 연봉이 많이 오르면 그때 종신보험을 가입해도 된다. 또는 결혼을 하고 가정을 꾸린다면 종신보험, 1인 가구로 계속 지낼 계획이라면 정기보험을 우선 추천한다. 아래에 정리된 내용을 보면 종신보험과 정기보험의 가성비 차이를 확인할 수 있다. 정기보험의 사망보험금이 더 높게 책정되었음에도 월 보험료가 더 낮다.

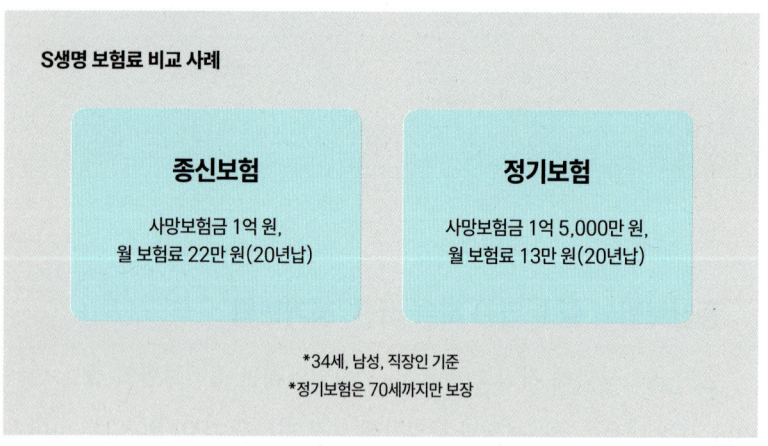

053 실손보험은 기본템이다!

> **세 줄 요약**
> 1. 실손보험은 실제 발생한 손해를 보상해준다.
> 2. 갱신형 상품은 1~2년마다 보험료가 올라간다.
> 3. 실손보험, 없으면 불안하고 있으면 든든하다.

TV 채널을 돌리다 보면 어르신들을 대상으로 하는 보험 광고를 보게 된다. 어르신들이 '난 나이가 많은데 괜찮아?', '옛날에 병을 앓았는데 괜찮아?'라고 물으면 잘 차려입은 광고 모델이 '네, 괜찮습니다, 어르신' 하는 광고다. 바로 실손보험 광고다.

직장인에게 꼭 필요한 실손보험

실손보험은 직장인의 기본 아이템이다. 큰 병은 생명보험으로, 작은 병은 실손보험으로 보장받아야 하기 때문이다. 평생 사고 한 번 안 날 자신이 있다면 해당 사항이 없겠지만 사고는 항상 예고 없이 찾아온다.

TV 광고에 주로 어르신들이 나오기 때문에 실손보험을 '나중에 나이 들면 가입하는 것'으로 오해할 수 있다. 실상은 나이와 상관없다. 질병이나 사고가 나이를 가리겠는가. 물론 나이가 들수록 병원을 이용할 확률이 높아지기는 한다. 실손보험에 필요한 비용은 이러한 점을 빠짐없이 계산하여 젊은 사람에게는 아주 저렴한 비용만 받는다. 34세 남자 기준 보험료는 한 달에 1만 3,000원이 조금 안 되는 수준이다.

대부분의 실손보험은 '갱신형'으로 일정 기간마다 보험료를 새롭게 정한다. 이번 연도에 월 2만 원인 실손보험이 2~3년 후엔 3만 원이 될 수도, 5만 원이 될 수도 있다. 실손보험 상품을 재계약할 때 얼마가 오를지 예측하기 힘들다는 것이 가장 아쉬운 점이다. 2021년 말에는 실손보험 가입자들이 30%, 50% 심지어 300%나 납입료가 올라간 고지서를 받기도 했다. 보험업계는 일부 가입자들의 '과잉 진료(다른 말로 병원 쇼핑)'로 인해 어쩔 수 없다는 입장이었다.

크고 작은 병원비를 보장받는 상품

실손보험은 각 회사의 상품마다 차이가 있지만 대체로 실제로 지출하는 병원비의 80% 정도를 보장해준다. 큰 병을 앓으면서 큰 지출이 필요한 경우도 있지만 소소하게 병원을 가는 경우도 있는데, 실손보험은 이런 경우에 요긴한 상품이다. 실손보험을 '실속보험'이라 부르는 이유이기도 하다.

보험회사는 절대 손해 보는 장사를 하지 않는다. 2009년까지만 해도 보험회사들은 급여 항목, 비급여 항목을 묻지도 따지지도 않고 보장해줬지만 이후 조금씩 혜택을 줄여왔다. 지금은 비급여 항목을 일부 보장해주는 것으로 바뀌었다. 따라서 실손보험 가입 시 이왕이면 비급여 항목까지 보장받을 수 있도록 하는 것이 좋다.

　내 외동딸은 제왕절개 수술로 세상의 빛을 보았다. 아이를 얻은 아내는 처음에는 기쁨과 반가움의 눈물을 흘렸으나 마취가 풀리면서 통증의 눈물을 흘리기 시작했다. 이때 필요한 것은 남편의 사랑이 아닌 진통제였다. 진통제는 건강보험 적용이 안 되는 비급여 항목이다. 당장 아픈데 "이건 건강보험에서 비용을 지원해주지 않으니까, 우리 손 꼭 붙잡고 참자"라고 말할 수 없다. 이런 경우에도 실손보험은 나름의 지원을 해준다.

054 장단점이 뚜렷한 변액보험

> **세 줄 요약**
> 1. 변액보험의 핵심은 '펀드'와 '채권'에 투자한다는 것이다.
> 2. 잘되면 수익까지 얻을 수 있고 안돼도 최저기준은 맞춰준다.
> 3. '변액'은 잘 쓰면 약이 되고 못 쓰면 독이 될 수 있다.

변액보험은 출시될 때부터 뜨거운 논란의 대상이었다. 현재도 비과세 혜택과 투자 성과에 따른 수익이 가능하다는 긍정론과, 보험회사 배만 불리면서 일반 펀드보다 수익성이 낮다고 보는 부정론이 계속 대립하고 있다. 객관적으로 보면 양쪽 주장이 모두 맞다. 동전에 양면이 있듯, 복잡한 보험상품인 변액보험은 장단점을 모두 가지고 있다. 이제부터 변액보험의 기본 개념과 장단점을 살펴본 후, 자신에게 맞는 상품인지 잘 판단해보기 바란다.

변액보험의 기본 개념

일반적인 보험상품은 보험계약자가 납입한 돈을 그냥 보관만 하는 수준으로 가지고 있다가 나중에 보험계약자 또는 보험수익자에게 돈을 지급한다. 이때 지급되는 돈은 은행 이자보다 미미하게 높은 공시이율이 적용되는데 물가상승률 고려하면 오히려 손해 보는 느낌이 들 수 있다. 이를 의식한 보험회사들이 상품을 새로 만들었는데 그게 '금액(額)이 변(變)하는' 변액보험이다.

보험계약자가 납입하는 보험료의 일부를 주식이나 펀드에 투자해서 나중에 돈을 돌려줄 때 원금에 투자 수익까지 얹어서 지급하겠다는 것이다. 혹시 투자해서 손실 나면 어떻게 되는지 궁금할 텐데, 다행히 손실이 발생해도 내가 받는 돈은 '최저보증'이 되어 원금에 얼마간의 이자는 받을 수 있다. 수익이 나면 고마운 것이고 손실이 나도 최소한의 원금과 이자는 받을 수 있다.

변액보험의 종류 3가지

1 | 변액연금보험 = 변액 + 연금

연금보험은 일정 기간 동안 보험료를 내면 보험사가 보험료를 운용하다가 정해진 시점(연금지급 개시 시점)부터 연금을 지급하는 보험상품을 말한다. 변액연금이 나오기 전에는 정액연금 형태가 유일한 방법이었다. 은행의 정기예금이라고 생각하면 쉽다. 변액연금은 보험료의 일부를 펀드에 투자해서 발생한 수익을 기초로 연금을 지급한다. 정해진 이율로 연금을 받으면 정액연금, 펀드 실적과 수익률에 따라 연금 지급액이 달라지면 변액연금인 것이다. 펀드에 투자하다가 원금 손실이 나더라도 계약 시 정한 최저 사망보험금과 최저 연금적립금은 보장을 해주기 때문에, 연금지급 개시 시점까지 계약을 유지하면 펀드 실적과 무관하게 원금이 보장되는 셈이다.

2 | 변액유니버셜보험 = 변액 + 자유입출금 + 보장성

'유니버셜'이란 말은 일종의 통장 기능으로 이해하면 된다. 보통 보험회사들은 2~5년을 의무 납입 기간으로 두는데, 그 사이 경제적으로 어려워져 일정 기간 보험료 납입을 중단하거나 지금까지 낸 적립금 중 일부(해약환급금의 50% 범위 내에서)를 중도 인출할 수 있다.

보험상품에 '유니버셜'이 붙은 것은 '입출금이 가능한가'의 차이에 달려 있다. 유니버셜 기능에 변액의 특징인 실적에 따른 배당이 추가되고, 펀드 운용 결과 손실이 나더라도 처음에 약속한 최저 사망보험금은 보장되는 보장성 기능까지 갖추고 있는 보험상품이다.

3 | 변액종신보험 = 변액 + 종신보험

종신보험처럼 처음에 계약된 기본 사망보험금은 보장되지만 펀드의 운용 실적에 따라 사망보험금과 해약환급금이 달라진다는 것이 일반 종신보험과 다르다. 투자 수익의 결과에 따라 사망보험금이 추가로 지급될 수도 있지만, 중도에 계약을 해지할 때 받는 해약환급금은 최저 보장이 되지 않고 수익이 마이너스라면 원금 손실이 날 수도 있다. 금액이 펀드 수익에 따라서 달라진다는 점을 제외하면 보장의 내용이나 크기 면에서는 일반 종신보험과 동일하다고 보면 된다.

재테크 비밀과외

변액보험의 장점과 단점

변액보험의 장점 3가지

① 강제로 장기 투자를 가능하게 한다

머리로는 그러면 안 된다는 것을 알면서도 주식이나 펀드의 경우 수익이 예상보다 조금만 높게 나와도 즉시 매도하거나 환매해서 수익을 실현하고 싶은 것이 사람의 마음이다. 반대로 주가가 하락하기라도 하면 '더 떨어지기 전에 얼른 팔아야 하는 것 아닌가' 하고 걱정하기 시작한다. 변액보험은 적어도 10년을 유지해야 진정한 효과를 볼 수 있는 보험상품이다. 10년이 되기 전에 해약하면 손해가 막심하니 섣불리 해약할 수 없어서 강제로 10년 이상 '의문의 장기 투자'를 하게 해준다.

② 10년 후부터 적어지는 비용

가입한 뒤 10년까지는 높은 사업비가 부과되지만, 10년이 지나면 사업비 항목은 없어지고, 펀드 유지비 개념으로 특별계정 운용보수와 특별계정 수탁보수라는 연 1%의 수수료만 부과된다. 일반 펀드인 경우 지속적으로 연 2.5%의 수수료를 떼어가는 데 변액보험은 10년이 넘어가면 연 1% 이하의 수수료만 붙는다. 변액보험에 투입된 원금이 많으면 많을수록 상대적으로 낮아진 수수료가 적용되어 수익률에 유리해진다.

③ 비과세 혜택

보험 계약 후 10년 뒤부터는 그간 발생한 수익에 대해서는 비과세 혜택을 준다는 것이 변액보험의 가장 큰 장점이다. 비과세는 작은 금액보다 큰 금액에서 위력을 발휘한다. 10년 정도 꾸준하게 불입했다면 꽤 큰 금액이 될 것이므로, 이 큰 금액에서 발생한 수익에 대한 비과세는 분명 매력적이다.

변액보험의 단점 2가지

① 과다해 보이는 사업비 지출

우선 보험료가 전액 펀드에 투자되는 것이 아니라 좀 억울하다. 가입 후 7~10년까지는 보험료에서 매월 평균 10% 정도가 보험회사 광고비, 사무실 유지비, 보험설계사 수당 등 '사업비'라는 명목으로 사용된다. 50만 원을 납입하면 그중 10%는 보험회사 주머니로 들어가고 나머지 45만 원만 펀드에 투입되는 것이다. 펀드로 치면 선취수수료로 10%나 떼는 셈이다. 그렇다. 수수료가 너무 높다.

② 낮은 수익률

수수료가 높으니 수익률이 낮을 수밖에 없다. 연 2.5% 정도를 떼어가는 펀드도 수수료가 높다고 아우성인데 10%나 떼어가니 원금 대비 수익률이 낮은 것은 당연하다.

결론

결론적으로 변액보험은 세금 면에서는 이익이지만, 재테크의 수단으로 보면 손해 볼 가능성이 높은 상품이다. 10~20년 넘게 긴 시간 동안 변액보험에 가입해도 손해 보는 경우가 많기 때문이다. 주식이든 변액보험이든 잘못 선택하면 결과가 실망스러운 것은 마찬가지다.

055 보험 가입 전 체크리스트

> **세 줄 요약**
> 1. 나의 삶을 고려하여 '보험'을 선택하는 좋다.
> 2. 독신, 비혼인 사람은 사망보험금을 넉넉하게 받을 필요 없다.
> 3. 결혼 여부, 직업 안정성과 보수 등을 고려하자.

보험은 장기적인 상품이다. 하루 이틀이 아닌, 10년, 20년 동안 계속 보험료를 내야 하는 상품도 있고, 변액유니버셜보험처럼 정해진 기간 없이 평생 필요한 만큼 보험료를 내야 하는 상품도 있다.

큰 금액을 보험회사에 내야 하는데 단지 보험설계사와 친하다고 해서 가입하면 안 된다. 보험을 들 때는 나 자신에게, 또 보험설계사에게 꼼꼼하게 물어보고 가입하자. 혹시 쑥스러움이 많아 보험설계사를 만나 가입하는 것이 부담스럽다면 인터넷이나 전화로 가입할 수 있다. 그래도 다음에 나오는 3가지 질문은 꼭 생각해보고 가입하자.

스스로 해보아야 하는 3가지 질문

1 | 나는 결혼할 것인가?

평생 결혼하지 않고 독신으로 지낼 결심을 했다면 종신보험보다는 질병보험을 먼저 들어야 한다. 종신보험은 사망 이후 보험금이 나오지만, 질병보험은 질병이 확인되면 정해진 금액을 지급해준다. 자신의 질병 치료와 간병비를 미리 대비하고 싶은 독신 남녀, 1인 가구에 유용하다.

가정을 꾸리고 싶은 마음이 있다면 종신보험을 기본으로 하고 거기에 실제 수술비가 지원되는 상해보험으로 보완하면 된다.

2 | 어느 정도의 금액을 지출할 것인가?

안 그래도 항상 통장 잔고가 부족하게 느껴지는데, 여기에 보험까지 부담이 되면 안 된다. 대부분의 전문가는 월평균 소득의 6~10% 정도가 적정 보험료라고 조언하지만, 사회초년생에게는 이 정도도 부담이 되기는 마찬가지다.

보장성보험은 최소한의 금액으로 설계하는 것이 좋다. 같은 보장 금액이라도 납입 기간을 늘릴 수 있다. 또한 사망보험금은 최소로 하고 그 대신 특약을 충분하게 채운 뒤 경제적으로 여유가 생기면 그때 주계약과 특약을 바꾸는 방법도 있다.

3 | 내 직업의 안정성은 어떠한가?

보험회사는 좀 냉정한 면이 있다. 보험료를 아무리 꼬박꼬박 잘 냈더라도 중간에 어쩔 수 없는 사정이 생겨 보험료를 내지 못하면, 안내문 하나 보내고 조금 더 지나면 계약을 해지해버린다.

다시 한번 말하지만 보험 계약이 중도 해지되면 돌려받는 돈은 거의 없다. 그렇기 때문에 직업의 안정성도 고려해야 한다. 일을 계속할 수 있을지 모르는 불안한 상태에서 액수가 부담되는 보험에 가입하면 중간에 해약할 확률이 높다. 소득이 불안정한데 20년 동안 계속 보험료를 납입하겠다고 계약하는 것은 가입자에게도, 보험회사에게도 손해다.

만일 소득이 불안정하다면 최소한 납입할 수 있는 최소금액만 보험에 가입하고 점점 사이즈를 키워나가는 것을 권한다. 처음부터 너무 무리할 이유는 없다.

토막상식

비대면 보험 가입 시 주의 사항

과거에는 보험 가입을 하려면 FC(Financial Consultant) 또는 FP(Financial Planner), 즉 보험설계사를 만나서 상담받고 설명 듣고 서류에 사인을 해야 했다. 하지만 지금은 비대면으로 모든 것을 하는 시대다. 보험도 아날로그가 아닌 디지털로 해결할 수 있다. 비대면이 가능해 사람을 만나지 않아도 된다는 점, 보험료를 이것저것 시뮬레이션하면서 몇 번씩 설계를 바꿔도 미안할 필요 없다는 것이 비대면/온라인 보험 가입의 장점이다. 대신 아래 주의 사항을 꼭 체크하자.

중복 가입을 피하자
실손보험과 손해보험은 두 보험에 모두 가입해 있더라도 중복으로 보험금을 받거나 보상받지 못한다. 딱 필요한 만큼만 가입해서 중복되지 않도록 주의해야 한다. 보험설계사를 통하면 중복되지 않도록 가이드를 받을 수 있지만 인터넷 다이렉트 보험에 가입하다 보면 중복 가입할 가능성이 있으니 주의하자.

보장 범위를 확인하자
다이렉트 보험은 가성비를 높이기 위해 필수적인 질병 보장이나 재해 보장이 누락되는 경우가 있다. 각 보험사에서 숨은그림찾기를 잘해서 필요한 보장을 받을 수 있도록 해야 한다. 보험설계사를 통한다면 이것저것 물어보면서 확인할 수 있지만, 비대면인 경우에는 오롯이 본인 몫이다.

056 보험설계사에게 재테크 상담을 받을 수 있다고?

> **세 줄 요약**
> 1. 요즘에는 재테크 전문가 수준의 보험설계사가 많다.
> 2. 좋은 설계사를 만나면 많은 도움을 받을 수 있다.
> 3. 좋은 설계사는 당신이 고객이든 아니든 기꺼이 시간을 내어줄 것이다.

의사, 변호사 등 살아가면서 알아두고 친하게 지내면 도움이 되는 직업이 있다. 어려운 순간에 결정적인 도움을 받을 수 있기 때문이다. 이러한 '친해지면 좋을 직업'에 하나 추가하자면 '보험설계사'가 있다.

예전의 보험설계사는 말 그대로 보험만 설계하는 전문가였으나 최근 보험설계사는 자산관리사(FC) 교육까지 받아 기본적인 금융상품과 재테크 관련 지식으로 무장하고 있다. 보험회사도 보험뿐 아니라 부동산, 세금 등도 상담할 수 있도록 조직을 따로 만들어 고객에게 서비스하는 경우가 많아졌다.

좋은 보험설계사는 어떤 사람?

혹시 보험설계사의 명함을 주의 깊게 살펴본 적이 있는가? 어떤 사람의 명함에는 AFPK(종합재무설계사), CFP(국제공인재무설계사) 등의 금융 자격증이 적혀 있을 수도 있다. 설계사는 이러한 자격증으로 전문성을 강화해 고객에게 단순하게 보험만 다루는 것이 아니라 부동산, 세금 등에 대해서도 조언이 가능하다. 혹시 자신의 지식이 부족하다면 보험회사에 소속된 부동산, 펀드, 세무 전문가들과 연합 부대를 결성해서 각자의 고객들에게 전문가를 연결해주고, 체계적인 상담을 받을 기회도 제공해준다.

부르면 달려오는 나만의 PB

보험에 가입되어 있다면 담당 설계사에게 연락해보라. 그 설계사는 당신이 원하는 모든 서비스를 제공할 것이다. 그런 서비스를 받으면서 너무 부담스러워할 것 없다. 자본시장통합법에 따라 은행, 증권사, 보험회사 간의 장벽이 허물어지면서 은행에서도 보험을 팔듯 보험설계사들도 은행의 PB(Private Banking, 프라이빗 뱅킹) 서비스를 하는 것이니 말이다.

은행 서비스를 받기 위해서는 당신이 창구를 찾아가야 하지만 보험설계사는 당신이 연락하면 찾아와주니, 친절하게 여러 가지 도움을 받을 수 있다. 궁금한 것이 있을 때 전화해서 직접 물어볼 수 있는 조언자가 있으면 좋지 않겠는가. 당신의 담당 보험설계사는 그러한 역할을 기쁜 마음으로 수행해줄 것이다. 열 PB는 멀리 있지만 잘 키운 보험설계사 하나는 가까운 곳에 있다.

토막상식

보험에서 가장 중요한 고지의무

보험에서 가장 중요한 것은 정직함이다. 보험회사는 보험회사대로, 계약자는 계약자대로 정직해야 한다. 보험약관에서는 '고지의무'라는 항목으로 보험회사와 계약자에게 각각의 의무를 정하고 있으니 하나씩 살펴보자.

보험회사의 고지의무
보험회사는 보험 계약을 하기 전에 보험금 지급 제한 조건, 고지의무 위반의 효과, 해약환급금 등의 중요사항을 설명해야 하며, 보험모집인이 보험사를 대신해 보험료를 수령할 수 있는지 여부를 알려야 한다. 보험상품 광고에도 해약환급금 예시, 보험금 지급 제한 조건을 포함시켜야 한다. 이 중에서 보험모집인의 보험료 대리 수령은 가끔 사건·사고로 이어지기도 하는데, 고객이 맡긴 거액의 보험료를 보험모집인이 중간에서 가로채는 경우가 아주 드물게 있었기 때문이다.

계약자(고객)의 고지의무
이전에 질병을 앓았는지, 특히 3개월 이내에 진찰 또는 검사를 통해 질병을 진단받은 경우가 있는지 미리 알려야 한다. 말하지 않아도 조사하면 다 나온다. 직업도 정직하게 알려야 한다. 위험직업군에 속한 사람에 대해 보험회사는 자체적인 심사과정을 통해 보험료를 더 받을지, 아니면 가입을 거절할지 판단하기 때문이다. 이 외에도 위험한 스포츠를 즐겨 하는지, 해외여행을 갈 계획이 확정되어 있는지 등도 보험회사에 미리 알려야 한다. 보험회사에서 정해진 대로 보험금을 주지 않는 경우 무조건 보험회사가 잘못하는 것이라고 생각하기 쉬운데, 고객이 자신의 상태를 제대로 알리지 않았기 때문에 보험회사가 보험금 지급을 거절하는 경우도 많다. 무조건 정직해야 한다. 대한민국에서는 정직하면 손해 보는 경우가 많지만 적어도 보험의 세계에서는 정직함이 손해 안 보는 가장 좋은 방법이다.

🔑 **재테크 비밀과외**

특수한 상황을 위한 보험들

① 치아보험

치아보험은 가입해도 후회하고 가입하지 않아도 후회하는 상품이다. 치과 치료는 특성상 한 번에 목돈이 든다. 이가 아파서 치과에 찾아가면 신경치료를 해야 하고 아주 심한 경우 임플란트도 해야 한다. 순식간에 50만 원, 많게는 200만 원까지 들어간다. 치아보험은 이렇게 부담스러운 치료 비용을 대비하는 상품이다. 보험료는 대략 월 2만 원에서 3만 원 내외다.

자, 치아보험에 가입했으니 자신 있게 치과에 가서 '아픈 거 다 치료해주세요' 해도 될까? 아니다. 보험회사에서 보장해주는 금액을 모두 받으려면 2년을 채워야 한다. 기간을 다 못 채운 상황에서 치료를 받으면 절반 정도만 보장받을 수 있다.

치아보험의 가성비를 따져보자. 한 달 2만 원 보험료를 내는 A고객이 있다고 하면, 1년에 24만 원씩 2년간 48만 원을 내야 안심하고 치과 치료를 받을 수 있다. 마침 치료받을 치아가 하나 있다고 했을 때 임플란트를 하지 않고 보존 치료를 받으면 40만 원까지 지원받을 수 있다. 계산해보면 40만 원의 보장 혜택을 받기 위해 48만 원을 내야 한다. 치료받아야 하는 치아가 많아도 한도가 정해져 있다.

대부분의 치아보험은 보존치료비 20만 원 또는 40만 원, 임플란트 치료는 100만 원 또는 200만 원이 한도금액이다. 치아보험 상품 광고에는 연간 무제한으로 치료받을 수 있다고 하는데 틀린 말은 아니다. 하지만 치료를 많이 받아도 한도액까지만 지급받을 수 있으니 실익은 별로 없는 셈이다.

단, 익스트림 스포츠를 좋아한다면 유용하다. 흔하게 발생하는 사고는 치아 파절 사고다. 치아가 부서지는 사고는 생각보다 자주 발생한다. 사고로 치아가 깨지거나 빠지면 임플란트가 불가피한 경우가 많다. 임플란트는 치아 1개당 100만 원가량 치료비가 발생한다. 아무런 대비 없이 사고가 발생하면 감당하기가 쉽지 않다. 치아보험은 치아 질환으로 치료할 때도 보장이 되지만, 상해로 인한 사고로 치아 치료를 해야 하는 경우도 보장한다. 익스트림 스포츠를 즐길 때엔 헬멧과 치아보험을 꼭 챙기기 바란다.

② **여행자보험**

장기 해외여행을 계획하거나, 유학을 가는 경우처럼 해외에 오래 체류하는 경우 필요한 보험이다. 해외에 머무르다 혹시 모를 사고가 발생했을 때를 대비하기 위한 상품이다. 여행자보험은 인터넷으로 가입하는 것이 가성비가 가장 좋다. 심지어 S화재의 다이렉트 해외여행보험은 '자사 오프라인 대비 41% 쌉니다'라고 대놓고 광고하기도 했다.

보험사별 보장 내용은 대동소이한데 해외 의료비는 기본이고 스마트폰 손해 보장까지가 기본 구성이다. 여기에 추가로 우리말 도움 서비스까지만 확인하면 된다. 우리말 도움 서비스가 필요 없는 경우라면 반드시 빠진 상품으로 가입하자.

③ **펫보험**

국내 반려동물보험은 2007년 최초로 출시되었으나 손해율 악화로 빛을 보지 못했다. 당시에는 보장되지 않는 항목이 너무 많다는 평가가 대부분이었고, 보험회사들도 시기상조라는 판단을 내렸다. 최근 펫보험이 다시 떠오르고 보장 범위도 많이 좋아졌다. 하지만 여전히 가입률은 저조한 상황이다. 다소 비싼 보험료와 아쉬운 보장 범위, 번거로운 청구 절차 등이 걸림돌이지만 현실적으로 반려동물 주인들에겐 필수인 보험이다.

슬개골, 고관절, 피부·구강 질환을 대부분 기본 계약으로 보장하고 있으며, 보장 나이도 갱신 시 만 20세까지로 늘었다. 판매 채널도 기존의 대리점에서 설계사, 모바일 등으로 다양화되어서 가입도 어렵지 않게 할 수 있다.

> **삼성화재 반려묘를 위한 애니펫**
> - 순수보장형으로 보험기간은 1년
> - 자기부담금을 제외한 병원비의 50%를 보상하는 실속형(1일 10만 원 한도)과 70%를 보상하는 안심형(1일 15만 원 한도) 중 선택 가능
> - 상해나 질병으로 동물병원에서 사용한 의료비를 보상하며, 입원과 통원 각각 연간 20회 한도로 보장 가능
> - 월 보험료는 통상 2만 원~4만 원대 수준

057 보험도 리모델링이 필요해!

> **세 줄 요약**
> 1. 해지하는 게 이익인 보험이 있다.
> 2. 보험 리모델링은 가성비 높이는 과정.
> 3. 부모님으로부터 보험 독립도 필요할 수 있다.

부동산에서는 낡은 건물이 가득한 동네에 신축 아파트를 짓는 사업을 재개발, 재건축 또는 리모델링이라 한다. 보험도 이와 비슷한 과정이 필요하다. 가입한 보험 내역을 점검하다 보면 불필요하게 중복되어 있거나 필요한 보장이 누락된 경우가 있을 수 있기 때문이다. 대략 10년에 한 번씩 내가 가입한 보험상품을 점검해보는 것이 좋다.

중복된 보험은 과감하게 정리하자

생명보험은 위중한 질병과 사망에 대해 보상을 해준다. 예를 들어 암을 진단받으면 병원비에 보탤 수 있게 목돈을 지급해준다거나 사망하면 몇천만 원에서 몇억 원의 사망보험금을 지급해주는 것이 대표적이다.

생명보험은 중복해서 가입하는 일이 별로 없지만 손해(실손)보험은 점검해보는 게 좋다. 실손보험은 일명 '의료비 비례보상제도'라 하여 같은 질환, 상해에 대해 가입한 보험사들이 서로 비용을 나누어 분담하기 때문이다.

실손보험에 가입한 A씨가 질병 치료비로 1,000만 원이 나왔다고 해보자. 한 군데 보험사만 가입했다면 해당 보험사에서 1,000만 원을 지급해준다. 혹시 실손보험을 각각 다른 회사 상품으로 2개 들었다면 2개의 보험사에서 각각 1,000만 원씩 총 2,000만 원을 받는 것이 아니라, 2개의 보험사가 반씩 부담해 나에게 총 1,000만 원을 지급해준다. 즉 같은 병을 보장하는 보험을 중복으로 가입할 필요가 없다는 것이다. 그러나 현재 가입된 실손보험에서 누락된 보장이 있다면 이를 보완하는 목적으로 추가 가입하는 것은 괜찮다.

가성비 낮은 상품은 정리하자

한때 전문직, 고소득자를 위한 보험상품으로 인기를 끌었던 보험이 있다. CI보험, GI(General Illness)보험이다. 말 그대로 중대한 질병 또는 암, 급성심근경색증, 뇌출혈을 진단받은 경우 보장해주는 상품인데, 굳이 이러한 보험에 가입하지 않더라도 기존에 가입한 일반적인 보험에서 보상금을 높여서 가입하는 것이 가성비 면에서 훨씬 좋다. 이처럼 받을 수 있는 혜택 대비 보험료가 높은 상품은 가성비를 잘 따져본 뒤 정리하는 게 재테크에 도움이 된다.

부모님의 보험 가입 내역도 확인해보자

보험 계약은 돈 내는 사람(계약자), 보장을 받는 대상(피보험자), 보험금을 수령하는 사람(수익자)을 자유롭게 지정할 수 있기에 3개의 계약 주체가 모두 다를 수도 있다. 부모님께서 나를 위해 들어둔 보험이 있지는 않은지 확인해보자.

특히 어린이보험은 자녀가 성인이 될 때까지 다치거나 질병에 걸리면 치료비를 보장받을 수 있는 상품인데 자녀가 30세가 될 때까지 가입이 가능하다. 일부 어린이보험은 보장 기간을 100세까지로 하기도 한다.

부모님이 든 보험을 계약자 변경을 통해 내가 그대로 이어받을 수도 있으니, 내가 든 보험과 중복되는 내용은 없는지 확인하고 불필요한 보험은 정리하자. 그리고 부모가 자녀의 보험료를 대신 납입하는 경우 그 금액이 크면 국가에서 '증여'로 판단하고 세금을 징수하기도 하니, 정확히 확인하는 게 좋다.

여덟째 마당

13월의 월급, 연말정산 제대로 하기

Common Sense Dictionary
for Salaried

058 연말정산의 기본 개념

> **세 줄 요약**
> 1. 연말정산은 더 낸 세금을 돌려받거나 덜 낸 세금을 더 내는 과정이다.
> 2. 공제를 많이 받을수록 직장인에게 유리하다.
> 3. 과세표준(과표)을 많이 줄일수록 성공이다.

직장인만큼 국세청에서 좋아하는 직업은 없을 것이다. 액수는 적을지 몰라도 수백만 월급쟁이들이 꼬박꼬박 내주는 세금이야말로 국세청과 대한민국을 지탱하는 원동력이라 할 수 있기 때문이다. 이런 월급쟁이 애국자들에게 국세청에서 나름대로 은혜를 베푸는 것이 있으니, 바로 1년에 한 번 하는 연말정산이다. 덜 낸 세금, 더 낸 세금을 연말에 정리해서 세금을 다시 계산해보겠다는 것이다. 문제는 연말정산이 매우 복잡하고 어렵다는 것이다. 심지어 매년 제도도 조금씩 바뀐다. 염려 말라. 연말정산의 기본적인 개념과 절차를 차근차근 살펴보면 어렵지 않게 연말정산을 정복할 수 있을 것이다.

연말정산 프로세스 간단 정리

우선 간단한 그림을 보면서 워밍업을 해보자. 연말정산은 매월 우리의 급여에서 자동으로 납부되는 소득세를 정산한 뒤, 더 걷었으면 돌려주고, 덜 걷었으면 마저 걷어간다. 즉 매월 급여를 받을 때 나라에서 '원천징수'라는 이름으로 일괄적으로 소득세를 걷어가는데, 연말정산은 1년간 걷어간 원천징수 금액을 정산하는 과정이다. 이 과정에서 신용카드 사용금액도 확인하고 세금 혜택을 받는 금융상품의 가입 여부도 확인한다. 부양가족이 많으면 공제를 많이 해줘서 세금 부담도 줄여준다.

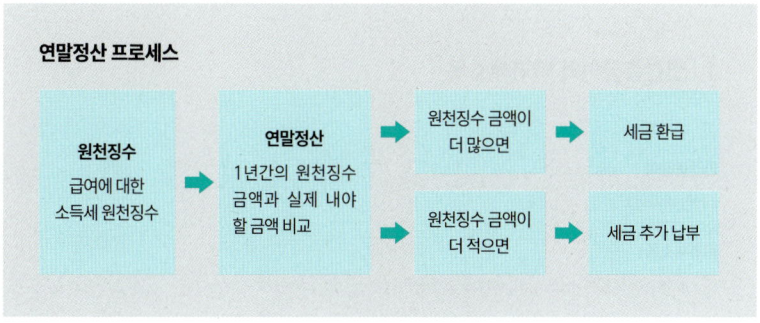

연말정산 계산 과정

연말정산의 계산 과정을 보면 익숙하지 않은 용어들이 나오지만 하나씩 풀어보면 그다지 어렵지 않게 이해할 수 있다. 우리의 목표는 7번 마지막 항목까지 낙오하는 사람 없이 다 따라오는 것이다. 연말정산은 단계별로 다음과 같이 진행된다.

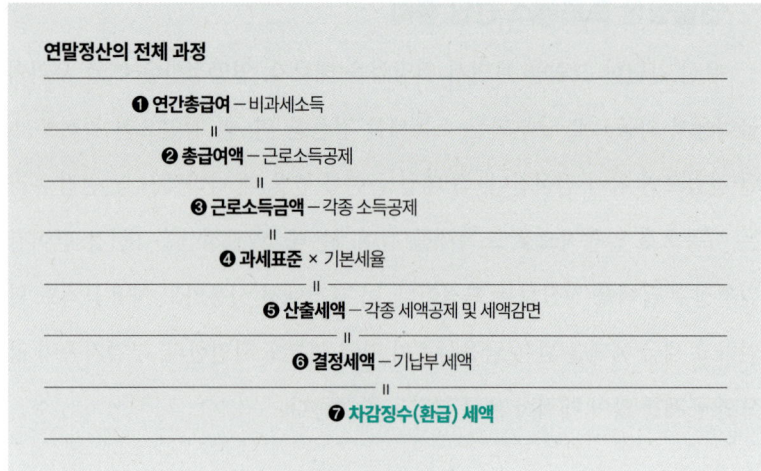

1 | 연간총급여와 비과세소득

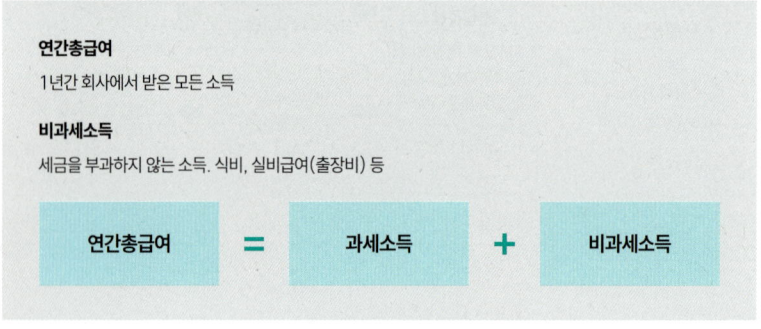

 국가에서는 '소득 있는 곳에 세금 있다'라는 원칙을 적용한다. 즉 돈을 벌었으면 그에 대한 세금을 내야 한다. 세금을 계산하는 출발점은 '당신은 올해 얼마나 급여를 받았습니까?'에 대한 액수다. 불행 중 다행으로 내 통장에 들어온 모든 소득에 대해 세금을 부과하지는 않는다.
 첫 단계인 연간총급여와 비과세소득은 세금을 부과할 소득과 세금을 부

과하지 않는 소득을 구분하는 과정이다.

　연간총급여는 회사에서 당신의 통장으로 입금된 모든 금액을 가리킨다. 기본적으로 월급에 더해 성과급, 상여금은 물론이고 심지어 출장 경비로 받은 금액까지 연간총급여로 들어간다. 이 중 식비, 자가운전보조금, 자녀보육수당, 실비급여 등은 통장에 들어와도 세금을 내지 않게 한다. 세금을 내지 않는 소득이라서 비과세소득이다.

비과세소득 항목

구분	내용
근로자 본인의 학자금	해당 근로자가 종사하는 사업체의 업무와 관련 있는 교육·훈련을 위하여 받는 소득
육아휴직급여 등	고용보험법에 따라 받는 실업급여, 육아휴직급여 등
건강보험 등 사용자 부담분	사용자가 부담하는 부담금
식사 또는 식사대	식사를 제공받지 않는 근로자가 받는 월 20만 원 이하의 식사 비용
자녀보육 수당	근로자 또는 배우자의 출산이나 6세 이하 자녀의 보육과 관련해 월 10만 원 이내의 금액
근로장학금	교육기본법에 따라 받는 장학금 중 대학생이 근로를 대가로 지급받는 장학금
직무발명보상금	발명진흥법에 따른 직무발명으로 받은 연 500만 원 이하의 금액
여비 및 자기차량 운전보조금	(자기차량운전보조금) 월 20만 원까지 비과세
일직료, 숙직료	실비 변상 정도의 금액

*자료: 국세청

2 | 총급여액과 근로소득공제

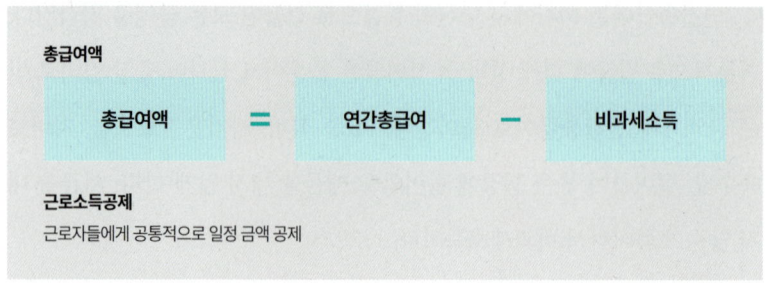

총급여액은 회사로부터 받는 모든 소득에서 비과세소득을 제외한 금액이다. 연봉의 실수령액을 계산하는 것에서 출발한다.

근로소득공제는 대한민국 모든 근로자에게 공통으로 적용되는 소득공제인데 자동으로 계산된다. 소득공제라는 것은 소득에서 차감해줘서 세금 매기는 구간을 줄여주는 것을 의미한다. 세금을 매길 금액이 작아질수록 세금도 줄어들기 때문에 공제는 많이 받을수록 좋다.

근로소득공제는 소득구간별로, 즉 급여 수준에 따라 기본으로 적용해준다. 근로소득공제를 해주는 이유는 소득세 부과 대상인 소득에 대해 무조건 세금을 부과하면 부담이 너무 크기 때문이다. 연말정산을 할 때는 근로소득공제를 통해 세금 부과되는 금액을 일정 비율 줄여줌으로써 일단 한 번 세금을 깎아주고 시작한다. 일단 깎아주고 남은 금액은 '연봉실수령액'이다.

근로소득공제 간편 계산표

총급여액	공제액
500만 원 이하	총급여액 × 0.7
500만 원 초과 ~ 1,500만 원 이하	(총급여액 × 0.4) + 150만 원
1,500만 원 초과 ~ 4,500만 원 이하	(총급여액 × 0.15) + 525만 원
4,500만 원 초과 ~ 1억 원 이하	(총급여액 × 0.05) + 975만 원
1억 원 초과 ~ 3억 6,250만 원 이하	(총급여액 × 0.02) + 1,275만 원
3억 6,250만 원 초과	2,000만 원

근로소득공제 계산 사례

- 총급여액 3,000만 원인 경우, (3,000만 원 × 0.15) + 525만 원 = 975만 원
- 총급여액 5,000만 원인 경우, (5,000만 원 × 0.05) + 975만 원 = 1,225만 원

3 | 근로소득금액과 각종 소득공제

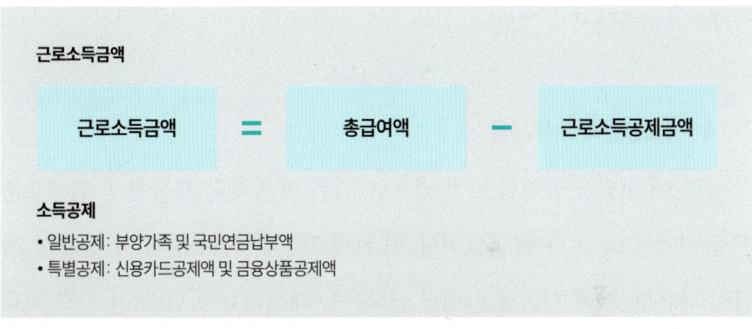

근로소득금액은 연봉 실수령액(총급여액)에서 방금 계산한 근로소득공제액을 뺀 금액이다. 이제부터 각종 공제가 시작되는 연말정산의 출발 지점이라 볼 수 있다. 근로소득금액이 나왔다면 소득공제가 본격적으로 시작된다. 소득공제는 크게 2가지로 구분되는데 일반공제와 특별공제다.

일반공제는 기본공제라고도 하는데, 인적공제로서 부양가족에 따라 다르게 계산되는 항목이다. 본인 포함, 부양가족 1인당 150만 원씩 소득공제를 해준다. 여기에 경로우대, 장애인, 부녀자, 한부모 등의 항목에 해당되면 추가 공제가 된다. 맞벌이 부부의 경우 남편은 아내를, 아내는 남편을 서로 부양가족으로 등록해서 소득공제를 신청하는 경우가 많은데 중복은 불가하다. 국민연금에 납부한 본인 납부분 전액 소득공제가 된다. 연봉이 3,000만 원이라면 130만 원 내외가 소득공제 된다.

특별공제는 일반공제 외의 모든 소득공제를 가리키는데 핵심은 4대 보험, 신용카드 사용액과 함께 우리가 가입하는 모든 소득공제 되는 금융상품이 여기에 들어간다. 우리가 금융상품에서 소득공제 혜택이 있다고 할 때 바로 여기에 해당된다. 특별공제는 금융상품 가입과 신용카드 사용을 통해 급할 때는 단번에 한도를 꽉 채울 수도 있다. 신용카드 사용액을 통한 소득공제는 355쪽에서 살펴보자.

4 | 과세표준과 기본세율

급여에서 받을 공제를 다 받았으면, 남은 것은 세금 계산이다. 과세표준은 급여에서 뺄 것 다 뺀 금액이다. 이 과세표준에 세율을 곱하면 내야 할 세금이 나온다. 이제 기본적인 세금 납부액을 계산해보자. 2024년 이후 적용 중인 세율은 아래와 같다.

과세표준에 따른 소득세율표(2024년 이후 소득분)

과세표준	세율	누진공제
1,400만 원 이하	6%	0원
1,400만 원 초과 ~ 5,000만 원 이하	15%	126만 원
5,000만 원 초과 ~ 8,800만 원 이하	24%	576만 원
8,800만 원 초과 ~ 1억 5,000만 원 이하	35%	1,544만 원
1억 5,000만 원 초과 ~ 3억 원 이하	38%	1,994만 원
3억 원 초과 ~ 5억 원 이하	40%	2,594만 원
5억 원 초과 ~ 10억 원 이하	42%	3,594만 원
10억 원 초과	45%	6,594만 원

　소득이 높아지면 세율도 함께 올라간다. 과세표준이 1,400만 원 이하인 경우 세율 6%에서 시작해서 과세표준 10억 원 초과하는 경우 45%까지 적용된다. 과세표준은 내 연봉을 가리키는 것이 아니라 내 연봉에서 각종 공제까지 뺄 것 다 빼고 난 후의 최종 금액이다. 본인 연봉의 3분의 2 정도가 과세표준이라 보면 된다.

　누진세액공제는 낮은 세율이 적용되는 금액만큼 공제해주는 것이다. 즉, 과세표준이 5,000만 원이라도 소득 구간에 따라 1,400만 원까지는 6%의 세율이 적용되고, 5,000만 원에서 1,400만 원을 뺀 3,600만 원에 15%의 세율이 적용된다. 과세표준이 5,000만 원이라고 해서 전 소득에 대해 15%의 세금이 붙는 것이 아니다.

토막상식

누진세와 누진공제란?

누진세란 소득이 높을수록 세율이 올라가는 것을 가리킨다. 앞서 표에서 본 바와 같이 소득세가 1,400만 원의 소득까지는 6%의 세금이 부과되고 1,400만 원부터 5,000만 원까지 15%의 세금이 붙는다고 해보자. 홍길동 씨에게 4,000만 원의 소득이 발생했다면 세금은 얼마일까? 언뜻 생각하면 소득 4,000만 원 × 세율 15% = 600만 원의 세금이 부과될 것으로 생각하겠지만 실제로는 그렇지 않다. 누진세 방식 때문에 결과가 달라진다. 즉 홍길동 씨의 소득 4,000만 원을 구간별로 나누어 다르게 계산한다.

소득 4,000만 원 중 1,400만 원까지는 6% 부과, 1,400만 원의 초과분인 2,600만 원에는 15%가 부과된다.

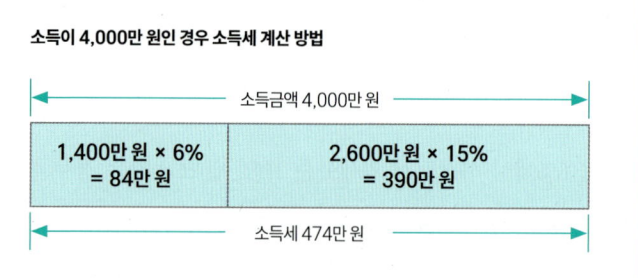

누진세를 쉽게 풀어보면 소득의 단계별로 세율을 다르게 하는 방식이다. 세금 부과의 대상이 되는 소득에 대해 하나의 세율만 적용하지 않고, 낮은 소득에는 낮은 세율을, 높은 소득에는 높은 세율을 적용하는 방식이다.

앞선 표의 오른쪽에 있는 '누진공제'는 계산을 손쉽게 할 수 있도록 해준다. 소득금액을 구간별로 나눠 하나하나 계산할 필요 없이 해당 구간의 세율을 곱한 다음 누진공제 금액만 빼면 된다. 홍길동 씨의 사례를 다시 적용해보자. 소득금액이 4,000만 원의 경우 세율 15%에 해당하니 4,000만 원 × 15% = 600만 원이 나오고, 여기에 누진공제금액 126만 원을 빼면 474만 원이 된다.

5 | 산출세액과 각종 세액공제와 세액감면

원래대로라면 이렇게 계산된 금액만큼 세금으로 내야 하는데, 여기서 또 세금을 줄일 수 있는 기회가 있다. 앞서 보았던 소득공제에 이어 세액공제가 시작될 타이밍이다. 세액공제는 세액을 낮춰주는 것이니 일단 세금이 얼마인지 계산된 이후의 단계에 들어간다.

세액공제도 일반공제와 특별공제로 나뉜다. 일반공제는 별도의 상품 가입 없이도 적용받을 수 있고, 특별공제는 지출한 금액에 대해 일정 부분 세금을 감면해준다. 세액공제의 구체적인 내용은 350쪽을 참고하자.

6 | 결정세액과 기납부세액

결정세액은 최종적으로 확정된 세금이다. 이제 여기서 1년간 매월 월급날마다 미리 낸 세금을 빼면 정산은 끝난다. 직장인에게 가장 일반적인 기납부세액은 급여를 받을 때마다 원천징수되었던 세금이다. 이미 납부한 것으로 처리되기 때문에 기납부세액에 해당된다.

7 | 차감징수 환급세액(최종성적표)

연말정산의 최종 결과물이다. 직장 다니는 동안 이 과정을 매년 거쳐야 한다. 차감징수 환급세액이 플러스면 내가 낸 세금이 아직 부족해서 더 내야 할 것이 남아 있다는 뜻이고 마이너스라면 세금을 돌려받는다는 뜻이다.

여기까지가 연말정산의 기본 개념이다. 그런데 직장인 입장에서 가장 중요한 것은 '그래서 어떻게 하면 세금이 줄어드는데?'일 것이다. 지금부터 본격적으로 설명하겠다.

> **토막상식**
>
> **소득세 원천징수세액 선택 제도**
>
> 소득세는 납부해야 할 금액의 80% 또는 120%를 선택해서 납부할 수 있다. 예를 들어 부양가족 1인이고 급여가 350만 원이라면 내야 할 원천징수세액은 14만 원 정도다. 이때 80%인 11만 4,000원을 내는 것과 120%인 17만 원을 내는 것 중 고를 수 있다. 물론 최종적으로 내야 할 금액은 정해져 있다. 80%만 냈다면 연말정산 이후 추가로 내야 할 금액이 많아지는 것이고, 120%를 냈다면 되돌려받을 금액이 커진다. 별도의 신청이 없으면 소득세는 기본적으로 100%를 적용한다.

059 소득공제와 세액공제, 무엇이 다를까?

> **세 줄 요약**
> 1. 소득공제는 세금 부과대상(과세표준) 금액을 줄여주는 것이다.
> 2. 세액공제는 세금 자체를 줄여주는 것이다.
> 3. 소득공제는 복잡하고 세액공제는 간단하다.

연말정산의 핵심은 얼마나 세금 혜택을 더 많이 받는 상품에 가입했는가에 달려 있다. 일종의 게임이다. 게임에서 승리하기 위해서는 규칙을 잘 알아야 한다. 항상 혼동되는 소득공제와 세액공제에 대해 정리해보도록 하자.

소득공제란?

소득공제는 말 그대로 '소득'을 '공제'해주는 것이다. 여기서 소득은 세금의 부과대상이 되는 금액을 가리키고 공제는 빼는 것을 의미한다. 각 단어를 합치면 '세금의 부과대상이 되는 금액을 줄여준다'라고 생각하면 이해가 빠르다.

예를 들어보자. A씨의 세금 부과대상 소득이 2,000만 원이다. 1,400만 원까지 6%의 세금이 부과되고 그 이상은 15%의 세금이 부과되는데 만일 A씨가 소득공제를 600만 원 받아서 세금 부과대상 소득이 1,400만 원이 된다면 6%인 84만 원만 세금으로 납부하면 된다. 만일 소득공제를 안 받았다면 15%가 적용되어 90만 원의 세금을 추가로 납부했어야 한다.

조금 사이즈를 키워보자. A씨는 매월 500만 원을 받아 연봉이 6,000만 원이다. 이런저런 계산을 통해 세금 부과대상 소득이 4,500만 원이 되었다면 납부해야 할 세금은 549만 원(4,500만 원 × 15% = 675만 원에 누진공제 126만 원을 제한 금액)이다. A씨가 600만 원을 소득공제 받는다면 어떻게 될까? 세금 부과대상 소득이 4,500만 원에서 3,900만 원으로 줄어들고 납부해야 할 세금은 459만 원(3,900만 원 × 15% = 585만 원에 누진공제 126만 원을 제한 금액)이 된다. 600만 원을 소득공제 받으면 세금이 549만 원에서 459만 원이 되어 90만 원의 세금 절감이 가능하다.

소득공제는 이와 같은 방식으로 세금을 계산하는 소득금액을 줄여준다. 소득이 많을수록 더 높은 세율이 적용되는 계산 방식의 특성상 소득공제를 많이 받을수록 적용받는 세율이 낮아지고 세금이 줄어드는 효과를 얻을 수 있다.

세액공제란?

앞서 보았던 소득공제가 세금 부과의 대상이 되는 금액을 줄여주는 방식임에 비해 세액공제는 '세액' 즉 세금 자체를 줄여준다. A씨가 이런저런 과정을 통해 세금이 100만 원 나왔는데, 세액공제 금액이 10만 원이라면 복잡하게 계산하지 않고 그냥 세금 10만 원 깎아준다. 계산법이 매우 단순하고 직관적이다. 예를 들어보자. A씨는 소득세 100만 원 부과 예정이다. 그런데 납입액의 12% 세액공제 가능한 보장성보험에 50만 원을 납부했다면, 50만 원 × 12% = 6만 원을 세액공제 받을 수 있다. 세금은 100만 원이 아니라 94만 원으로 조정된다.

소득공제가 복잡하게 소득 줄여서 다시 세율 확인하고 누진공제하는 과정을 거치는 것에 비해 세액공제는 '그래서 세금 얼마 나왔습니까? 거기서 세금 깎아드립니다'하는 방식이다.

소득공제와 세액공제 비교

소득공제	세액공제
세금 부과 대상 금액을 줄여줌	세금 자체를 줄여줌
세금 계산 복잡함	세금 계산 간단함

세액공제를 하는 이유

세액공제가 도입된 것에는 이유가 있다. 과거 연말정산 혜택이 있는 상품들은 대부분 소득공제되는 것이 일반적이었다. 문제는 똑같은 금액의 소득공제를 받을 때 혜택이 고소득자에게 더 유리했다는 것이다.

예를 들어 연봉이 2억 원인 사람과 연봉이 2,000만 원인 사람이 똑같이 소득공제를 500만 원 받는다고 생각해보자. 소득세만 놓고 보면 연봉 2억 원인 사람은 최대 190만 원(500만 원 × 38%)의 세금을 아낄 수 있지만, 2,000만 원인 사람은 최대 75만 원(500만 원 × 15%) 절세에 그친다. 같은 금액을 사용했을 때 돈을 많이 버는 사람이 절세 혜택을 많이 받는 것이다.

이러한 불공정을 해결하기 위한 방법이 세액공제다. 같은 금액의 지출이라면 동일하게 12% 또는 15%의 비율로 공제를 받는 세액공제로 전환하게 된 것이다. 같은 금액에 대해서는 같은 비율을 적용하는 방식이다.

세액공제 대상 상품은 앞으로 더 늘어날 것으로 예상된다. 그럼에도 아쉽게도 신용카드 사용액은 앞으로도 소득공제 항목에 머무를 것 같다.

재테크 비밀과외

알아두면 좋은 세액공제 항목들

기본 세액공제

① 근로소득세액공제

앞서 보았던 근로소득공제와는 또다른 항목이다. 근로소득세액공제는 총급여액에 따라 전체 세금에서 적게는 20만 원, 많게는 74만 원 한도로 추가 공제가 된다.

산출세액	공제액
130만 원 이하	산출세액의 55%
130만 원 초과	71만 5,000원 + (근로소득산출세액 − 130만 원) × 30%

② 자녀세액공제

부양가족 소득공제와 별개로 추가적인 세금 감면 혜택이다. 자녀가 1명이면 15만 원, 2명이면 30만 원을 세액공제 받을 수 있다. 혹시 자녀를 출산했다면 첫째 자녀 30만 원, 둘째 자녀 50만 원을 추가로 세액공제 받는다.

특별 세액공제

① 연금저축세액공제

연금저축(연금저축상품, 연금저축펀드, 연금저축신탁)에 납입하는 연 600만 원까지 15%(총급여액 5,500만 원 이하) 또는 12%(총급여액 5,500만 원 초과)의 세액공제를 받을 수 있다. 여기에 퇴직연금 연 300만 원을 더하면 총 900만 원에 대해 세액공제를 받을 수 있다. 연금 계좌와 퇴직연금의 세액공제는 어느 상품에 얼마를 넣느냐에 따라 달라진다. 급여 수준과 본인의 선택에 따라 공제액의 크기가 달라진다.

② 보장성보험료, 의료비, 교육비, 기부금, 월세액

- **보장성보험료:** 연 납입액 100만 원까지는 12% 세액공제가 된다. 장애인보장성보험료는 15%까지 세액공제 된다.
- **의료비:** 총급여액의 3% 초과분은 15% 세액공제가 된다.
- **교육비:** 고등학생 이하 자녀는 연 300만 원, 대학생 이하는 연 900만 원까지 15% 세액공제를 해준다. 학구열에 불타는 본인이라면 전체 비용에 대해 15% 세액공제.
- **기부금(정치자금 기부금, 기타 기부금):** 좋아하는 정치인에게 10만 원을 기부하면 전액 세액공제를 받는다.
- **월세액 세액공제:** 총급여액 8,000만 원 이하의 무주택자가 월세로 거주하는 경우, 급여 수준이 연 5,500만 원 이하면 17%, 총급여액이 5,500만 원을 초과하고 8,000만 원 이하면 15%를 세액공제 해준다. 공제 한도는 1,000만 원으로 지방세까지 포함하면 최대 187만 원까지 세금 혜택을 받을 수 있다.

③ 표준세액공제

혹시 앞서 설명한 특별세액공제 중 아무것도 해당되지 않더라도 너무 슬퍼하지 말자. 나라에서는 이런 사람들을 위해 한 가지 더 특별한 세액공제 혜택을 만들어놓았다. 만약 앞서 설명한 특별세액공제 항목 중 자신에게 해당되는 것이 하나도 없을 경우 일괄적으로 13만 원 세액공제를 받을 수 있다.

060 신용카드 소득공제 마스터하기

> **세 줄 요약**
> 1. 신용카드 소득공제는 기본 조건을 충족해야 한다.
> 2. 기본 조건을 충족해도 한도에 걸려 혜택은 크지 않다.
> 3. 신용카드 혜택보다 절약이 낫다.

　어렵고 복잡한 금융상품 가입하는 것 외에 직장인이 자연스럽게 소비생활을 하면서 연말정산을 준비하는 방법이 있으니 바로 '신용카드 사용'이다. 특별히 뭔가에 가입할 필요 없이 결제할 때마다 그냥 신용카드를 내밀면 되기 때문이다. 하지만 정작 뚜껑을 열어보면 신용카드 소득공제는 방법은 쉽지만 실제 혜택은 실망스러울 수밖에 없다. 신용카드 소득공제에 대해 꼼꼼히 살펴보면서 '차라리 절약이 훨씬 더 나은 선택'이라는 점을 느껴보기 바란다.

신용카드 소득공제 기본 개념

신용카드 소득공제 기본 조건

자격 요건	연봉의 4분의 1 이상 카드 사용 (신용카드, 체크카드, 현금영수증 사용분 포함)
공제 대상	카드 사용분 중 연봉의 4분의 1 초과 금액

신용카드 소득공제를 받고자 한다면 엄격한 심사를 거쳐 자격을 갖추어야 한다. 자격 요건은 바로 본인 총급여액(연봉)의 4분의 1 이상 사용해야 한다는 것이다. 신용카드, 체크카드는 물론이고 현금으로 결제하면서 현금영수증 받은 것까지 모두 포함한다. 내 연봉이 4,000만 원이라면 적어도 1,000만 원 넘게 카드를 써야 신용카드 소득공제의 기본 자격 요건을 갖추는 셈이다. 배달앱에 최소 주문 금액이 있듯, 신용카드 소득공제도 최소 공제 기준이 있다.

어렵게 자격 요건을 통과했어도 공제금액을 보면 한숨이 나올 수밖에 없다. 내가 사용한 금액 전체를 소득공제 대상으로 하는 것이 아니다. 신용카드 사용금액 전체가 아니라 총급여의 4분의 1을 초과하는 신용카드 사용금액만 소득공제 대상으로 하기 때문이다.

신용카드 소득공제 계산 방법

어렵게 '총급여의 4분의 1 이상 카드 사용'이라는 자격요건을 갖추었다면 과연 얼마를 소득공제 받을 수 있는지 확인해보자. 연봉이 4,000만 원인 A씨의 신용카드 사용금액이 1,500만 원인 경우를 계산해보면, 소득공제 대상 금액은 500만 원이고, 연봉 7,000만 원 B씨의 신용카드 사용금액이 2,000만 원인 경우에 소득공제 대상 금액은 250만 원이다.

> **신용카드 소득공제 대상 금액**
>
> **A: 연봉 4,000만 원, 신용카드 사용금액 1,500만 원**
> 소득공제 최소 기준: 1,000만 원(연봉의 4분의 1)
> 소득공제 대상 금액: 500만 원(사용금액 − 최소 기준)
>
> **B: 연봉 7,000만 원, 신용카드 사용금액 2,000만 원**
> 소득공제 최소 기준: 1,750만 원(연봉의 4분의 1)
> 소득공제 대상 금액: 250만 원(사용금액 − 최소 기준)

나쁜 소식이 있다. 이렇게 2단계를 거쳐서 산정된 금액도 그대로 소득공제 되지는 않는다는 것이다. 신용카드로 사용한 경우에는 대상 금액의 15%를 소득공제하고, 체크카드 및 현금영수증이면 30%가 반영된다. 위 사례에서 소득공제 대상 금액을 전액 신용카드로 사용했다면 500만 원의 15%인 75만 원, 250만 원의 15%인 37만 5,000원이 소득공제 된다. 신용카드 소득공제의 프로세스를 총정리해보면 이렇다.

1 | 최소 기준(총급여의 4분의 1) 이상 사용했는가?

최소 기준을 만족해야 하는 단계다. 앞서 보았듯, 신용카드를 포함한 체크카드, 직불카드, 현금영수증의 사용금액이 총급여의 4분의 1을 넘는지 판단한다.

2 | 사용금액은 최소 기준을 얼마나 초과하는가?

카드 사용금액이 최소 기준을 얼마나 넘는지 계산한다. 신용카드 사용금액 전액이 소득공제 대상 금액이 아니라, 최소 기준을 초과하는 금액에 대해서만 계산한다.

3 | 지불 수단이 무엇인가?

지불 수단에 의한 비율 반영 단계. 2단계에서 계산된 금액(최소 기준을 초과한 카드 사용금액)에 대해 결제 수단에 따라 비율이 달라진다. 신용카드는 15%, 나머지 체크카드, 직불카드, 현금영수증 30%를 적용한다.

소득공제 금액 계산법
- 신용카드 소득공제 금액 = 신용카드 사용액 − (총급여액 × 25%) × 15%
- 신용카드 외 소득공제 금액 = 신용카드 외 사용액 − (총급여액 × 25%) × 30%
- *신용카드 외: 체크카드, 직불카드, 현금영수증 발행분

참고로, 신용카드 대비 체크카드가 2배의 소득공제 효과가 있다는 말은 맞으면서도 틀린 말이다. 소득공제에 반영하는 비율이 신용카드는 15%, 체크카드(현금영수증 포함) 30%이기 때문에 2배의 효과가 있다는 말은 맞다. 반면 소득공제 한도액은 신용카드, 체크카드 모두 미미하기 때문에 큰 차이가 없다고 말할 수도 있는 것이다.

신용카드 소득공제 혜택이 실망스러운 이유

신용카드 소득공제를 많이 받기 위해 이왕이면 신용카드보다 체크카드

를 쓰고, 현금영수증까지 꼬박꼬박 챙기는 A씨가 있다고 하자. 과연 소득공제 혜택으로 보람을 느낄 수 있을까? 아래에는 총급여에 따라 실제 얼마의 혜택을 받을 수 있는지 계산해본 결과다. 같은 금액이면 2배의 효과를 가진 체크카드를 사용했다고 가정한 결과이기도 하다.

신용카드 소득공제 시뮬레이션 (단위: 만 원)

총급여	체크카드 사용금액	최소 기준 금액	소득공제 금액 (한도 적용 전)	소득공제 금액(한도)	소득공제 금액 (한도 적용 후)	절약되는 세금 (소득세율 적용)
2,000	1,000	500	500		212	14
	1,500	500	1,000		300	20
2,500	1,500	625	875		300	50
	2,000	625	1,375		300	50
3,000	1,500	750	750		298	49
	2,000	750	1,250	300	300	50
3,500	2,000	875	1,125		300	50
	2,500	875	1,625		300	50
4,000	2,000	1,000	1,000		300	50
	3,000	1,000	2,000		300	50
4,500	2,500	1,125	1,375		300	50
5,000	3,000	1,250	1,750		300	50
8,000	4,500	2,000	2,500	250	250	66

이것저것 숫자가 많고 복잡하다. 결론만 간단하게 요약하면 이렇다. 연봉 1억 원 미만 직장인은 신용카드, 체크카드로 아무리 많은 금액을 사용하더라도 최대 50만 원만 세금 절감 효과가 있다. 혹시 1억이 넘으면 어떻게 되냐고? 한도액은 250만 원으로 줄어들지만 세율은 높아져서 결과적으로 66만 원의 세금 절감 효과가 있다.

신용카드 소득공제 한도액 사이즈 업

내 급여에 해당하는 액수 전부를 신용카드와 체크카드로 결제한다 하더라도 얻을 수 있는 최대의 혜택은 50만 원, 66만 원 수준이다. 허탈할 수밖에 없다. 국가에서는 한도액을 추가함으로써 직장인의 허탈한 마음을 달래주고 있다. 한도액 추가 대상은 대중교통, 전통시장 사용분, 도서·영화·미술관·박물관 등 교양 증진 비용 및 헬스장·수영장 이용 요금이다. 단 필라테스, 골프연습장은 해당되지 않는다.

구분	기본 한도	추가 한도			합계
		전통시장 사용분	대중교통 사용분	도서·영화·미술관·박물관·헬스장·수영장 사용분	
총급여 7,000만 원 이하	300만 원	합하여 300만 원			600만 원
총급여 7,000만 원 초과	250만 원	합하여 200만 원		해당 없음	450만 원

1 | 기본 한도

신용카드, 현금영수증, 직불카드, 체크카드의 사용금액을 대상으로, 총급여가 7,000만 원 이하면 300만 원, 7,000만 원을 초과하면 250만 원이다.

2 | 추가 한도

- **전통시장 사용분:** 전통시장에서 사용한 금액은 적용비율 50%다. 적용 비율을 보면 신용카드 15%, 체크카드 및 현금영수증 30%임을 감안할 때 나쁘지 않다.
- **대중교통 이용 금액:** 버스, 지하철, KTX를 이용하는 금액에 대해

80%를 적용한다. 단 택시와 비행기는 해당하지 않는다.

- **도서·영화·미술관·박물관·헬스·수영 사용분:** 교양을 늘리는 활동에 대해 적용 비율 40%로 해준다.

적용 비율에 대해 주의 사항 있다. 고정되지 않고 매년 정부의 판단에 따라 변한다는 점이다. 예를 들어 대중교통 이용 금액은 기본적으로 적용 비율 40%인데, 한시적으로 80% 적용되고 있다. 언제 원래의 적용 비율로 돌아갈지는 알 수 없다. 추가 한도에 대해 적용 비율이 수시로 변할 수 있다는 점을 알아두자.

또한, 정부가 다자녀 가정을 위해 2026년부터는 자녀당 50만 원씩 최대 100만 원(총급여 7,000만 원 초과 시 자녀당 25만 원)을 올리기로 했다. 자녀 2명을 둔 연봉 7,000만 원 직장인의 경우 신용카드 기본공제 한도가 기존 300만 원에서 400만 원으로 늘어나는 셈이다.

토막상식

기후동행카드, The 경기패스, 티머니 소득공제

대중교통 이용금액 부담을 줄이기 위해 서울시는 기후동행카드, 경기도는 The경기패스를 도입하여 운영하고 있다. 휴대폰을 교통카드처럼 사용하는 티머니 앱도 서비스 되고 있는데 이와 같은 서비스 이용도 대중교통 사용금액에 포함된다. 별도로 국세청에 등록해야 하는 번거로움이 있기는 하지만 이왕 이용하는 대중교통이라면 알뜰하게 소득공제에 활용해보도록 하자.

재테크 비밀과외

카드를 써도 사용금액으로 인정되지 않는 경우

신용카드, 체크카드를 사용했음에도 연말정산에 반영이 안 되는 경우가 있다. 대표적인 사례가 해외 사용분, 면세점 쇼핑 금액이다. 아무리 큰 금액이 사용되었다 하더라도 연말정산을 위한 사용금액으로 인정되지 않는다. 이와 같이 신용카드 등 사용금액에서 제외되는 경우를 정리하면 아래와 같다.

① 해외 사용분
외국에서 신용카드 등을 사용한 금액은 제외된다. 한국 정부에서는 '돈은 외국에서 쓰고 세금 혜택은 한국에서 받고 싶은 거냐'라는 입장이기 때문이다.

② 현금서비스
현금서비스를 받은 금액도 신용카드 사용금액으로 인정받을 수 없다. 다만 현금서비스를 받아 사용하면서 '현금영수증'을 발급받으면 소득공제 대상 금액에 포함된다.

③ 신차 구입 비용
신용카드 할부로 신차를 사면 사용금액에서 제외된다. 반면 중고차는 구입 금액의 10%를 신용카드 사용금액으로 인정해준다. 기존에는 중고차 구입 금액을 인정하지 않았으나, 몇 년 전부터 신용카드 사용금액으로 인정하고 있다.

④ 신용카드로 납부한 보험료
건강보험료, 고용보험료, 연금보험료, 보장성보험료, 저축성보험료를 신용카드로 납부해도 사용금액으로 인정받지 못한다. 이 항목들은 따로 소득공제, 세액공제를 받기 때문에 이중으로 세금 혜택을 주지 않기 위함이다.

⑤ 교육비로 결제한 내역

어린이집(입소료 제외), 유치원, 초·중·고·대학교, 대학원의 수업료와 입학금, 보육 비용, 기타 공납금은 신용카드 사용금액에서 제외된다. 역시 이중 혜택을 방지하기 위함이다. 단, 입시학원, 보습학원 수강료는 신용카드 사용금액에 포함된다.

⑥ 세금 등

세금, 전기료, 수도료, 가스료, 전화료(정보사용료, 인터넷 이용료 등), 휴대폰 요금, 아파트 관리비, 텔레비전 시청료(종합유선방송 이용료 포함), 고속도로 통행료도 제외된다. 세금과 각종 공과금 성격의 지출에 대해서는 신용카드 사용금액에 대한 혜택을 주지 않는 편이다.

⑦ 기타

- 부동산 임대소득, 사업소득, 산림소득 관련 비용 및 법인의 비용에 해당하는 사용금액.
- 법인개별카드로 사용한 금액 등 사업 관련 비용.
- 정당기부금, 특례·일반기부금을 신용카드로 기부한 금액(세액공제 및 소득공제 받은 금액).
- 월세액 세액공제 받은 금액.
- 상품권 등 유가증권 구입비(기프트카드, 교통카드 등 무기명선불카드). 이때 상품권을 물건과 교환한 후 현금영수증을 발급받으면 공제가 가능하다. 무기명선불카드의 경우 사용 전 해당 카드사 홈페이지 등에서 사용자로 등록하면 공제가 가능하다.
- 리스료(여객자동차운수사업법에 의한 자동차대여사업의 자동차 대여료를 포함).
- 여권발급수수료, 공영주차장 주차료, 휴양림 이용료 등.
- 대출이자, 증권거래수수료 등 금융·보험용역과 관련한 지급액, 수수료, 보증료 등.
- 사용 취소한 금액.
- 비정상적인 사용금액(실물거래 없이 교부받은 금액으로 카드깡 등).

061 연말정산을 위한 신용카드 사용 꿀팁

> **세 줄 요약**
> 1. 절세 혜택이 크지 않아도, 스마트하게 쓰면 도움되는 방법이 있다.
> 2. 신용카드와 체크카드의 비율을 맞추면 연말정산에 도움된다.
> 3. 중복 공제 가능한 항목은 카드 결제하는 것이 좋다.

신용카드, 체크카드의 혜택이 많지는 않더라도 이왕 쓰는 카드라면 조금 더 스마트하게 신용카드를 사용해보자. 재테크에 도움되는 신용카드 사용 방법을 준비해보았다.

신용카드와 체크카드의 황금 비율 사용법

앞서 설명했듯이 사용금액이 총급여의 25%를 넘어서면 그때부터 소득공제를 받을 수 있다. 이 금액까지는 신용카드를 사용하도록 하자. 신용카드의 혜택을 무시하기 어렵다. 주유 할인, 극장 할인을 비롯해서 마트나 쇼핑몰에서 적립금도 쌓을 수도 있다. 단 주의할 것이 있다. 현금서비스(정확한 용어로는 단기카드대출) 및 해외 사용금액은 신용카드 사용금액에서 제외된다. 해외여행 즐겁게 하고 소득공제도 많이 받으면 좋겠지만 아쉽게도 그렇게는 안 된다.

기본 금액까지 신용카드로 사용했다면 그 이후부터는 체크카드를 사용하고, 현금영수증을 챙겨야 한다. 가능하다면 제로페이도 사용하자. 공제되는 비율이 다르기 때문이다. 앞에서 살펴보았던 소득공제 비율을 다시 보자. 맨 뒤에 붙는 숫자가 '가성비 비율'이라 보면 된다.

결제 수단별 소득공제
- 신용카드 소득공제 금액 = {신용카드 사용금액 − (총급여액 × 25%)} × 15%
- 체크카드 소득공제 금액 = {체크카드 사용금액 − (총급여액 × 25%)} × 30%
- 제로페이 소득공제 금액 = {제로페이 사용금액 − (총급여액 × 25%)} × 40%

같은 금액에 대해 신용카드는 15%만 적용되는데, 체크카드는 30% 적용된다. 심지어 제로페이는 소상공인 가맹점 이용 시 40%다.

전통시장, 대중교통 등 추가 소득공제를 활용해보자

신용카드 사용금액에 더해 추가 한도를 얻을 수 있는 방법이다. 계산법은 카드 소득공제 방법과 동일하다.

결제처별 소득공제 금액
- 전통시장 사용분 소득공제 금액 = {카드 사용액 − (총급여액 × 25%)} × 50%
- 대중교통 사용분 소득공제 금액 = {카드 사용액 − (총급여액 × 25%)} × 80%
- 도서·영화·미술관·박물관·헬스장·수영장 사용분 소득공제 금액
  = {카드 사용액 − (총급여액 × 25%)} × 40%

한도는 항목당 100만 원이고 카드 사용으로 받는 한도와 별개로 추가된다. 즉 신용카드로 한도 끝까지 공제를 받았다 해도 전통시장에서 100만 원까지 추가로 공제받을 수 있다는 뜻이다. 따라서 카드 사용으로 얻을 수 있는 한도는 최대 600만 원까지이다.

예를 들어 전통시장에서 200만 원을 사용하면 사용금액의 50%를 적용받아 한도 100만 원까지 소득공제를 받을 수 있다. 같은 방식으로 계산하면, 대중교통비에 200만 원, 책·공연에 250만 원을 지출하면 한도까지 꽉 채우는 것이 가능하다.

진짜 꿀팁: 중복 공제 항목 활용

앞서 사용처에 따라 '이건 별도로 공제 항목이 있으니까 카드 사용 실적에 포함되지 않습니다' 하는 항목을 살펴보았다. 반대로 말하면, '이건 별도로 공제 항목이 있어도 카드 사용 실적에 포함됩니다' 하는 항목도 있다. 이런 방식으로 신용카드로 결제하면서 동시에 별도의 공제도 가능한 것들을 알아보자.

예를 들면 의료비의 경우 카드로 결제하면 카드 실적 따로, 의료비 공제 따로 계산된다. 취학 전 아이의 학원비도 그러하다. 결제 금액에 대해 카드 사용분 따로, 교육비 따로 각각 적용되어 중복 혜택을 받을 수 있다. 몇 가지 안 되지만 아래의 경우에는 신용카드, 체크카드로 결제하는 것이 연말정산에 확실히 도움된다.

중복 공제 항목

구분	특별공제	신용카드 공제
의료비	의료비 공제 가능	가능
취학 전 아동 학원비	교육비 공제 가능	가능
장애인 특수교육비	교육비 공제 가능	가능
교복구입비	교육비 공제 가능	가능

재테크 비밀과외

연말정산에 필요한 별도 서류

국세청의 '연말정산 간소화' 또는 '연말정산 자료 일괄제공 서비스'를 이용해서 연말정산을 간편하게 한다고 하더라도 일부 서류는 본인이 직접 준비해야 한다. 그나마 위안이 되는 것은 이런 서류도 대부분 인터넷으로 발급받을 수 있다는 것이다. 다음은 연말정산을 받기 위해 별도로 서류를 준비해야 하는 항목이다.

① 안경 및 렌즈 구입비 : 의료비임을 증명할 것

시력 교정용으로 안경이나 콘택트렌즈를 구입했음을 안경사가 확인한 영수증이 필요하다. 단순한 미용인지 시력 교정용인지 구분해야 하기 때문이다. 미용을 위한 것이라면 소득공제를 받을 수 없다.

② 국외교육비 : 납입증명서, 재학증명서

국외에서 교육받은 증빙 서류는 직접 준비해야 한다. 교육을 받은 외국의 기관과 유기적으로 연결된다면 좋겠지만 소득공제에 대해서는 아직 그러한 환경이 준비되지 않았다. 번거롭더라도 해당 교육기관에서 직접 국외교육비 납입증명서, 재학증명서 같은 서류를 발급받아야 한다.

③ 교복구입비

교복 값이 비싸다고 학부모들의 한숨이 깊은데, 그나마 소득공제를 받을 수 있다는 것을 위안으로 삼을 수 있다. 교복 구입처에서 영수증을 잘 챙기기 바란다. 그래야 소득공제가 가능하다.

④ 월세 공제 서류

월세액 공제는 까다로운 조건을 충족해야 하는 만큼 서류 준비도 까다롭다. 전입신고된 집에 월세를 내고 있다는 것을 증빙하는 서류를 준비해야 한다. 주민등록등본, 임대차계약서, 월세액 지급

증명서류가 필요하다. 주민등록등본은 구청이나 읍·면·동 주민센터, 인터넷 민원으로 발급받을 수 있다. 나머지 서류는 사본을 준비하면 된다. 임대차계약서는 당연히 가지고 있을 것이니 복사만 하면 되고, 월세액 지급 증명서류는 은행의 계좌이체영수증, 무통장입금증 등을 준비하면 된다. 최대 2개월치 월세가 공제되니, 번거로워도 꼭 서류를 준비하자.

연말정산의 주요 공제 항목과 서류

공제 항목		첨부서류	발급처
의료비	안경(콘텍트렌즈) 구입비	안경사가 시력 교정용임을 확인한 영수증	구입처
교육비	국외교육비	국외교육비 납입증명서	국외 교육기관
		재학증명서	
		부양가족의 유학 자격 입증 서류	교육기관 등
	교복구입비	납입증명서	구입처
주택자금	월세액	주민등록등본	구청, 주민센터
		임대차계약서 사본	본인 소지
		월세액 지급 증명서류(현금영수증, 계좌이체영수증, 무통장입금증 등)	현금영수증은 국세청 발급 가능
	개인 간 차입한 주택임차 차입금 원리금 상환액	주택자금 상환 등 증명서	본인 작성 (집주인 서명)
		주민등록등본	구청, 주민센터
		임대차계약서 사본	본인 소지
		금전소비대차계약서 사본	
		원리금 상환 증명서류 (계좌이체영수증, 무통장입금증 등)	
신용카드	학원비 지로 납부액	학원비 지로 납부 영수증	학원, 금융기관
투자조합출자 공제		출자 등 소득공제신청서	중소기업청
		출자(투자)확인서	투자조합관리자
우리사주조합출연금 공제		우리사주조합출연금액확인서	우리사주조합

062 N잡러와 프리랜서의 연말정산

> **세 줄 요약**
> 1. 프리랜서는 세금 3.3%를 내고 종합소득세도 신고해야 한다.
> 2. 직장인이면서 프리랜서인 경우 연말정산 후 종합소득세도 신고해야 한다.
> 3. 두 회사 이상에 소속된 직장인은 직장별로 각각 연말정산 해야 한다.

N잡러가 대세다. 유튜브 크리에이터가 된다거나 자신이 가진 지식을 이용해서 수입 활동을 하는 등 한 사람이 동시에 여러 개의 일을 할 수 있게 되었다. 이렇게 직장에 근무하면서도 부업을 하는 경우 연말정산은 어떻게 해야 할까?

프리랜서의 세금 계산

프리랜서에게는 급여 또는 아르바이트비를 지급할 때는 그 유명한 '3.3%'를 적용한다. 즉 100만 원의 강사비, 배달 수고비 등이 발생한 경우 3.3%인 3만 3,000원을 공제해서 실제로 받게 되는 금액은 96만 7,000원이 된다. 이때 프리랜서들은 '난 이미 세금을 다 냈어'라고 오해할 수 있는데 그러면 큰일 난다. 세금은 이렇게 3.3%를 공제하는 것으로 끝나는 것이 아니라, 연간 받은 모든 프리랜서 활동 수익을 합쳐 소득세를 따로 계산해야 한다. 제때 처리하지 않으면 신고불성실, 납부불성실가산세 납부고지서 등 듣기만 해도 무시무시한 국세청의 편지를 받게 된다.

3.3%를 떼고 준다는 것은 프리랜서 수고비를 주는 곳에서 국세청에 '홍길동 씨 아르바이트비 이렇게 드렸습니다' 하고 인증하고 경비 처리를 받는 것이다. 나의 소득을 숨길 수 없다. 특히 유튜브를 해서 정기적인 수입이 생기는 경우 '1인 미디어 콘텐츠 창작자'로 따로 사업자등록을 해서 종합소득세를 신고해야 한다. 소액이라고 소득세 신고를 안 하면 탈세에 해당된다.

월급쟁이이면서 프리랜서, 개인사업자인 경우

낮에는 직장인, 밤에는 배달라이더, 또는 주중엔 직장인이면서 주말엔 강사로 활동하며 월급쟁이이면서 프리랜서인 경우가 있다. 이때 연말정산은 월급쟁이로 회사에서 한 번, 5월 종합소득세 신고 때 한 번 해야 한다. 종합소득세 신고는 국세청 홈택스에서 할 수 있다.

낮엔 직장인, 밤에는 카페 사장인 경우도 있다. 이때 세금 신고 방법은 바로 위의 '월급쟁이이면서 프리랜서인 경우'와 동일하다. 직장인 자격으로 1년에 한 번 연말정산을 하고 5월에는 개인사업자로서 종합소득세 신고를 하면 된다.

월급쟁이이면서 또 월급쟁이인 경우

좀 독특한 경우이기는 하다. 이런 경우엔 눈치는 좀 보이겠지만 각각의 회사에서 연말정산을 따로 하면 된다. 연말정산이 이제 전산으로 자동 서비스가 되니 눈치는 좀 덜 보이게 될 것이다. 다만 인적공제 등 둘 중 한 회사에서만 가능한 항목이 몇 개 있다는 것은 미리 알아두어야 한다.

퇴사자의 연말정산

중도 퇴직자에게 연말정산은 또 다른 고민이다. 회사 다닐 때는 때 되면 알려주고, 때 되면 환급금이 통장에 찍혔는데 이제는 아니기 때문이다. 이 경우는 이직을 한 경우와 구직 중인 단계로 나뉜다.

1 | 이직했다면 새로운 회사에서 알아서 해준다

이직한 사람이라면 걱정할 필요 없다. 다행히도 현 근무지에서 알아서 연말정산을 해준다. 하지만 근로소득원천징수영수증과 소득자별근로소득원천징수부 사본은 현 근무지에서 준비해주지 못한다. 전 근무지에 연락해서 이 2가지 서류를 발급해달라고 요청해야 한다.

2 | 구직 중이라면 셀프 정산

구직 중이거나 창업 준비 중이라 소속된 회사가 없다면 직접 처리해야 한다. 국세청에 접속해서 기본 항목을 입력하고 증빙 서류를 제출하면 된다. 다행히도 국세청에 입력해야 하는 대부분의 항목은 전 직장에서 미리 입력해놓는다. 준비해야 할 것은 근로소득자 소득·세액공제신고서인데 전

직장에서 올려놓은 것을 내려받기만 하면 된다.

3 | 직장 근무 기간에 지출한 금액만 가능

주의할 것이 있다. 직장인을 대상으로 한 연말정산 항목은 재직 기간, 즉 퇴직 전에 사용한 금액까지만 공제 대상이 된다. 따라서 같은 교육비라도 직장인이던 시절에 지출한 금액은 소득공제에 포함되지만 자유인 신분으로 지출한 교육비는 그냥 지출이라 공제받지 못한다. '회사 밖은 항상 춥다'는 말이 맞다.

재테크 비밀과외

겸업 금지와 경업 금지 바로 알기

자아 실현, 추가 소득 등을 위해 본업 외 사이드잡을 만드는 N잡러가 많아지고 있다. 2024년 기준 N잡러가 68만 명에 달한다고 하니 결코 적은 수가 아니다. N잡러가 되고자 마음먹을 때 '해도 되나?', '회사에 허락을 받아야 하나?' 하는 것들이 궁금할 것이다. 간단히 알아보자.

겸업 금지와 경업 금지

겸업이란 본업 외에 다른 일을 병행하는 것을 가리킨다. 아르바이트, 크리에이터(유튜버, SNS 인플루언서), 프리랜서, 쇼핑몰 운영 등 직장을 다니면서 부가 수익을 창출하는 모든 활동을 겸업이라 한다.

경업이란 퇴사 후 경쟁 기업에서 근무하거나 같은 업종을 창업하는 것을 가리킨다. 일반적인 경우 회사는 겸업을 '부수입을 올리는 개인의 활동'으로 판단하는 반면, 경업은 '회사의 노하우와 기술을 통해 기존 경쟁 업체를 돕거나 새로운 경쟁 업체를 설립하는 악의적인 활동'으로 판단한다. 따라서 각 회사는 근로계약서와 취업규칙에 겸업 금지와 경업 금지 조항을 기재하는 경우가 많다.

헌법에는 직업 선택의 자유가 있다

대한민국 헌법에 모든 국민은 직업 선택의 자유를 가진다는 조항에 따라 회사는 겸업 금지를 요구할 수 없다. 회사 일에 지장이 없는 범위 안에서는 퇴근 후 무엇을 하든 회사는 간섭할 수 없기 때문이다. 실제로 법원에서는 '겸업은 근로자 개인 능력에 따라 사생활 범주에 속하기 때문에 기업 질서, 노무 제공에 지장이 없는 겸직까지 제한하는 것은 부당하다'라고 판결을 내렸다. 단, 기업의 영업 비밀 유출, 회사 명예 실추 등 명백히 근로자가 회사에 손해를 끼치는 경우에는 겸업 금지를 요구할 수 있으며 공무원은 국가공무원법에 따라 승인받지 않은 영리 목적의 활동이 금지된다. 겸업 금지도 전면적으로 제한할 수 없다. 단, 근로자가 퇴직 시 어떤 지위에 있었고 어떤 영업 비밀을 가지고 있었는지가 종합적으로 고려되는 경우 겸업 금지는 유효하다. 예를 들어 우리나라의 반도체, 무기 제작 기술을 다른 나라로 유출하는 경우는 제한된다.

결과적으로, 밤새워 부업을 하느라고 회사에 지각하거나 업무에 지장을 주는 경우나 유튜브 브이로그를 찍어 회사 비밀을 인터넷에 올리는 경우가 아니라면 회사는 직원의 N잡을 막을 수 없다.

N잡은 비밀로 하자

법적으로 우리에게는 'N잡을 할 자유'가 있지만, 사회생활 팁을 더하자면 회사에 최대한 비밀로 하는 것이 좋다. 일을 하다가 조금이라도 실수하게 되면 '부업에만 신경 쓰느라 본업에 소홀한 거 아니냐'라는 오해를 사기 때문이다. 회사 상황이 어려워져 인원을 감축해야 할 때도 '저 직원은 다른 직업도 있으니까 해고해도 되겠지' 하는 판단을 할 수도 있다. 회사 동료들에게 개인적인 일을 모두 이야기하는 것은 상당히 위험한 일이다. 회사에서는 업무 이야기만 하는 것이 가장 좋다.

아홉째 마당

모든 것이 재테크가 되는 세상

Common Sense Dictionary
for Salaried

063 금에 투자하는 6가지 방법

> **세 줄 요약**
> 1. 실물 투자: 골드뱅킹, KRX금시장, 금은방, 홈쇼핑.
> 2. 금융 투자: 금 관련 펀드, ETF, DLS.
> 3. 금은 사두면 후회는 안 한다.

원소기호 Au, 원자번호 79인 금은 투자 대상뿐만 아니라 장신구로도 인기 있는 광물이다. 이렇게 소중한 금에 투자하는 방법은 무려 6가지 방법이 있는데, 크게 나눠보면 현물 금에 직접 투자하는 방법과 금융상품을 통한 간접 투자 방법이 있다. 직접 투자하는 방법은 골드뱅킹, KRX금시장, 현물 매매가 있고 간접 투자하는 방법은 금 펀드, 금 관련 ETF와 DLS가 있다.

금 직접 투자 3가지 방법

1 | 골드뱅킹(일명 금 통장)

은행을 통한 금 투자 방법이다. 골드뱅킹이란 원화를 입금하면 국제 금 시세 및 원달러 환율을 적용하여 금으로 적립한 후 고객이 출금 요청 시 국제 금 시세 및 환율로 환산한 원화로 지급해주는 금 적립 계좌다. 예를 들어 금값이 1g당 7만 원일 때, 골드뱅킹에 7만 원을 입금하면 통장에는 금 1g 적립으로 처리된다. 나중에 금값이 올라 1g당 10만 원이 된다면 통장에 있는 1g의 금은 인출할 때 10만 원이 적용된다. 금값의 상승에 따라 금을 통장에 보관만 하고 있어도 수익을 얻을 수 있다. 물론 반대의 경우도 있을 수 있다. 금값이 하락하면 하락하는 비율만큼 골드뱅킹에서도 손실을 입을 수 있다.

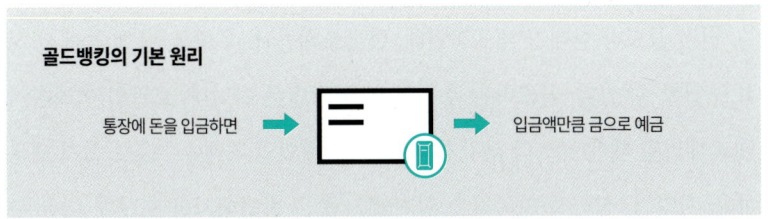

골드뱅킹을 통해 금에 투자하는 것은 금 현물에 투자하는 것과 같기 때문에 금값 시세의 직접적인 영향을 받는다. 골드뱅킹의 장점은 0.01g 단위로 거래가 가능하여 소액으로 투자할 수 있다는 것과, 금을 은행에 보관하는 방식이기 때문에 도난의 위험이 없다는 점이다. 다만 매매차익에 대해 15.4%의 배당소득세가 발생하고 예금상품이지만 예금자보호가 되지 않는다는 점을 참고하자.

2 | KRX금시장

KRX금시장을 통해 금을 거래할 수도 있다. 여러 가지 장점이 있는데, 금을 주식처럼 거래할 수 있고 한국조폐공사가 금의 순도(99.99%)를 보증한다. 1g 단위로 거래가 가능하다. KRX로 거래한 금은 한국예탁결제원을 통해 실물로 인출할 수도 있는데, 이 경우 골드바(금괴)로 지급된다. 골드바는 100g 혹은 1kg 단위로 인출할 수 있다. 인출 시에는 수수료(골드바 1개당 2만 원 내외)와 부가가치세가 부과된다. 이러한 수수료가 이 방법의 단점이다. 출고, 보관 등 각 거래 단계마다 수수료가 조금씩 붙는다. 금거래를 통한 매매차익은 비과세되지만 금을 출고할 때는 10%의 부가가치세가 붙는다.

3 | 현물 보관(골드바, 장신구)

먼저 골드바 형태가 대표적인데, 한국조폐공사, 우체국, 은행 등에서 직접 구입할 수 있다. 골드바는 추천할 만한 방법은 아니다. 보관의 어려움이 있고 매입할 때에 10%의 부가가치세와 5% 내외의 거래수수료도 붙기 때문이다. 시각적, 심리적 만족감을 얻기에는 좋은 방법이지만 도난에 대한 불안감이 더 클 수도 있다. 게다가 매도하여 현금화하려면 금시장이나 금은방에 직접 방문해야 한다는 번거로움도 있다. 보통 본인의 소득을 노출하기 꺼리는 경우 골드바를 많이 이용한다. 골드바 형태로 가지고 있으면 보유세와 소득세도 붙지 않기 때문이다.

장신구로 목걸이, 귀걸이 등 장신구 형태로 가지고 있는 것도 금 투자라 할 수 있다. 손쉽게 접근할 수 있고 장신구로 이용할 수 있다는 장점이 있지만 골드바와 마찬가지로 10%의 부가가치세가 붙고 금값 외에 제작 비용이 붙는다. 금은방에서 무료로 세척을 할 때 미세하게 금 손실이 발생한다는 점도 고려해야 한다.

금 간접 투자 3가지 방법

1 | 펀드

금 펀드에 투자하는 것은 일반 펀드와 투자 방법이 같다. 금 펀드의 투자 대상은 금 관련 기업이다. 금값이 오르면 금 관련 기업의 주식가격이 오를 것이라 기대해볼 수 있다. 문제는 금값과 펀드의 수익률이 직결되지는 않는다는 점이다. 금값이 고공행진 해도 금 펀드의 수익률은 부진할 수 있다. 물론 반대의 경우도 있다. 이유는 간단하다. 금 펀드는 금 관련 회사에도 투자하기 때문이다. 즉 금값의 간접적인 영향을 받기 때문에 금값의 등락에 관계 없이 수익률을 기록하기도 한다. 보통은 금값이 오르면 관련 회사에 대한 기대도 커지기 때문에 금 펀드의 수익률이 개선되는 경우가 대부분이다.

2 | ETF

ETF에 대해서는 앞서 주식 투자 파트에서 설명했으니 개념과 투자 방법에 대해서는 이미 알고 있을 것이다. 금 ETF는 투자 대상이 금이다. 'KODEX 골드선물'은 금값의 움직임과 수익률이 직결된다. 펀드와 달리 ETF는 금값의 흐름이 곧 수익률이 된다. 여기에 더해 인버스, 레버리지가 더해진 ETF도 있다. 금을 실물로 가지고 있지 않은 상태에서 금값의 움직임에 따라 수익률이 직결되기 때문에 금융상품으로 금 투자를 하는 좋은 방법이라 할 수 있다. 다만 환율의 영향이 있다는 점을 감안해야 한다. 금값이 올라 수익률이 오른 경우에도 환율의 등락으로 수익률에 영향이 있을 수 있기 때문이다. 금값이 올라도 손해를 볼 수 있다.

3 | DLS

DLS와 ELS의 수익 구조가 같지만, ELS는 주가지수를 기초자산으로 하고 DLS는 금, 원자재 등의 자산을 기초자산으로 한다는 점에서 차이가 있다. 금 DLS는 금값의 움직임에 따라 일정 가격 이하로 하락하지 않으면 수익을 배분하는 상품이다. 금 투자 방법 중 하나이기는 하지만 투자의 기회가 많지 않다는 점이 아쉬울 따름이다.

최근 다이아몬드 가격이 하락하고 있다. 공장에서 훨씬 낮은 가격에 찍어내는 게 가능해졌기 때문이다. 금도 마찬가지로 공장에서 만들어낼 수 있는 세상이 오면 다이아몬드처럼 가격이 폭락하고 재산 가치는 사라질 것이다. 이번 장에 설명한 내용은 금을 인위적으로 만들어낼 수 있기 전까지는 유효하다.

064 달러에 투자하는 6가지 방법

> **세 줄 요약**
> 1. 실물 투자: 달러뱅킹, 달러 실물 보관.
> 2. 금융 투자: 달러 ETF, 달러 ELS.
> 3. 기타 투자: 달러 보험, 미국 주식 직접 매입.

달러는 세계 경제의 기축통화로서 전 세계 어디서나 사용이 가능하다. 북한에서도 달러를 사용할 수 있다고 하니 그 위력이 대단하다는 것은 부정할 수 없다. 심지어 무역 마찰로 미국과 갈등을 겪고 있는 중국조차도 미국이 발행한 채권을 세계에서 두 번째로 많이 보유하고 있으니 달러의 수요는 탄탄하다는 점을 알 수 있다.

금처럼 달러도 직접 투자 또는 간접 투자를 할 수 있다. 직접 투자 방법으로는 달러 직접 보유와 달러 예금, 간접 투자 방법은 달러 ELS와 달러 ETF가 있다. 그 외에 달러 보험과 미국 주식 매입도 달러 투자 상품이라 할 수 있다. 이 외에도 달러 ETN, 외화통화선물거래 등의 방법도 있으나 투기적 성격이 강하기에 이 책에서는 설명하지 않는다.

달러 직접 투자 2가지 방법

1 | 달러뱅킹

　달러뱅킹은 골드뱅킹과 매우 유사하다. 골드뱅킹이 원화를 입금하는 만큼 그에 맞는 금을 통장에 넣어주는 방식인 것처럼, 달러예금은 원화를 입금하면 환율을 적용하여 달러를 통장에 넣어주는 방식이다. 차이가 있다면 골드뱅킹은 이자도 없고 예금자보호도 받을 수 없는 반면 달러예금은 이자를 받을 수 있고 예금자보호법도 적용되어 5,000만 원까지 원금과 이자를 보호받을 수 있다. 참고로 달러예금의 금리는 정기예금 수준이 적용되어 높지는 않다.

　달러예금의 장점은 이자 수익과 더불어 달러화 가치의 상승에 따른 수익도 기대해볼 수 있다는 점이다. 경제 뉴스에서 원/달러 환율이 상승한다는 소식이 들려오면 대한민국의 수출 경쟁력과 경상수지 적자 등 부작용이 예상되지만 개인 차원에서는 흐뭇한 미소를 지을 수 있다. 단, 환율은 예측이 불가능한 영역이기 때문에 원/달러 환율은 오를 수도, 내릴 수도 있다.

2 | 달러 실물 보관

　금을 장신구 또는 금괴 형태로 보관하듯 달러를 실물로 보관하는 방법이다. 해외여행을 갈 때 환전한 달러를 그대로 가지고 있는 것도 방법이고, 명동의 사설 환전소를 찾아가 원화를 달러화로 바꾸는 것도 방법이다.

　다만 달러를 현금으로 보유하는 것은 실익이 크지 않다. 원화를 달러화로 바꿀 때 환전수수료가 발생하고, 달러화 상승 후에 다시 원화로 바꿀 때 또 한 번 환전수수료가 발생하기 때문이다. 환전수수료가 이중으로 발생하는 것을 감안하면 달러를 현금으로 보유하는 것은 번거롭기만 하고 실제 이익은 크지 않은 방법이라 할 수 있다.

달러 간접 투자 2가지 방법

1 | 달러 ETF

달러의 움직임 또는 달러 관련 기업 지수에 따라 수익이 결정되는 ETF 상품이 있다. 일반적인 달러 ETF뿐만 아니라, 달러의 움직임을 2배수로 추종하는 레버리지 ETF인 'KODEX 미국달러선물레버리지', 달러가 하락하면 수익을 보는 인버스 ETF인 'KOSEF 미국달러선물인버스'도 있다. 초보 단계에서는 달러의 움직임을 그대로 따라가는 'KODEX 미국달러선물' 같은 상품이 무난하다.

2 | 달러 ELS

ELS는 주가나 지수를 놓고 하는 '복불복' 게임이라는 점을 알 것이다. 달러를 기초자산으로 하는 ELS 상품도 달러에 간접 투자하는 방법이다. 다만 초보자에게는 권하지 않는다. 수익 구조가 복잡하고 환율이 향후 몇 개월간 어떤 방향으로 흐를지 아무도 예측할 수 없기 때문이다. 달러가 강할 때 들어간다면 3개월, 6개월 후에 달러가 더 강해져야 수익을 얻는다. 환율은 결코 예측이 가능한 영역이 아니기에 달러 ELS라는 방법도 있다는 정도로 알아두자.

달러에 투자하는 또 다른 방법들

1 | 달러보험, 달러연금

이러한 상품들은 보험 상품에 납입하는 화폐가 달러라는 특징을 가진다. 달러로 투자해서 달러로 연금을 받거나 보험금을 받도록 설계되어 있다. 다만 보험상품이라는 특성상 투자의 개념이 아닌 달러화는 인플레이션에 대비하여 수익을 조금 더 얻을 수 있는 장치 정도로 이해하면 된다. 생명보험을 투자로 인식하기에는 무리가 있어서 그러하다.

2 | 미국 주식 직접 매입

원화를 달러로 환전하여 미국 기업의 주식을 달러로 산 다음 주가가 상승하면 매도하여 다시 달러를 원화로 환전한다면 주식의 매매차익에 더해 환차익까지 기대할 수 있다. 달러화 가치가 높아지면 매입한 주식의 가격이 조금 내려가도 환율로 이익을 볼 수 있다. 반면 미국 주식이 올라가도 환율이 내려가면 이에 따라 환율로 인한 손해(환차손)을 볼 수 있다.

065 코인, 암호화폐에 투자해도 될까?

> **세 줄 요약**
> 1. 암호화폐가 제도권이 되면 더 오를 수도 있다.
> 2. 각국 정부가 규제를 시작하면 내릴 수도 있다.
> 3. 경험 삼아 해보는 것은 괜찮지만, 인생을 거는 것은 위험하다.

코인 투자

비트코인 등 암호화폐 투자는 최근 관심이 빠르게 커지는 것과 별개로 제도나 데이터가 충분히 마련되지 않아 섣불리 설명하기는 이른 감이 있다. 대신 비트코인이 오를 거라 예상하는 근거와 내릴 것이라 예상하는 근거를 정리해보았으니 참고해보자.

1 | 비트코인 상승 근거

비트코인 가격의 상승이 앞으로도 계속 이어질 거라 예상하는 가장 큰 근거로 2가지를 들 수 있다.

첫째로 비트코인이 점점 제도권에서 화폐로 인정받고 사용된다는 점이다. 세계 최대 온라인 결제 업체인 페이팔에서 비트코인 등에 대해 암호화폐

거래 및 결제 서비스를 지원하겠다고 발표한 바 있다. 이는 비트코인을 실제 화폐로 취급함으로써 사용 범위와 가치를 올리는 움직임이라 할 수 있다.

둘째로, 대체 투자자산으로 활용이 가능하다는 점을 들 수 있다. 미국의 JP모건에 따르면 금에 투자했던 기관 투자자들이 비트코인을 대량 매수하고 있다고 한다.

2 | 비트코인 하락 근거

비트코인 가격이 앞으로 하락할 것이라 보는 시각도 있다. 아직 인정받지 못한 화폐라는 점과 경기 침체에 따른 수요 감소 예상으로 요약된다. 비트코인은 아직 정식 화폐로 활용되지 못하고 있고, 각국 중앙은행이 비트코인의 정식 도입을 아직 검토하고 있지 않다. 게다가 혹시 비트코인이 화폐로서 정식으로 인정받는다면 각종 규제와 관리의 대상이 되기 때문에 오히려 값이 하락할 것이라는 이유도 있다.

한때 대한민국은 암호화폐 투자 열풍에 휩싸였다. 고등학생들이 쉬는 시간에 비트코인 시세에 대해 토론하고, TV에서 다큐멘터리를 찍는 도중에 비트코인 투자자가 "저 방금 30억 벌었어요"라고 말하던 시절이 있었다. 이러한 광풍이 다시 재현될 것인가에 대해서는 예측하기 어렵다. 다만 당부하고 싶은 것은 사회초년생을 위한 꾸준한 재테크에는 비트코인 투자가 적합하지 않다는 것이다. 경험 삼아 소액으로 투자해보는 것을 말릴 이유는 없겠으나, 인생의 모든 것을 걸고 투자하기에는 위험성이 지나치게 높다.

NFT(Non-Fungible Tokens) 투자

NFT는 블록체인을 기반으로 한 암호화폐의 일종이다. 이 NFT의 성격을 응용해서 디지털 파일의 정품인증서처럼 투자하는 방법도 있다. 미국의 디지털 아티스트 비플(Beeple)이 그림 파일을 하나 만들었는데 이게 무려 780억 원에 낙찰되어 화제가 되기도 했다. gif, jpeg, mp4 등 거의 모든 디지털 파일을 정품 인증하여 투자할 수 있다. 단 사람들이 'NFT는 반짝 인기인가' 하는 의심을 가지기 시작했다. '알고 보니 별거 아닌 것 같다', '돈이 될 것 같지는 않다'라는 부정적 인식이 많이 퍼져 있다. 이런 투자 방법도 있다는 정도로만 참고하자.

> **토막상식**
>
> **새로운 투자처에 투자할 때 주의 사항**
>
> 조각 투자, NFT 투자처럼 초창기인 투자 방식들은 시장의 급속한 성장과 함께 높은 수익률을 얻을 수도 있지만 동시에 '투자 안정성' 면에서는 불안할 수도 있다. 제도화되지 않아 원금 보장, 투자 안전장치 등이 제대로 마련되지 않았을 확률도 높기 때문이다. 도입 초기엔 경험 삼아 조금 해볼 수도 있겠지만 수익이 높다고 해서 큰돈을 투자하지는 않는 것이 좋다.

066 나는 동전, 아트, 운동화에 투자한다!

> **세 줄 요약**
> 1. 특별한 지폐, 동전을 찾아보자.
> 2. 1,000원부터 시작하는 아트 투자.
> 3. 레고, 운동화 등 취미도 재테크가 된다.

요즘에는 새로운 투자처가 점점 더 많이 생겨나고 있다. 저금통 속 오래된 동전이 200만 원이 넘는 가치를 인정받기도 하고, 자산가들의 전유물이라고 여겨졌던 아트 투자도 대중화되고 있는 추세다. 게다가 레고 또는 운동화 수집이라는 취미마저도 재테크 수단이 될 수 있다. 다양한 재테크 방법을 하나씩 알아보자.

어떤 동전은 지폐보다 비싸다

10원짜리 동전은 있어도 그만, 없어도 그만이라고 여겨왔다면, 이제는 동전을 자세히 살펴보자. 1966년에 발행된 10원짜리 동전은 시가 300만 원이 넘는다. 가치를 모르고 300만 원짜리 동전을 버리는 일은 없어야 하지 않겠는가. 아래 표를 참고해 내 지갑에도 이러한 희소성 있는 10원짜리 동전이 있는지 확인해보자.

연도별로 다른 10원의 가치

연도	가격
1966년	300만 원 이상
1967년	15~18만 원
1968년	5~7만 원
1969년	25~40만 원
1970년(황동)	10~15만 원
1970년(적동)	30~100만 원
1981년	7,000~8,000원

50원짜리 동전도 몸값이 비싸다. 1972년에 처음으로 발행된 50원짜리 동전은 15만 원 정도의 가치가 있다.

100원짜리 동전은 흔하고 많이 쓰여서 희소성은 별로 없다. 다만 1970년과 1981년에 발행된 동전은 비교적 몸값이 높아서 3,000~5,000원 정도의 가치를 지닌다. IMF 시절에는 동전을 거의 발행하지 않았기 때문에 1998년산 100원짜리 동전은 약간의 희소성을 인정받아 1,000원 정도의 가치를 지니고 있다.

1998년에 발행된 500원짜리 동전도 귀한 대접을 받고 있다. 세상에 8,000개만 존재하며 소장 가치가 충분하기 때문에 동전 상태에 따라 30~50만 원에 거래된다. 특히 상태가 좋은 500원짜리 동전은 200만 원이 넘어가기도 한다.

몸값 비싼 지폐도 있다

특별한 지폐도 액면보다 높은 가치를 지니고 있다. 우리나라 화폐는 7자리의 일련번호가 있는데 이 번호가 얼마나 특이하느냐에 따라 가치를 인정받는다.

특별한 번호를 가진 지폐들

- **솔리드 노트**: 일련번호가 한 개의 숫자인 경우(1111111, 2222222…)
- **어센딩 노트**: 일련번호가 연속된 숫자인 경우(1234567, 2345678…)
- **밀리언 노트**: 일련번호가 백만 단위인 경우(1000000, 2000000…)
- **레이더 노트**: 앞에서 읽어도 뒤에서 읽어도 동일한 번호(1357531, 1234321…)
- **리피터 노트**: 같은 숫자가 반복되는 일련번호(1212121, 1313131…)

아트 투자

예술작품, 특히 미술품은 과거 자산가들의 전유물로 생각되었지만, 오늘날 MZ세대에게는 투자 대상이자 즐길거리가 되었다. 특히 자산을 조각내서 여러 사람이 공동투자하여 소유권을 나눠 갖는 '조각 투자'를 통해 미술, 음악과 같은 예술작품에 활발히 투자하고 있다. 미술품 조각 투자 플랫폼을 이용하면 1,000원으로도 미술품 투자를 시작할 수 있다. 어느 정도 보는 눈과 미감이 있다면 아트앤가이드, 아트투게더 등의 미술품 조각 투자 플랫폼을 살펴보자.

덕질로 돈 버는 레고 재테크

레고는 어린아이들의 두뇌 발달을 위한 장난감이지만, 성인에게는 재미있는 마니아 재테크, 일명 '덕질' 재테크가 될 수 있다. 희소성 있는 레고 모델은 마니아들에게 '돈 주고도 얻을 수 없는 명품'이다. 예를 들어 2007년에 16만 원에 출시되어 2009년에 단종된 '10182 카페코너'라는 레고 모델은 최근 인터넷 쇼핑몰에서 300만 원이 넘는 가격에 판매됐다. 중고 물품 거래 사이트에는 150만 원에 매물로 나와 있다. 취미와 재테크를 동시에 이룰 수 있는 좋은 기회로 활용할 수 있다.

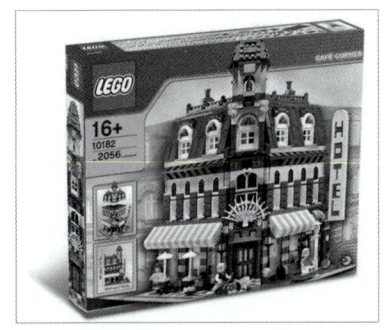

레고 '10182 카페코너'

명품보다 비싼 한정판 운동화

레고에 별 취미가 없다면 운동화 재테크는 어떤가? 미국 힙합 가수가 디자인했다는 N사의 빨간 운동화는 출시 당시 20만 원 내외였는데 최근에는 500만 원에 거래되고 있다. 한정판 레고, 운동화 같은 상품들을 사서 잘 보관했다가 나중에 비싼 값으로 되파는 것도 재미있게 재테크를 하는 방법이다.

N사의 '에어 이지2 레드 옥토버'

토막상식

취미 재테크 주의 사항

개인 간 물품 거래는 신중하게!

취미 재테크의 경우 인터넷 사이트를 통해 개인 간 거래를 하는 경우가 일반적인데 이때 신중해야 한다. 레고의 경우 정품이 아닌 중국산 모조품을 받는 경우도 있고, 운동화의 경우 새것이 아니라 내일 당장 버려야 할 운동화를 받는 경우도 있다. 이런 낭패를 피하기 위해 더치트(www.thecheat.co.kr) 또는 경찰청 '사이버캅' 앱을 통해 거래 상대방의 신용을 확인해보는 과정이 필요하다. 상대방의 스마트폰 번호, 계좌번호를 입력해 보면 된다.

거래 시에도 직접 만나서 물건 상태 확인하고 거래하는 것이 좋다. 택배로 받다 보면 파손의 위험도 있고, 거래 상대방이 악의적으로 엉뚱한 물건을 넣어 택배로 보내는 경우도 있기 때문이다.

적접 거래하기에 좋은 장소는 은행 ATM 앞이나 경찰서 앞이 좋다. CCTV가 여러 곳에 설치되어 있어 혹시 모를 '먹튀'를 당해도 금방 잡을 수 있기 때문이다

새것처럼 보관하자

소장 가치가 있는 레고 한정판 모델이라 해도 뜯어서 조립해봤다거나 일부 조각이 없는 경우 제값을 받기 힘들다. 최대한 새것처럼 고이 모셔 두도록 하자. 운동화도 마찬가지. 박스를 뜯지 않고 보관해야 한다. 나중에 최대한의 값어치를 인정받고자 한다면 새것과 다름없는 훌륭한 보관 상태가 되도록 신경 쓰는 것이 좋다.

리셀 가격이 떨어질 수 있음을 인지하기

과거에는 샤넬, 슈프림 같은 인지도 있는 브랜드 한정판 상품은 사놓기만 하면 재판매 (리셀)를 통한 몇 배의 이익이 가능했다. 최근에는 상황이 바뀌어 명품, 인기 브랜드라고 해서 무조건 몇 배의 이익을 얻는 상황이 아니다. 오히려 가격이 하락할 수 있으니 취미 재테크는 생업이 아닌 취미로 접근하는 것이 좋다.

에필로그

꽃이 진 다음에야
봄이었음을

돌아보면 '대박'이라 불러 마땅할 좋은 투자 기회가 가끔 찾아왔다. 단지 우리가 그때에는 몰랐을 뿐이다. 주식시장이 완전히 폭락하고 투자자들의 공포가 최고조에 달하던 그때가 지금 돌아보니 최고의 투자 기회였다. 그렇다. 꽃이 진 다음에야 봄이었음을 아는 법이다. 꽃이 크게 졌던 그 시기를 잠시 되돌아보고 앞으로 비슷한 기회가 온다면 그때는 놓치지 않기를 바란다.

재테크를 하는 과정이 순탄하지는 않을 것이다. 나라의 경제가 어려워질 수도, 자신의 직업적 안정성이 위험해질 수도 있다. 또는 재테크를 하는 과정에서 '큰 성과가 있는 것 같지 않은데 굳이 계속해야 하나?' 하는 생각이 들 수도 있다. 심지어 어떤 시기에는 재테크를 하는 것 자체가 바보 같은 짓으로 보이기도 할 것이다. 1997년 IMF, 2007년 금융위기, 2020년 코로나19 당시, 현금을 가지고 있는 것만이 현명한 재테크라고 생각하던 사람이 많았다. 되돌아보면 그때야말로 투자의 적기였다.

지난날에 대해 아쉬워할 것 없다. 밀물과 썰물처럼 경제는 좋은 시절과 나쁜 시절이 반복된다. 앞으로 꾸준히 재테크 라이프를 계속하다 보면 꽃피는 봄은 어김없이 찾아올 것이다.

성공 투자에는 우주선의 추진력이 필요해

재테크를 시작하는 것은 기존의 생활에 젖어 있는 우리에게 큰 변화를 요구한다. 지금 당장 하지 않아도 큰 불편함이 없는데도 나중을 위해 지금의 즐거움을 일정 부분 포기하는 것이기 때문이다. 재테크의 필요성이나 '지출을 줄여서 투자하기'라는 기본적인 투자법을 이미 잘 알아도 실천하기는 결코 쉽지 않다. 인정한다. 재테크는 어렵다. 그러나 재테크를 하나의 즐거운 놀이 또는 도전 과제로 인식하면 기존의 습관에서 벗어날 수 있다. 처음은 어렵지만, 하다 보면 하게 된다. 그렇게 꾸준히 하다 보면 우리의 삶은 바뀔 것이다.

인생을 바꾼 한마디와 같은 책이 되기를

어릴 적 우리집은 목공소를 했다. 내가 중학교 1학년이고 남동생이 초등학교 5학년이던 시절, 부모님이 일하러 나가신 저녁에 TV를 보는데 문밖에서 "저기요, 불날 거 같아요" 하는 말소리가 들렸다. 지나가던 20대 누나 두 사람이 가게 한쪽에 있던 석유난로에 불이 붙어 활활 타고 있는 것을 발견하고 알려준 것이다. 서둘러 불을 끄고 "고맙습니다"라고 고개 숙여 인사한 기억이 있다.

그냥 지나가도 아무 상관 없는 목공소인데 굳이 그 앞에 멈춰서 가게 안의 사람을 불러 경고해준 그분들이 나와 내 동생에게는 생명의 은인이다. 1989년에 동작구 대방동 한신목공소에서 불날 것 같다고 중학생 아이에게 말씀해주신 당시 20대 누나들, 감사합니다. 덕분에 이렇게 살아 있습니다.

이 책을 통해 나도 독자들의 목숨을 살려야겠다는 거창한 계획은 없다. 다만 이왕 하는 재테크라면 실제로 도움 될 만한 조언을 전하고 싶다. '책을 읽고 이렇게 한번 해보려고요'라는 한 줄의 댓글을 읽는다면 내게는 크나큰 보람이 될 것이다. 혹시 아는가. 이 책을 읽은 누군가 30년 후에 책의 저자가 되어 '우용표 저자 덕분입니다'라고 인사하게 될지 말이다.

나는 아직 부족함이 많은 사람이다. 그런데도 용기 내어 재테크 책을 쓰는 것은 한마디 말이 어떤 힘을 가지는지 잘 알기 때문이다. 이 책을 통해 당신도 공감되는 한 줄을 얻었기를 바란다.

재무설계 사례

1

ID 우주*님

저축 완전체의 29세 싱글 교직원

한 달 실수령액 325만 원 중 은행에 거의 200만 원을 저축하는 강한 의지의 소유자를 첫 번째 케이스로 소개하고자 한다. 그가 할 수 있다면? 나도 할 수 있다! 저축을 잘하는 사례자의 재무 목표는 집을 사는 것인데, 어떻게 풀어나갔는지 함께 살펴보도록 하자.

재무 상황 & 솔루션

- **기본 정보**: 29세. 미혼 직장인(교직원)
- **소득 수준**: 월평균 325만 원
- **지출 수준**: 월평균 135만 원
- **재무 목표**: 주택자금 마련 5억 원 내외
- **솔루션**: 대출을 활용한 실거주 추천

세부 내용

① 기존 자산 및 부채 평가: 순자산 합계 **1억 8,000만원**

자산		부채	
전세보증금	1억 2,000만 원	없음	0원
예·적금 등	6,000만 원		
자산 합계	**1억 8,000만 원**	**부채 합계(비율)**	**0원 (0%)**

❷ 월간 현금 흐름

들어오는 돈
근로소득(본인) 325만 원

나가는 돈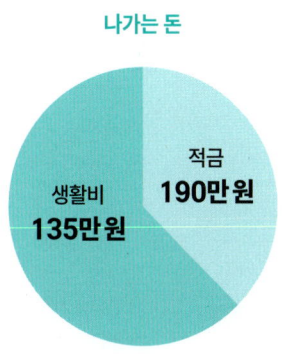
적금 190만 원
생활비 135만 원

❸ 우주*님에게 일어날 인생 시간표

	현재	10년 후	20년 후	30년 후	40년 후	50년 후
	결혼자금 주택자금		어머니 간병비 (선택사항)	노후자금		생애 말기 치료자금
본인	29세	39세	49세	59세	69세	79세
어머니	57세	67세	77세	87세		

✓ 시기별 이벤트 자금

PV 현재가치, FV 미래가치(물가상승률 2.5% 반영)

① **결혼자금** 2,000~5,000만 원

② **주택자금** 약 6년 후 5억 원 상당의 아파트 마련

③ **어머니 간병비** 월 50~100만 원 × 10년 ➡ PV 총액 6,000~1억 2,000만 원 FV 1~2억 원(어머니 80세부터 10년 기준)

④ **노후자금** PV 3억 6,000만 원(60~90세 생활비 250만 원 기준, 사학연금 150만 원 확보 가정), FV 7억 7,000만원

⑤ **생애말기치료자금** PV 5,000만 원~1억 원(생애 마지막 3년 병원비)

❹ 재무 목표 및 필요 자금

항목	재무 목표	필요 자금
1순위	3년 이내 내 집 마련	5억 원

* 현 자산 기준 35% 달성

💡 현 자산 및 지출로 본 재테크 평가

좋은 점
① 현금성 자산이 6,000만 원 이상으로, 유동성 매우 양호
② 월간 실수령액 대비 저축 비율이 70% 이상

아쉬운 점
① 자산이 금리형 재테크로만 구성된 점
② 기간별, 투자 변동성별로 다채로운 포트폴리오가 없는 점

핵심 문제점
① 자산이 감소 중이라는 점(물가상승률을 극복하지 못하는 금리형 재테크, 자산 감소 중인 전세금)
② 주택 마련 시기를 놓치고 있음. 4,000~5,000만 원 이상의 목돈이 생기거나 전세금 확보 시 주택 마련 진행은 필수

핵심 문제점 발생 원인
① 매트릭스형 포트폴리오가 없음(투자 기간·변동성·목적별 수직 수평 배치). 재무설계와 금융 지식이 부족하여 발생한 것으로 보임
② 부동산 자산 형성 과정에 대한 지식과 경험 부족. 재테크 조언받을 곳이 부족하고, 지식이 필요함

핵심 문제점 개선 방안
① 표준 재무설계 또는 내게 맞는 재무설계 및 포트폴리오 구성. 내 돈이 스스로 늘어나게 구성해야 함
② 작은 크기의 집(아파트 추천)부터 매수 시도 필요. 3억 원대 주택부터 시도하는 것을 추천. 5억 원을 목표로 하면 현재 재테크로는 매우 불리함(금리는 실물자산의 가치를 따라잡을 수 없음)

☆ 적립식 투자 포트폴리오

목적	항목	매월 적립액	비고
내 집 마련	청약 통장	25만 원	연말정산 혜택
목돈 마련	적금	50만 원	
목돈 마련	적립식펀드	50만 원	
목돈 마련	ETF(ISA 계좌)	50만 원	비과세 혜택
노후 대비	연금저축펀드	25만 원	연말정산 혜택
합계		200만 원	

☆ 목돈 굴리기 포트폴리오

목적	항목	목돈 규모	비고
결혼 자금	달러예금	500만 원	환율 상승 기대
결혼 자금	골드뱅킹	500만 원	금값 상승 기대
결혼 자금	예금	5,000만 원	안전한 보관
합계		6,000만 원	

① 시간을 두고 예·적금 만기에 맞춰 재테크 특성에 변화 주기
② 목돈 관리를 어떻게 하는가에 따라 향후 재테크 결과가 달라지니, 좀 더 적극적 자산으로 변경하기
③ 싱글 직장인이므로, 절세형 금융 상품 가입으로 연말정산에 더 노력하기

💬 최종 결론

매달 200만 원 가까이 저축하는 것은 대단하지만, 저축에만 몰려 있어 실질적으로는 수익을 얻지 못하는 상황이었다. 이를 개선하기 위해 금융 상품을 추가했다. 목표였던 주택은 현재의 전세보증금과 예금액으로 절반 정도 충당할 수 있기에 마음만 먹으면 바로 구입할 수 있는 상황이다. 주택 가격의 추이를 잘 지켜보다가 추가적인 하락이 없으리라 판단되는 시기에 구입할 것을 권한다.

재무설계 사례

2

ID 열매**님

3억 모은 34세 직업군인

21세에 군인이 되어 34세인 현재까지 직업군인으로 나라에 봉사하고 있는 열매**님의 사례다. 배우자와 한 명의 자녀를 둔 가장의 경우에 어떤 식으로 재테크를 하면 좋을지 함께 살펴보자.

재무 상황 & 솔루션

기본 정보	34세. 배우자와 한 자녀 있음
소득 수준	월평균 375만 원
지출 수준	월평균 360만 원
재무 목표	내 집 마련 및 부동산 갭 투자
솔루션	1. 펀드 투자 매월 80만 원 2. 주택 구입은 현재의 전세보증금과 대출로 해결 3. 갭 투자는 당분간 보류

세부 내용

❶ 기존 자산 및 부채 평가: 순자산 합계 **2억 8,830만 원**

자산		부채	
전세보증금	1억 6,000만 원	차량할부금	3,700만 원
군인공제	1억 4,000만 원		
청약 통장	530만 원		
주식 투자 (대리인 의뢰)	2,000만 원		
자산 합계	3억 2,530만 원	부채 합계(비율)	3,700만 원 (11%)

❷ 월간 현금 흐름

❸ 열매**님에게 일어날 인생 시간표

	주택청약	대출상환	노후자금 자녀대학	노후자금 자녀결혼	노후자금	생애 말기 치료자금
	현재	10년 후	20년 후	30년 후	40년 후	50년 후
본인 34세		44세	54세	64세	74세	84세
배우자 31세		41세	51세	61세	71세	81세
자녀 1세		11세	21세	31세		

✓ 시기별 이벤트 자금   PV 현재가치, FV 미래가치(물가상승률 2.5% 반영)

① 노후자금   PV 3억 6,000만 원(60~90세 생활비 300만 원 기준, 군인연금 200만 원 확보 가정) FV 6억 8,000만 원

② 대출상환   3억 5,000만 원 주택 구입 가정 시, 1억 8,000만 원 대출 추정

③ 자녀대학   PV 4,000만 원(4년제 대학교 기준, 자녀 1인 기준)
             FV 6,400만 원

④ 자녀결혼   PV 5,000만 원(평균 결혼 비용 기준, 30세 결혼 가정)
             FV 1억 1,000만 원

⑤ 생애말기치료자금   PV 5,000만 원~1억 원(생애 마지막 3년 병원비)

❹ 재무 목표 및 필요 자금

항목	재무 목표	필요 자금
1순위	3년 이내 내 집 마련	전세자금(1억 6,000만 원) + α
2순위	군인공제 외 타 재테크 희망	연 900만 원 예산
3순위	추가로 2채 정도 갭 투자 희망	1채당 2,500만 원 이상

* 내 집 마련은 3억 원 중반대 아파트 매수 가정 시, 약 50% 달성

💡 현 자산 및 지출로 본 재테크 평가

좋은 점
① 군인공제 적립금을 사용하지 않고도 결혼에 성공한 점
② 향후 연금 수령액이 직장인에 비해 상대적으로 높은 점

아쉬운 점
① 고정·변동 지출이 너무 높은 점
② 기존 재테크가 너무 단순한 점

핵심 문제점
① 추가 재테크를 위한 '월간 잉여금'이 거의 없음
② 모호하고 기대가 높은 향후 투자 계획. 아파트 마련 후 추가 갭 투자 재원 조달 계획 미흡

핵심 문제점 / 발생 원인
① 차량 구입 자금, 차량 유지비로 월 100만 원 이상 지출. 자산 중에는 투자성 자산과 소비성 자산이 있는데, 차량은 소비성 자산임. 보험료도 월 소득의 10%를 초과하므로 리모델링 필요
② 투자에 대한 지식 대비 투자 성과 기대감이 너무 높음. 투자는 난이도에 따라 단계별로 서서히 상승시키는 것이 바람직함

핵심 문제점 / 개선 방안
① 월간 지출을 축소하여 잉여금을 만들 것. 월급이 250만 원이라고 가정하고 월간 잉여금을 최대 50만 원까지 만든다면, 향후 확장 재테크 가능
② 군인공제회 투입되는 돈 100만 원에 대하여 새로운 포트폴리오 구성

적립식 투자 포트폴리오

목적	항목	매월 적립액	비고
목돈 마련	적금	20만 원	자녀 교육용
목돈 마련	적립식펀드	50만 원	부동산 투자 자금
노후 대비	군인공제	30만 원	감액
합계		100만 원	

목돈 굴리기 포트폴리오

목적	항목	목돈 규모	비고
부동산 투자 자금	ETF	500만 원	우량주 위주
부동산 투자 자금	주식	500만 원	우량주 위주
부동산 투자 자금	예금	1,000만 원	안전한 보관
합계		2,000만 원	

① 청약 통장의 경우 향후 주택 구입 시 일부 인출할 예정이므로, 미리 월간 납입금을 조절해야 함
② 2~3종류의 적립식펀드로 향후 2,000만 원 정도의 갭 투자 자금 마련
③ 자녀 대학 자금은 국가에서 지원 가능하나, 양질의 교육을 위해 매달 20만 원씩 적립 추천.
  보험 상품인 경우 투자성보험, 펀드인 경우 적립식펀드 방식이 좋음
④ 연말정산 시 절세할 금융 상품이 부족하므로 연금저축펀드 가입을 추천
⑤ 주식 투자업체 정보 확인 필요

최종 결론

많은 유혹을 이겨내고 3억 원 가까운 자금을 모았다면, 앞으로 중요한 것은 '어떻게 하면 소중한 자금을 불려가고 지켜내는가'이다. 현재는 '휴우, 여기까지 왔으니 좀 쉴까?' 하는 생각이 들어 고급 SUV(차량 가격 4,700만 원)도 지르고 주식 투자를 대행해준다는 수상한 업체에 2,000만 원도 맡긴 상황이다. 가장 핵심적인 솔루션은 펀드를 통해 조금 더 잘 모을 수 있는 방안과 앞으로 나쁜 짓(?)을 하지 않도록 자금을 묶어두는 것이었다.

재무설계 사례

비어 있는 '텅장'을 채우고픈 31세 직장인

ID 카라**님**

어린 시절에 무언가 부족하다고 느끼며 자라면, 어른이 되었을 때 이를 보상받기 위해 차고 넘치도록 소비를 하는 사람이 많다. 사례자 역시 성장기에 돈이 부족해서 마음고생을 한 결과, 어른이 되어 과소비와 낭비를 하게 되었다고 한다. 어느 날 문득 '이러면 안 되겠다' 싶어 재무설계를 의뢰한 경우다.

재무 상황 & 솔루션

기본 정보	31세. 미혼 직장인(서비스업)
소득 수준	월평균 250만 원
지출 수준	월평균 220만 원(적금 60만 원 포함)
재무 목표	결혼자금(최대 5,000만 원)
솔루션	1. 월간 잉여금 20만원 추가 확보 2. 통장 쪼개기 실시 3. 천천히 다음 단계로 이동

세부 내용

❶ 기존 자산 및 부채 평가: 순자산 합계 **1,500만 원**

자산		부채	
예·적금 등	1,500만 원	없음	0원
자산 합계	1,500만 원	부채 합계(비율)	0원 (0%)

❷ **월간 현금 흐름**

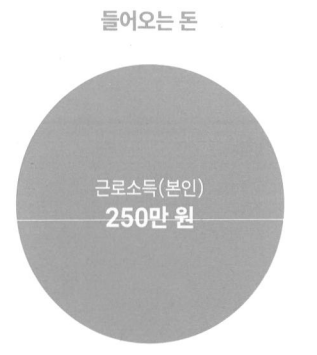

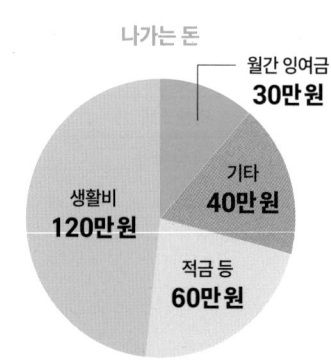

❸ **카라****님에게 일어날 인생 시간표**

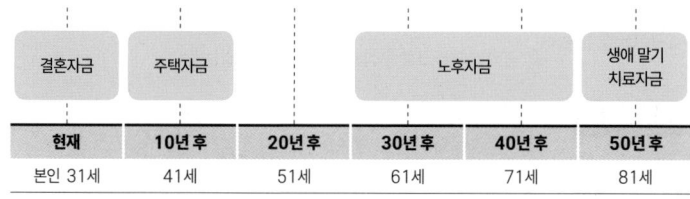

✓ **시기별 이벤트 자금**　　　　　PV 현재가치, FV 미래가치(물가상승률 2.5% 반영)

① 결혼자금	2,000~5,000만 원
② 주택자금	약 3억 원 예상
③ 노후자금	PV 5억 4,000만 원(60~90세 생활비 300만 원 기준, 국민연금 150만 원 확보 가정) FV 11억 6,000만 원
④ 생애말기치료자금	PV 5,000만 원~1억 원 (생애 마지막 3년 병원비)

❹ 재무 목표 및 필요 자금

항목	재무 목표	필요 자금
1순위	결혼자금 마련	2,000~5,000만 원
2순위	바른 소비	–
3순위	내 집 마련	3억 원

* 결혼자금을 3,500만 원으로 가정하고 예·적금 1,500만 원 평가 가정 시, 43% 달성
* 내 집 마련은 3억 원 기준, 0% 달성

현 자산 및 지출로 본 재테크 평가

좋은 점
① 당장 갚아야 할 부채가 없는 점
② 현 저축 비율에 대한 반성과 개선 의지가 강한 점

아쉬운 점
① 월간 저축 금액이 너무 낮은 점(수입 대비 24%)
② 금리형 재테크로 구성되어 자산 증가가 없는 점

핵심 문제점
① 직장생활 기간에 비해 가벼운 텅장
② 자산 증식이 안 되는 재테크 구조

핵심 문제점 / 발생 원인
① 소비성 지출이 높은 점. 싱글의 경우 월 소득의 50% 이상을 단기·중기·장기 계획으로 나누어 재테크해야 함
② 재무 목표가 없는 관성적인 재테크. 재테크 지식이 부족하므로 학습 필요

핵심 문제점 / 개선 방안
① 월간 잉여금 20만 원 더 만들기 프로젝트 시작. 목표를 너무 높게 잡으면 실패할 가능성이 크므로 우선 20만 원으로 시작
② 금융 기초 공부 시작
③ 재테크 항목별 목적을 미리 써두고 재테크 하기

☆ 적립식 투자 포트폴리오

목적	항목	매월 적립액	비고
결혼 자금	적금	30만 원	규모 축소
결혼 자금	적립식펀드	30만 원	신규 가입 필요
목돈 마련	ETF(ISA 계좌)	30만 원	신규 가입 필요
합계		90만 원	

☆ 목돈 굴리기 포트폴리오

목적	항목	목돈 규모	비고
목돈 굴리기	달러예금	250만 원	환율 상승 기대
목돈 굴리기	골드뱅킹	250만 원	금값 상승 기대
목돈 굴리기	예금	1,000만 원	안전한 보관
합계		1,500만 원	

① 청약 통장은 추가 납입 없이 결혼 후 상황에 따라 다시 판단하는 것이 좋음
② 기존 적금은 목돈 굴리기로 전환하면서 예금의 종류를 나누어서 보관
③ 노후대비 자금은 이후 상황을 보면서 연금저축펀드 추가 여부 검토 필요

💬 최종 결론

문제 해결의 출발점은 바로 문제 인식이다. 그러한 점에서 좋은 출발을 보인 것이라 할 수 있다. 문제를 해결하겠다고 굳게 마음먹고 1만 원 단위까지 꼼꼼하게 계획을 세우면 오히려 포기할 가능성이 높아진다. 운동을 시작할 때 준비 운동부터 하듯, 우선 어렵지 않은 목표를 제시하고 서서히 격하게(?) 재테크하도록 안내했다.

재무설계 사례

4

ID 존경******님

시댁과 금전 관계가 얽힌 29세 아기엄마

시댁에 돈을 빌려드리는 대신 시댁에서는 전세자금을 대주셨다. 맞벌이를 하여 평균 이상의 소득이 있는데, 오히려 빚만 쌓여 가는 상황이다. 돈은 있는데 돈이 없는 이상한 상황. 어떻게 해결해야 할까?

재무 상황 & 솔루션

기본 정보	29세. 배우자와 한 자녀 있음
소득 수준	월평균 510만 원(본인 100만 원 + 배우자 410만 원. 본인은 원래 250만 원이나 현재는 육아휴직 중으로 수입이 100만 원)
지출 수준	월평균 400만 원
재무 목표	4년 후 내 집 마련(2억 5,000만 원) 및 보험 리모델링
솔루션	1. 대출금 정리(빚테크) 실시 2. 일부 보험 정리

세부 내용

❶ 기존 자산 및 부채 평가: 순자산 합계 **4,930만 원**

자산		부채	
전세보증금	0원	마이너스 통장	8,700만 원
CMA	1,300만 원	학자금 대출	1,260만 원
예·적금	1,230만 원		
주식	2,500만 원		
자산 합계	5,030만 원	부채 합계(비율)	9,960만 원(198%)

❷ 월간 현금 흐름

들어오는 돈

- 근로소득(본인) **100만 원**
- 근로소득(배우자) **410만 원**

나가는 돈

- 기타 **30만 원**
- 월간 잉여금 **110만 원**
- 총지출 **300만 원**
- 보험료 **70만 원**

❸ 존경******님에게 일어날 인생 시간표

	주택구입	대출상환	자녀대학	노후자금 자녀결혼	노후자금	생애말기 치료자금
	현재	10년 후	20년 후	30년 후	40년 후	50년 후
본인 29세		39세	49세	59세	69세	79세
배우자 33세		43세	53세	63세	73세	83세
자녀 1세		11세	21세	31세		

✓ 시기별 이벤트 자금   PV 현재가치, FV 미래가치(물가상승률 2.5% 반영)

① **주택구입**   1억 원(나머지는 대출로 충당 가정)

② **대출상환**   PV 1억 5,000만 원(20년 만기, 원리금균등상환, 3.5% 이자 가정 시 월 87만 원)

③ **자녀대학**   PV 4,000만 원(4년제 대학교 기준, 자녀 1인 기준)
　　　　　　　 FV 6,400만 원

④ **자녀결혼**   PV 5,000만 원(평균 결혼 비용 기준, 30세 결혼 가정)
　　　　　　　 FV 1억 1,000만 원

⑤ **생애말기치료자금**   PV 5,000만 원~1억 원(생애 마지막 3년 병원비)

❹ 재무 목표 및 필요 자금

항목	재무 목표	필요 자금
1순위	4년 후 2억 5,000만 원 주택 마련	1억 원 + 대출
2순위	지출 관리 및 보험 리모델링	연 900만 원 예산
3순위	1,200만 원 예금 vs. 대출 상환	(1,200만 원)

현 자산 및 지출로 본 재테크 평가

좋은 점
① 월간 수입이 대한민국 부부 평균 수입보다 약간 높은 점
② 재무설계 후 개선 의지가 있는 점

아쉬운 점
① 기형적인 자산 구조(순자산이 마이너스 4,930만 원)
② 복잡하고 높은 월간 지출 구조

핵심 문제점
① 부부 소득이 높은데도 순자산 마이너스임
② 보장성보험료가 과다하게 높음. 노후 대비를 하지 않음

핵심 문제점 발생 원인
① 시댁과의 복잡한 자산 얽힘 구조. 월간 고정 지출, 마이너스 통장(시댁에 빌려드린 것) 등 많이 얽혀 있음
② 보장성보험에 대한 집중 가입. 보장성보험과 연금성보험의 균형이 무너졌음

핵심 문제점 개선 방안
① 시댁과 얽혀 있는 재정적 사안에 대한 현명한 합의. 돈이 섞여 있으면 내 자산 측정이 불가능하며, 그로 인해 착시 현상을 겪게 됨. 시댁과의 상황을 잘 판단하여 정리 필요
② 보장성보험 리모델링(줄이기). 보험 우선순위와 현재 본인 상황에 맞는 보험으로 재구성하여 추가 잉여금 만들기

☆ 적립식 투자 포트폴리오

목적	항목	매월 적립액	비고
내 집 마련	청약 통장	30만 원	부부 각 15만 원씩
자녀 교육 자금 마련	적립식펀드	50만 원	
목돈 마련	ETF(ISA 계좌)	100만 원	신규 가입 필요
합계		180만 원	

☆ 목돈 굴리기 포트폴리오

목적	항목	목돈 규모	비고
대출 상환	주식	2,500만 원	마이너스 통장 상환
대출 상환	CMA	1,300만 원	학자금 대출 상환
대출 상환	예·적금	1,230만 원	마이너스 통장 상환
합계		5,030만 원	

① 월소득은 자산 증식에 집중하고 현재 목돈은 대출 상환에 사용하는 것이 좋음
② 1년 후 대출 상환 완료되는 시점에 포트폴리오 재조정 필요
③ 시댁과의 채무 관계를 점진적으로 정리하는 것이 정신 건강과 재테크 계획에 좋음

💬 최종 결론

잘 벌지만 잘 모으지 못하는 맞벌이 부부. 여기에 더해 시댁과의 복잡한 채무 관계로 인한 관리의 어려움이 있는 사례였다. 솔루션은 장기와 단기로 나눌 수 있다. 장기적으로는 채무 관계를 하나씩 정리하는 것이고(마이너스 통장 포함), 단기적으로는 월간 소비 지출을 점검하여 매월 70만 원 규모의 보험을 줄여 필요한 것만 남기는 것이다.

재무설계 사례

부동산에 올인한 41세 외벌이 가장

ID 오마***님

부동산에 제대로 꽂혀서 모든 자금을 부동산 투자에 올인한 외벌이 가장의 사례다. 부동산은 총 3채인데 서울에 투자한 것은 수익이 났고, 인천은 그대로, 강원도는 분양권이라 들어갈 돈이 많은 상황이다.

재무 상황 & 솔루션

기본 정보	41세. 배우자와 두 자녀 있음
소득 수준	월평균 420만 원
지출 수준	월평균 285만 원(전세자금 대출 상환금 45만 원 포함)
재무 목표	자녀 학자금 및 본인 은퇴자금
솔루션	1. 부동산 정리 2. 새로운 포트폴리오 구성

세부 내용

❶ 기존 자산 및 부채 평가: 순자산 합계 **4억 9,832만 원**

자산		부채	
서울 전세보증금	2억 1,000만 원	전세자금 대출	1억 7,000만 원
서울 아파트	5억 5,000만 원	서울 세입자 보증금	3억 2,000만 원
인천 아파트	1억 6,700만 원	인천 세입자 보증금	5,000만 원
분양중(강원도)	2,300만 원		
청약 통장(본인 및 자녀)	432만 원		
퇴직금	8,400만 원		
자산 합계	**10억 3,832만 원**	**부채 합계(비율)**	**5억 4,000만 원 (52%)**

* 퇴직금을 감안하더라도 부채 비율이 52%로 매우 높은 편 (미반영 시, 부채 비율 57%)

❷ 월간 현금 흐름

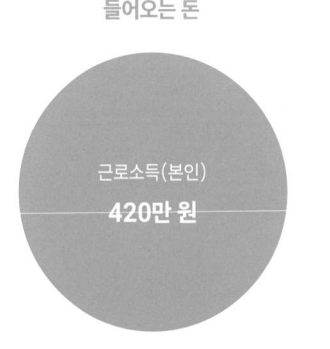

❸ 오마***님에게 일어날 인생 시간표

				주택구입 대출상환	노후자금 자녀대학	노후자금 자녀결혼	노후자금	생애 말기 치료자금
	현재	10년 후	20년 후	30년 후	40년 후	50년 후
본인 41세	51세	61세	71세	81세	91세
배우자 34세	44세	54세	64세	74세	84세
자녀 7세	17세	27세	37세		
자녀 3세	13세	23세	33세		

✓ 시기별 이벤트 자금   (PV) 현재가치, (FV) 미래가치(물가상승률 2.5% 반영)

① **주택구입대출상환** 약 2억 원 예상

② **노후자금** (PV) 7억 2,000만 원(60~90세 생활비 300만 원 기준, 국민연금 100만 원 확보 가정) (FV) 11억 8,000만 원

③ **자녀대학** (PV) 1억 원(4년제 대학교, 자녀 2인 합산 기준)
(FV) 1억 4,500만 원(FV, 13년, 17년 후 계산 반영)

④ **자녀결혼** (PV) 인당 5,000만 원(결혼 비용 기준, 33세 결혼 가정)
(FV) 2억 원

⑤ **생애말기치료자금** (PV) 5,000만 원~1억 원(생애 마지막 3년 병원비)

❹ 재무 목표 및 필요 자금

항목	재무 목표	필요 자금
1순위	부동산 이외 분야, 청약 통장 고민	–
2순위	자녀 학자금 및 결혼자금 준비	1억 원 + 1억 원
3순위	월 300만 원	7억 2,000만 원

* 자녀 교육자금은 대학교 등록비 기준 2인 자녀 1억 원(인당 5,000만 원) 가정 시, 0% 달성
* 노후 준비는 부부 국민연금 100만원 확보 가정 시, 33% 달성(직장생활 계속 유지 시)

현 자산 및 지출로 본 재테크 평가

좋은 점
① 서울 소재 부동산 투자가 성공적인 점
② 2년 이내 발생할 현금 유동성 위기를 이미 감안하고 있는 점

아쉬운 점
① 대출을 최대한 활용한 부동산 재테크로 인해 유동성 위기 존재
② 노후자금, 자녀 교육자금 등에 대한 구체적 준비 미흡

핵심 문제점
① 부동산에만 집중된 포트폴리오 한계성. 정책 변화, 매도·전세 차질 시 타격이 있을 수 있고, 강원도 부동산 잔금(또는 매도·전세) 차질 시 자산 구조 위험
② 가정에 대한 재무설계가 없음(한쪽에 치우친 재테크)

핵심 문제점 발생 원인
① 대출을 최대한 활용한 부동산 투자로 현재 수습해야 하는 상황. 적어도 1채는 양도세로 인해 수익성이 거의 없어질 것임
② 재무설계 및 균형 포트폴리오가 없음. 주력 투자가 존재하더라도 30~40%는 보조적 포트폴리오가 있어야 성공 투자 가능

핵심 문제점 개선 방안
① 기존 아파트 매도 후 현금 확보. 기존 계획 중인 매도 순서로 하되, 정확한 세금 및 제도 점검은 세무전문가 검증 필수
② 새로운 균형 포트폴리오 구성. 자녀 교육자금, 부부 노후자금에 대한 금융 상품 편입(월간 잉여금 활용). 새로 집 구입하는 것을 기준으로 포트폴리오 작성. 그 후 부동산 투자 순차적 전개

☆ 적립식 투자 포트폴리오

목적	항목	매월 적립액	비고
목돈 마련	적금	50만 원	안전한 저축
목돈 마련	ETF(ISA 계좌)	80만 원	자녀 교육 & 역전세 대비
노후 대비	연금저축펀드	20만 원	
합계		150만 원	

☆ 부동산 포트폴리오

지역	내용	금액	제안 방향
서울	전세보증금	2억 1,000만 원	현 상태 유지
서울	아파트(갭 투자)	5억 5,000만 원	보유
인천	아파트(갭 투자)	1억 6,700만 원	처분
강원도	아파트(분양권)	2,300만 원	처분
합계		9억 5,000만 원	

① 다주택자에게 청약 통장은 크게 도움되지 않으므로 없는 편이 나음
② 서울 외 지역 부동산은 아깝더라도 처분하는 것이 좋겠음
③ 부동산 가격 하락 시 노후 대비와 퇴직금 활용이 어려워질 것임을 감안해야 함

💬 최종 결론

부동산 투자를 통해 원하는 결과를 얻으면 참으로 다행이지만 그렇지 못한 경우 타격이 클 수밖에 없는 상황이다. 전 재산을 부동산에 올인하여 자녀 교육자금이나 본인 노후자금이 전혀 준비되어 있지 않았다. 부동산이 노후 대책이 될 수도 있지만 혹시라도 떨어지면 은퇴 후 빚만 안게 되니 포트폴리오 분배가 필요하다. 최근 부동산 정책을 반영해 부동산은 서울에 있는 것만 남기고 다 정리하도록 조언했다.

찾아보기

ㄱ

가치주	111, 115
개인형퇴직연금(IRP)	84, 96
갭 투자	290
거치형연금	310
건강보험	27
계약갱신 요구권	266
고용보험	28
고정비	30, 33
고정비 체크리스트	34
고지의무	330
골드바	380
골드뱅킹	378
공매도	140
공모주	132
국민연금	27
근로소득 간이세액표	28

ㄴ

나스닥	184, 211, 212, 216
낙인(Knock-in)	228
노후 준비	8, 90

ㄷ

다우존스	184, 211, 213, 215
단기카드대출	46, 59
달러보험	386
디플레이션	26

ㄹ

레버리지 ETF	193, 206
리볼빙	46

ㅁ

마이너스 통장	58
만기와 상환주기	228
명목금리	56
무해지보험	305

ㅂ

배당금 풍차 돌리기	127
배당주	125, 213
변동비	30, 33
변동비 체크리스트	35
변액보험	307, 320
변액연금보험	307, 321
변액유니버셜보험	307, 322
변액종신보험	322
보험 용어	299
보험 특약	308
부양가족	271, 344
분식회계 처벌 사례	138
비과세 혜택	77, 83, 323
비급여 항목	318
비대면 보험 가입	327

ㅅ

상여금	341
상장지수펀드(ETF)	190, 232
성장주	113, 121
세액공제	350, 353
소득공제	75, 342, 349, 355
소득세	28
스태그플레이션	26
시장 대표 지수 ETF	205

신용등급	43
실손보험	303, 317
실질금리	56

ㅇ

액티브 ETF	208
업종 및 테마 ETF	207
여행자보험	332
연금보험	306, 309
연금저축펀드(연금저축상품)	223, 309
연금전환 특약	311
연말정산	338
연체	44
연체가산 이자율	60
연체금리	60
예금자보호법	68
오피스텔 투자	291
운전자보험	307
원천징수세액 선택 제도	348
인덱스펀드	183
인플레이션	25
임대차 3법	266

ㅈ

자기자본이익률(ROE)	118
자동차보험	307
장기요양보험	28
재건축 투자	289
저해지보험	305
적립식펀드	170
전세보증금반환보증	260
전업 투자자	105

전월세 상한제	268
전월세 신고제	268
정기보험	306, 314
종신보험	306, 314
종잣돈	39
주가수익비율(PER)	116, 122
주가순자산비율(PBR)	118
주거래 은행	99
주당순이익(EPS)	115
주당순자산가치(BPS)	117
주택담보대출	276
주택청약종합저축	68, 71
즉시연금	310

ㅊ

청약가점제	269
청약철회제도	298
총자산이익률(ROI)	119
치아보험	331

ㅋ

카드론	46, 59
코스닥	184, 206
코스트 에버리지	171
코스피	184, 205
코인 투자	387

ㅌ

테마펀드	178
토지 투자	292
퇴직연금	95
티커	214

ㅍ

파킹 통장	70
패시브펀드	156
펀드 투자설명서	168
펀드의 이름	157
펀드의 종류	153
펀드의 클래스	163
펫보험	332

ㅎ

한국포스증권	166
현금서비스	46, 59, 362
환매수수료	179
환매수수료 통산제	182

기타

DB	95
DC	96
DLS	231, 232, 382
ELD	232
ELS	227, 232, 385
ETN	224
IPO	132
ISA	78, 82, 222
MSCI 코리아 지수	205
NFT	389
S&P500	184, 212, 213
TDF	90
4대 보험	27